Valentin Wember

Die fünf Dimensionen der Waldorfpädagogik
im Werk Rudolf Steiners

Valentin Wember

Die fünf Dimensionen der Waldorfpädagogik

im Werk Rudolf Steiners

Übersichten, Kommentare, Geschichte,
Perspektiven

Stratosverlag

Das Buch kann direkt beim Verlag bestellt werden:

Entweder online im Internet: www. Stratosverlag.de
Oder telefonisch: 07071 - 566 89 65
Oder schriftlich an:
Stratosverlag, Hundskapfklinge 58, D–72074 Tübingen

Der Stratosverlag im Internet: www.stratosverlag.de

1. Auflage 2015

Einbandgestaltung von Uwe Höpcke, Hamburg
unter Verwendung einer Wandtafelzeichnung von Rudolf Steiner.
Mit freundlicher Erlaubnis des Rudolf-Steiner-Archivs, Dornach.
Copyright 2015 by Stratosverlag, D – 72074 Tübingen
Alle Rechte vorbehalten
Satz: Höpcke, Hamburg
Druck und Bindung: Nomos, Sinzheim

ISBN: 978-3-943731-14-9

Inhalt

5

Teil 4
Veränderungen

Teil 5
Perspektiven

Anhang

Im Gedenken an Jörgen Smit
(1916 – 1991)

Jörgen Smit (* 21. Juli 1916 in Bergen; † 10. Mai 1991 in Arlesheim) war 24 Jahre lang Waldorf-Klassenlehrer in Norwegen. Er wurde Generalsekretär der anthroposophischen Gesellschaft in Norwegen und war nach seiner Tätigkeit als Klassenlehrer Mitbegründer des Rudolf-Steiner-Seminars in Järna, Schweden. 1975 wurde er Vorstandsmitglied der *Allgemeinen Anthroposophischen Gesellschaft* am Goetheanum in Dornach, Schweiz und leitete bis zu seinem Tod sowohl die „Jugendsektion" als auch die „Pädagogische Sektion". Jörgen Smit hielt zeitlebens 4889 Vorträge. Das gesprochene, nicht das geschriebene Wort war für ihn die angemessene Form für die Vermittlung der Geisteswissenschaft. Jörgen Smit impulsierte mit seinem Wirken weltweit ungezählte Waldorflehrer. Für einige wurde er zu einem spirituellen Lehrer. Zu seinen Hauptanliegen gehörte es, die Arbeit der Hochschule für Geisteswissenschaft zu verstärken.

Worum geht es?

1. Die fünf Dimensionen der Waldorfpädagogik

Fünf Dimensionen der Waldorfpädagogik? Welche fünf? Erstens die Settings, zweitens die Methoden, drittens die übergeordneten Motive, viertens die spirituelle Dimension und fünftens die Dimension ihrer Ausübung. Aber das ist zu erklären.

Es gibt viele Darstellungen der Waldorfpädagogik – sowohl von ihren Vertretern als auch von ihren Gegnern – es gibt aber bis heute keine Darstellung, die *alle* ihre verschiedenen Dimensionen dargestellt hätte. Sämtliche bisher vorliegenden Arbeiten zur Waldorfpädagogik konzentrieren sich jeweils auf bestimmte Aspekte und liefern auf diese Weise Ausschnitte aus dem Ganzen. Die vorliegende Studie unternimmt den Versuch, alle fünf wesentlichen Dimensionen der Waldorfpädagogik darzustellen. Durch diesen Blickwinkel unterscheidet sie sich von bisherigen Darstellungen.

Noch in einem zweiten Ansatz unterscheidet sie sich. Bisherige Arbeiten zur Waldorfpädagogik waren in der Regel entweder positiv werbende oder aber kritische Darstellungen. Die positiven verfolgten in ihrem Subtext immer auch das Ziel, potentielle Eltern oder Lehrer von dem zu überzeugen, was in den Waldorf-*Schulen* gemacht wird: „Schaut her, das alles geschieht in der Waldorfschule. Was wir dort tun, ist gut für die Kinder, zum Beispiel angstfrei zu lernen und selbstbewusst zu handeln."[1] Bei den kritischen Darstellungen verhielt es sich umgekehrt: „Schaut her, so ein Unfug wird in den Waldorfschulen getrieben. Überlegt euch gut, ob ihr eure Kinder in so eine Schule gebt."

Daraus ergab sich, dass die bisherigen Darstellungen der Waldorf-*Pädagogik* immer auch an dem orientiert waren, was in den Waldorf-*Schulen* Praxis war. Die vorliegende Studie geht einen anderen Weg. Sie beschreibt in erster Linie das ursprüngliche Gesamtkonzept der Waldorf-*Pädagogik* im Unterschied zur Praxis der Waldorf-*Schulen*. Das klingt irritierend. Wird denn nicht in den Waldorf-Schulen Waldorf-Pädagogik betrieben? Gewiss, trotzdem ist der Unterschied erheblich: Die Waldorf-*Pädagogik* ist viel umfassender als das, was in den vergangenen Jahrzehnten in der Praxis der Waldorf-*Schulen* umgesetzt werden konnte. Dieser Sachverhalt ist wenig bekannt. Im Gegenteil: etliche ehemalige Waldorfschüler und ehemalige Waldorfeltern glauben, aus ihren eigenen Erfahrungen heraus die Waldorf-*Pädagogik* zu kennen. Tatsächlich kennen sie Ausschnitte, nämlich das, was sie selbst erlebt haben und was sie – je nach ihren Erfahrungen – positiv oder negativ beurteilen. Die Waldorf-*Pädagogik* können sie auf diese Weise nur teilweise kennen. Im Grunde ist es trivial: Wer auf ein Hegel-Gymnasium gegangen ist, kennt deshalb noch nicht die Philosophie Hegels und wer auf eine Steiner-Schule oder eine Waldorfschule gegangen ist, kennt dadurch noch nicht die Pädagogik oder die Erziehungskunst Rudolf Steiners, auch wenn er durch seine eigenen Erfahrungen einige ihrer Elemente kennen dürfte (und damit vermutlich mehr als die meisten Hegel-Gymnasiasten von Hegel). Die Waldorf-Pädagogik als Gesamtorganismus kann man tatsächlich nur kennenlernen wie die Philosophie Hegels oder Platons: Man muss sie umfassend studieren. Und das ist ohne eine ausgiebige Untersuchung der Original-Texte nicht angemessen möglich – am besten aller oder zumindest der wichtigsten. Jeder, der eine Waldorfschule als Schüler, als Eltern oder als Lehrer erlebt hat, kann zu Recht diese ihm bekannte Waldorf-*Schule* aus seiner Perspektive beurteilen. Die Waldorf-*Pädagogik* kann er nur dann angemessen beurteilen, wenn er sich die Mühe gemacht hat, das Gesamtkonzept im Original kennenzulernen. Die vorliegende Studie möchte dazu einen Beitrag liefern. Sie möchte auf der Grundlage einer Sichtung des pädagogischen Gesamtwerkes von Rudolf Steiner einen Überblick über das Ganze geben.

Das Motiv für dieses Unterfangen ist allerdings sehr wohl mit den Waldorf-Schulen verknüpft.

2. Erneuerung – eine Notwendigkeit

Hundert Jahre nach der Begründung der Waldorf-Pädagogik und der ersten Waldorfschule taucht weltweit in immer mehr Waldorfschulen der Ruf nach Veränderungen auf. Eltern fragen danach, Lehrer fragen danach und auch Schülerinnen und Schüler melden sich zu Wort: „Die gesellschaftlichen Rahmenbedingungen und vor allem die Menschen haben sich in 100 Jahren verändert und man muss auf die neuen Verhältnisse auch *neue* Antworten finden." Auch von außen tritt die Aufforderung nach Erneuerung an die Schulen heran: „Wie könnt ihr glauben, im 21. Jahrhundert noch mit pädagogischen Karten zu navigieren, die von 1919 stammen. Die pädagogische Landschaft hat sich doch längst verändert."

In der Tat: Eine Organisation, die sich nicht weiter entwickelt, begibt sich auf gefährliches Terrain. Das ist in den Waldorfschulen nicht anders als in der Industrie. Selbst ein großer Technologie-Konzern wäre relativ schnell vom Markt verschwunden, wenn er nicht in seinem Kern genügend viele Ingenieure hätte, die ständig mit neuen Erfindungen und entsprechenden Patenten die Firma an der Spitze der technischen Evolution hielten.

Auf der anderen Seite ist nicht jede Erneuerung ein Gewinn. Gerade Pädagogen im staatlichen Schuldienst können viel davon erzählen, dass etliche Reformen, die anfangs mit großen Versprechungen daher kamen, am Ende im Sand oder sogar im Debakel endeten[2]. Und die Waldorfschulen? Die Waldorfschulen standen im 20. Jahrhundert vielen Veränderungen, die in der öffentlichen pädagogischen Landschaft umgesetzt wurden, durchaus skeptisch gegenüber. Sie machten aus Überzeugung vieles nicht mit und lagen am Ende richtig. Mit anderen Worten: Der Impuls zur Erneuerung steht grundsätzlich im Spannungsfeld zwischen zwei Polen: Der eine Pol ist die Bewahrung des Bewährten, wenn man aus guten Gründen von ihm überzeugt ist. Der andere Pol besteht in innovativen Entwicklungen, die eine Organisation frisch, lebendig und am Puls der Zeit halten. Beide Pole können allerdings auch von einem Segen zu einem Fluch „umkippen": Aus der Bewahrung des Bewährten kann das starre Festhalten an Traditionen werden, die nicht mehr zeitgemäß sind. Und auf der anderen Seite gibt es Innovationen, die in die Irre führen.

Um es vorweg zu nehmen: Die Waldorf-Pädagogik bietet erhebliche Potentiale der Erneuerung. In ihrem Kern – sozusagen in ihrer „geistigen DNA" – nimmt der Impuls fortwährend neuer Erfindungen eine zentrale Stelle ein: Waldorfpädagogik ohne ständig neue Erfindungen ist ein Widerspruch in sich. Noch zugespitzter formuliert: „Waldorfpädagogik ohne ständig neue Erfindungen ist noch nicht zu ihrem eigenen Kern vorgedrungen." So herausfordernd dieser Satz klingt, so sehr ist er in dieser Einleitung nur ein plakatives Schlagwort. Er muss deshalb durch eine differen-

zierte Untersuchung begründet werden, damit sich sein prä-
ziser Sinn erschließt und damit er nicht eine oberflächliche
und auch missverständliche Behauptung bleibt. Die vorliegende Studie will dazu einen Beitrag leisten. Notwendiger
Weise muss sie deshalb zunächst die „DNA" oder – wenn
man so will – die „Essentials" der Waldorf-Pädagogik freilegen. Mit einem Satz: Es geht darum, den „Quellcode" zu
entdecken um Neues erfinden zu können.

3. Die „Essentials" freilegen

Gibt es so etwas wie „Essentials" der Waldorf-Pädagogik und
falls ja welche?
Will man die Frage angemessen beantworten, kommt man
nach einer Sichtung und Auswertung des historischen Ma-
terials[3] zu einem bemerkenswerten Ergebnis: es gibt nicht
die Essentials, sondern es gibt 5 verschiedene Dimensionen der Waldorfpädagogik und jede hat ihre eigenen
Essentials:

Die Essentials der *ersten Dimension* sind die konkreten Strukturen oder „Settings", die bereits zwischen 1919 und 1924
eingerichtet wurden. Es sind insgesamt *zwölf*. Sie reichen
vom „Klassenlehrer-Prinzip" über den „Epochenunterricht"
und den hohen Anteil handwerklich-künstlerischer Fächer
bis hin zur „Farbgestaltung der Räume" und zur „kollegialen Selbstverwaltung." Diese Settings sind relativ gut bekannt
und oft wird „Waldorf" mit ihnen identifiziert. Einige der
Essentials der ersten Dimension sind in Veränderung begrif-
fen. Aber es wäre absurd, *pauschal* behaupten zu wollen, sie
seien allesamt allein deshalb überholt, weil sie von 1919 stammen. Im Gegenteil: Vieles vom Erfolg der Waldorfschulen ist
nach wie vor auf die positive Wirkung etlicher Essentials der
ersten Dimension zurückzuführen.

Die *zweite Dimension* der Waldorfpädagogik besteht aus den *methodisch-didaktischen* Essentials.

Es handelt sich um pädagogische und didaktische Methoden zu fast allen Bildungs- und Erziehungszielen. Sie gliedern sich in insgesamt fünf Methoden-Felder. Einige dieser Essentials der zweiten Dimension gehören in vielen Waldorfschulen zum Standard (u. a. die Methode der Einführung des Schreibens, die Einführung des Rechnens und einige weitere.) Andere sind nur teilweise Standard (wie die Berücksichtigung der Temperamente der Kinder und viele weitere) und noch andere sind sehr viel weniger bekannt: Dazu gehören u. a. die Methoden zur „Erweckung des Kopfgeistes", die Methodik der Gefühlserziehung oder die Methodik der moralischen Erziehung und vieles mehr.

Bei der *dritten Dimension* der Waldorfpädagogik handelt es sich weder um Settings, noch um Methoden. Es handelt sich vielmehr um sieben fundamentale Gesichtspunkte oder Leitlinien einer neuen Erziehungskunst, die Rudolf Steiner 1919 auf den Weg bringen wollte. Steiner dachte – im Vergleich zum weltweit dominanten Schulsystem – in sieben Punkten anders über Erziehung und Unterricht:

erstens über die Grundlagen der Pädagogik und ihrer Methoden,

zweitens über die grundsätzlichen Ziele von Erziehung und Bildung,

drittens über die enorme Bedeutung des Körpers für die Erziehung,

viertens über die gravierenden körperlichen (und seelischen) Langzeitfolgen der Erziehung,

fünftens über die Rolle der Erwachsenen (der Eltern und Lehrer),

sechstens über entscheidende – aber meist unbekannte – Weichenstellungen während der Kindheit,
und siebtens über die Rolle der Unterrichtsinhalte.

Die Essentials der dritten Dimension enthalten damit einerseits die *Gründe* für die ersten beiden Dimensionen (die Settings und Methoden), aber sie enthalten andererseits auch das Potential, künftig völlig neue Settings und Methoden für veränderte pädagogische Landschaften zu entwickeln. Um es auch hier vorweg zu nehmen: Bei den Essentials der dritten Dimension geht es im Kern um 7 pädagogische *Navigationsinstrumente,* mit denen man überhaupt erst einen pädagogischen „Norden" gewinnen kann.

Die *vierte Dimension* der Waldorfpädagogik bilden diejenigen Essentials, die ihre „Spirituelle Dimension" ausmachen. Sie betreffen folgende Themen:

1. Das Verhältnis zum gesellschaftlichen oder „kulturpolitischen" Auftrag
2. Das Verhältnis zum „zweiten Lehrer" im „Alltagslehrer".
3. Das Verhältnis zur Anthroposophie
4. Das Verhältnis zu Rudolf Steiner
5. Das Verhältnis zur sogenannten „Dritten Hierarchie"
6. Das Verhältnis zum Michael-Impuls
7. Das Verhältnis zum Christus-Impuls

Stößt man im historisch zugänglichen Material auf die Essentials der vierten Dimension, so lösen sie in der Regel sehr unterschiedliche Reaktionen aus: Erstaunen, Befremden, Irritation und insgesamt eine große Bandbreite persönlicher Stellungnahmen: von heftiger Ablehnung bis hin zu tiefer Zustimmung. Aber völlig unabhängig von jeder persönlichen Stellungnahme bleibt es eine Angelegenheit historischer

Sachlichkeit, die Essentials der vierten Dimension zur Kenntnis zu nehmen – wie auch immer man sich dann zu ihnen stellt. Mehr noch: Nur wenn man sie kennt, kann man sich zu ihnen positionieren. Freie Entscheidungen setzen eine möglichst vollständige Sachkenntnis voraus. Unkenntnis oder zurückgehaltene Information erzeugen hingegen immer eine unfreie Situation.

Im Verlauf der Darstellung wird sich zeigen, dass alle vier Dimensionen zusammen einen *Organismus* bilden: den Gesamtorganismus „Waldorfpädagogik". Vor allem aber wird sich zeigen, dass dieser Organismus von Anfang an auf seine eigene Weiterentwicklung hin angelegt ist.

Neben den benannten vier Dimensionen der Waldorfpädagogik gibt es noch eine weitere Dimension, ohne die der gesamte Organismus an keinem Ort der Welt Leben gewinnen könnte. Diese fünfte Dimension ist der *Enthusiasmus des Herzens*. Ungezählte Waldorfschulen wurden gegründet aus einem Herzens-Impuls.[4] Dabei waren es nicht selten nur einige wenige Elemente der Waldorf-Pädagogik, die genügten, um die Herzen von initiativen Gründer-Naturen zu befeuern. Doch ob es sich um die Straßenkinder von Katmandu handelt oder um die Dorfjugend einer slowakischen Kleinstadt oder um wohlstandsverwahrloste Kinder eines Reichenviertels einer europäischen Metropole: Immer sind es *initiative* Menschen, die in erster Linie das Herz auf dem rechten Fleck haben und unerschrocken und kraftvoll anpacken, um für die genannten Kinder eine Waldorfschule aufzubauen und dauerhaft zu betreiben. Ohne sie ginge es nicht. Auf diese Menschen ist die Waldorfpädagogik angewiesen. Diese Menschen des Herzens und der Tat kennen zwar zugegebenermaßen oft nur einen Ausschnitt aus dem, was hier im Gesamtzusammenhang dargestellt wird. Aber dieser Ausschnitt genügt ihnen, um ihr Herz zu entzünden. Und darauf kommt es an. Wenn der ehemalige französische Landwirtschaftsminister Bruno Le Maire über die politische Macht formulierte: „Die Wahrheit der Macht findet sich weder in ihrer Eroberung noch in ihrer Bilanz: Die Wahrheit der Macht liegt in ihrer Ausübung"[5], so gilt das in abgewandelter Form durchaus auch für die Waldorfpädagogik: Eine entscheidende Dimension ihres Seins ist nur zugänglich, wenn man sie „ausübt".[6] Da diese Dimension „wesentlich" ist, ist auch ihr ein Kapitel gewidmet. Das gesamte Buch aber sei all denjenigen Menschen gewidmet, die Enthusiasten des Herzens waren und sind oder sein werden.

4. Die Waldorf-Schulen und die Essentials der Waldorf-Pädagogik

Die historische Darstellung und das Freilegen der Essentials der Waldorf-*Pädagogik* ist zu unterscheiden von der Frage, was und wie viel von diesen Essentials in den Waldorf-*Schulen* im Laufe eines Jahrhunderts tatsächlich umgesetzt werden konnte und was weniger. Man kann diesbezüglich einen bemerkenswerten historischen Wandel feststellen. Denn bei allen Unterschieden der einzelnen Schulen gibt es doch Grundtendenzen der geschichtlichen Entwicklung: Das Verhältnis der Waldorf-*Schulen* zu dem Gesamt-Organismus der „Essentials der Waldorf-*Pädagogik*" hat sich innerhalb eines Jahrhunderts erheblich verändert und diese Veränderungen hängen auf bemerkenswerte Weise mit den Ereignissen der Zeitgeschichte zusammen. Dazu gehört als gravierender Einschnitt das Verbot der Waldorfschulen in Deutschland in der Zeit nach 1933. Dieses Verbot hatte beträchtliche Auswirkungen auf das, was nach 1945 von den ursprünglich anvisierten Dimensionen der Waldorf-*Pädagogik* in den Waldorf-*Schulen* noch umgesetzt werden konnte und was nicht mehr.

Noch größeren Einfluss hatte die gesellschaftliche Entwicklung nach 1966. Der gesellschaftliche Wandel der zweiten Jahrhunderthälfte hat weltweit zu einem der größten Veränderungsprozesse der Menschheitsgeschichte geführt. Und diese enormen Umwälzungen haben auch das Verhältnis der Waldorf-*Schulen* zu den Essentials der Waldorf-*Pädagogik* erheblich verändert.

Seit der Jahrhundertwende ist schließlich zu beobachten, wie die wohl rasanteste Entwicklung der jüngeren Geschichte (die sich u. a. in der digitalen Revolution ausdrückt) ebenso gravierende Auswirkungen nicht nur auf die Waldorfschulen haben wird, sondern vor allem auf ihr Verhältnis zu den verschiedenen Dimensionen ihrer Pädagogik.

5. Perspektiven

Welche Chancen und Entwicklungsperspektiven sich für die Waldorf-*Schulen* aus dem Blick auf die Essentials der Waldorf-*Pädagogik* ergeben, hängt von individuellen und freien Entscheidungen ab und ist pauschal schwer vorauszusagen. Aber die Potentiale zu neuen Erfindungen sind im Prinzip unerschöpflich. Voraussetzungen dazu werden in Teil 5 skizziert.

6. Lesehinweise

Das vorliegende Buch ist entstanden im Rahmen eines umfassenderen Projektes, nämlich einer Sammlung von wichtigen pädagogischen und didaktischen *Methoden* der Waldorf-Pädagogik: Alle Methoden zur Denkerziehung, alle Methoden zur Willenserziehung, alle Methoden zur Erziehung der Sozialkompetenz und Identitätsfindung etc.[7]

Es hätte in der Natur der Sache gelegen, ein Buch über die fünf Dimensionen der Waldorfpädagogik und ihrer Essentials nach Abschluss des gesamten Projektes der Methodensammlung zu schreiben. Aber wo immer ich in Schulen, Ausbildungsstätten oder Kursen von den fünf Dimensionen und ihren Essentials erzählte, baten mich Kolleginnen und Kollegen, Studenten, Zuhörer oder Kurs-Teilnehmer, die „Fünf Dimensionen" in Buchform herauszugeben, damit sie eine Grundlage für ihre Überlegungen zur Weiterentwicklung ihrer Schulen haben.[8]

So liefert das vorliegende Buch eine Art *Übersichts-Karte* der Waldorf-Pädagogik und zwar in einem sehr kleinen Maßstab (vergleichsweise etwa 1:1000000). Zu jedem einzelnen benannten Essential kann man eine viel genauere Karte – wie eine topgraphische Karte – im Maßstab 1:25000 anlegen. Für etliche Essentials der ersten und der zweiten Dimension (und hier vor allem zu den fachdidaktischen „Methoden"), liegen solche Darstellungen von zahlreichen Autoren bereits vor. Die Fülle der Publikationen ist geradezu überwältigend und man kann gar nicht genug würdigen, was hier von ungezählten Waldorflehrern – zusätzlich zu ihrem Tagesgeschäft – geleistet worden ist. Anders verhält sich das bei den Essentials der dritten und vierten Dimension. Sie sind insgesamt weniger bekannt und deshalb „zoomt" die Perspektive hier näher heran.[9]

Das Buch ist so aufgebaut, dass alle fünf Dimensionen für den eiligen Leser zunächst in einem kursorischen Schnelldurchgang dargestellt werden (Teil 2 „Überblicke"). In Teil 3 folgen dann erläuternde Kommentare zu den Dimensionen 1, 3, 4 und 5. Alle *Methoden* der Waldorfpädagogik darzustellen und zu kommentieren übersteigt das Anliegen einer Übersichtskarte. Die Methoden werden deshalb nur benannt.

Dicke Sachbücher werden selten ganz gelesen. Das wird auch für das vorliegende Buch gelten.
In seinem Kern ist es allerdings ein schmales Buch: wenn man

sich über die fünf Dimensionen der Waldorfpädagogik im Werk Rudolf Steiners informieren will, genügt es den Überblicksteil zu lesen. Wer darüber hinaus Zusatzinformationen oder Erläuterungen sucht, kann frei auswählen, an welchen Stellen er etwas nachlesen und vertiefen möchte.

Die Zitate aus dem Steinerschen Werk werden nicht in Fußnoten, sondern im laufenden Text in einer Kurzform in Klammern angegeben: Die erste Zahl bezieht sich auf die Nummer das Bandes der Gesamtausgabe (GA), die zweite benennt die Seitenzahl.

Es versteht sich von selbst, dass bei der ordnenden Zusammenstellung und bei den Erläuterungen subjektive Perspektiven eingeflossen sind. Aus diesem Grund sind kritische Anmerkungen, Ergänzungen und Verbesserungsvorschläge herzlich willkommen.

Das Buch wendet sich an alle diejenigen, die in einem Gesamtüberblick wissen wollen, was mit der Waldorf-*Pädagogik* ursprünglich gemeint und gewollt ist und wie sich die Waldorf-*Schulbewegung* – gemessen an den fünf Dimensionen ihrer Pädagogik – entwickelt hat und wo sie heute steht.

Eins ist das Buch nicht: Es will ausdrücklich nicht normativ sein. Es will niemandem sagen, was sein sollte oder müsste. Das Anliegen des Buches ist zum einen deskriptiv und zum anderen möchte es Perspektiven aufzeigen. Es will beschreiben, was historisch der Fall war, und was alles noch möglich ist. Vor diesem Hintergrund möchte ich benennen, was ohnehin nicht zu verheimlichen wäre, nämlich dass ich von der Waldorf-Pädagogik Rudolf Steiners begeistert bin – nach 3 Jahrzehnten als aktiver Lehrer sogar mehr denn je. Und nicht nur das: Auch all das, was in den Schulen im Verlauf eines Jahrhunderts bei den Umsetzungsversuchen geleistet worden ist, erlebe ich mit Bewunderung und Dankbarkeit, so anfänglich und unvollkommen vieles auch gewesen sein mag und so sehr verschiedene Missstände auch mit Recht kritisiert wurden und werden. Die Folge: Selbstverständlich will der Begeisterte auch begeistern. Bei allem Bemühen um sachliche Nüchternheit in der Darstellung wird deshalb ein unterschwelliger missionarischer Eifer für die Leserinnen und Leser unverkennbar bleiben. In diesem Punkt ist das Buch auf schmunzelnde Toleranz~~angewiesen~~. Aber das heißt nicht, dass ihm ein kritisches Infragestellen nicht willkommen wäre. Im Gegenteil: Der offene und kritische Diskurs gehört zum Lebens-Elixier des Gesamtprojektes „Aufklärung", die auf Englisch etwas poetischer „Enlightment" heißt. Auch die Waldorfpädagogik fühlt sich in ihrem eigenen Selbstverständnis als weitertreibende Kraft eines „Enlightment"-Prozesses auf pädagogischem Feld: Sie will das Kind in seiner Entwicklung gründlicher und tiefer verstehen um es in seiner Entwicklung besser fördern zu können. Dazu gehört auch der kritische Diskurs. Bei allen Differenzen wird deshalb das Prinzip des offenen Dialogs zwischen Leser und Kritiker das Verbindende sein.

Tübingen, Pfingsten 2015

TEIL I

Kontrastfolien

„Unser gesamtes Bildungssystem basiert auf der Idee akademischer Fähigkeiten. Und dafür gibt es einen Grund. Das ganze System wurde erfunden – überall auf der Welt gab es keine öffentlichen Bildungssysteme vor dem 19. Jahrhundert – sie wurden alle begründet um den Bedarf der Industrie zu erfüllen. Die Hierarchie der Unterrichtsfächer fußt deshalb auf zwei Ideen. Nummer eins: die für die Arbeit nützlichsten Fächer stehen ganz oben. Also wurden Sie als Schulkind sicher wohlwollend ferngehalten von bestimmten Beschäftigungen – von Dingen, die sie mochten – mit der Begründung, sie würden damit niemals einen Job bekommen. Ist es nicht so? Mach' keine Musik, du wirst kein Musiker werden; Mach' keine Kunst, du wirst kein Künstler. Ein wohlwollender Rat – und doch grundlegend falsch. Die ganze Welt verändert sich rapide. Und das zweite sind akademische Fähigkeiten, die mittlerweile sehr stark unser Verständnis von Intelligenz dominieren, denn die Universitäten haben das System nach ihrem Bilde geschaffen. Denkt man darüber nach, dann ist das gesamte System der öffentlichen Bildung auf der ganzen Welt ein in die Länge gezogener Prozess der Eintrittsprüfung in die Universität. Und daher kommt es, dass viele hochtalentierte, brillante, kreative Menschen denken, dass sie es nicht sind. weil die Sache bei der sie in der Schule gut waren nicht wertgeschätzt oder sogar stigmatisiert wurde. Und ich denke, wir können es uns nicht leisten so weiterzumachen."

Sir Ken Robinson www.ted.com.talks.ken_robinson

1. Überbelichtet: Der Hype um die Intelligenz

We don't educate into creativity,
we educate out of it.
Sir Ken Robinson, 2007

Die Waldorfpädagogik entstand 1919 nicht in einem luftleeren
Raum, sondern sie wurde eingebettet in das bestehende, bis heute
weltweit dominante Schulsystem. Dieses Schulsystem ist so selbst-
verständlich geworden, dass man es fast für naturgegeben hält. Aber
gerade das ist es nicht. Es wurde von Menschen gemacht und in der
Regel wissen nur Fachleute, woher dieses System stammt, welchen
Zweck es hat und warum sein „Design" so gestaltet ist, wie wir es
vorfinden. Umso aufschlussreicher ist es, einen Fachmann darüber zu
hören. Denn dadurch wird eine Art Folie erstellt, auf der man die
Anliegen der Waldorfpädagogik schärfer erkennen kann.

33 Millionen mal wurde er weltweit angeklickt: der 20-mi-
nütige Vortrag über Pädagogik, den Sir Ken Robinson 2007
gehalten hat, zu finden auf der Internet-Plattform TED.[10]
33 Millionen – das ist unvorstellbar viel für einen Vortrag
über Pädagogik. Sir Ken Robinson, weltweit tätiger Berater
von Regierungen und Nichtregierungsorganisationen für Erziehungsfragen, muss einen Nerv getroffen haben. Seine Kritik an fast allen Schulsystemen der Moderne: So gut wie alle
Schulsysteme sind viel zu einseitig auf nur eine spezielle Form
von Intelligenz fokussiert, nämlich auf die analytisch-mathe-
matisch-sprachliche Intelligenz. Aber – so Robinson – es gibt
nicht nur diese eine Form von Intelligenz, sondern viele andere, die genauso zum Potential eines Menschen gehören.
Und zwar ebenbürtig. Dazu gehören: die Bewegungsintelli-

genz, die emotionale Intelligenz, die praktische Intelligenz, die soziale Intelligenz und auch viele Formen künstlerischer Intelligenz. *Intelligenz ist vielfältig.* („It's diverse".) Das zeige die Intelligenzforschung seit langem. Trotzdem legen fast alle Schulsysteme nach wie vor den Schwerpunkt auf eine einzige Form. Die Folgen seien erheblich: Jahr für Jahr werde man dem speziellen Intelligenz-Potential viel zu vieler Schüler nicht gerecht.

Man mache sich klar, was das heißt: Es gibt bekanntlich Kinder, die nicht sonderlich musikalisch sind, aber auf wissenschaftlichem Gebiet begabt. Wenn diese Kinder in ein Schulsystem gehen würden, in dem 90 Prozent aller schulischen Tätigkeiten der musikalischen Ausbildung gälten und mehr als 90 Prozent der *Wertschätzung* dem Erfolg auf musikalischem Gebiet, – was für eine absurde Situation. Diese Kinder hätten Jahr für Jahr das Gefühl: „Von mir wird etwas verlangt, wozu ich kaum Veranlagung habe, während das, was ich wirklich könnte, nicht gefördert wird." Schlimmer noch: Viele dieser Kinder wüssten gar nicht, dass sie eine Begabung auf wissenschaftlichem Gebiet haben.[11]

Die Reaktionen wären vielfältig:

- Langeweile oder Frustration oder
- Flucht in innere Emigration oder
- Anpassung durch verschiedene Überlebensstrategien oder
- Schulabbruch oder
- Rebellion und Aggressivität gegen ein System, das zu einseitig ist.

Gesellschaftlich gesehen ist die Fokussierung der Schulsysteme auf eine einzige Form der Intelligenz eine enorme Verschwendung, nämlich eine Verschwendung ungenutzter Potentiale. Aber genau diese Ressourcenverschwendung mutet man Aber-Tausenden von Schülern zu, die in ein Schulsystem kommen, das *ihrem* Intelligenz-Potential nicht gerecht wird. Sie werden schwerpunktmäßig auf Gebieten trainiert, die ihnen nicht liegen.[12] Weltweit haben deshalb Millionen von Schülern ein ähnliches Gefühl wie es weniger musikalische Kinder hätten, die Tag für Tag stundenlang zur Musik angehalten würden: Sie werden unangemessen beschult, weil sie zu einem anderen Intelligenztyp gehören. Schlimmer noch: Viele dieser Millionen Kinder glauben leider irgendwann selbst, dass sie nicht intelligent sind. „In Mathe bin ich eine Null, Aufsätze schreiben ist nicht mein Ding, Fremdsprachen lerne ich besser im Ausland."

Fazit: nicht wenige Schülerinnen und Schüler nehmen aus der Schule ein unterschwelliges Minderwertigkeitsgefühl mit ins Leben. Aber die Wahrheit sei – so Ken Robinson –, dass viele dieser Kinder intelligent *sind*, manchmal sogar enorm intelligent. Leider wissen sie das oft nicht. Ihr Intelligenz-Typ wurde von den Augen des Systems nicht genügend gesehen oder nicht genügend gefördert oder nicht genügend anerkannt.

Millionen von Kindern leben während ihrer Schulzeit mehr oder weniger wie ein Fisch auf dem Trocknen. Sie durften in der Schule kaum je in ihrem Element schwimmen. Zu hoffen bleibe, dass sie irgendwann doch noch ihr Element finden – sozusagen *trotz* der Schule.

Zudem gebe es eine bittere Ironie: Viele Kinder würden auch auf dem Gebiet der analytischen Intelligenz große Fortschritte machen, wenn sie nur zuvor eine andere Form von Intelligenz stärker entwickeln dürften. Aber man verlangt von ihnen Erfolge auf analytischem und sprachlichem Gebiet. Doch indem man daran zerrt, erreicht man bei diesen Kindern wenig – oder das Gegenteil. Die analytische Intelligenz entwickelt sich bei bestimmten Kindern auf diesem direkten Weg gerade nicht. Auf indirektem Weg ginge es aber durchaus: Wer als Tänzer geboren ist und zuerst seine Bewegungsintelligenz entwickeln darf, der weckt gerade dadurch auch viel stärker sein Potential an analytisch sprachlicher Intelligenz. Tatsächlich sind nämlich die verschiedenen Formen von Intelligenz miteinander vernetzt. Es sei sogar grundsätzlich so, dass in der Kindesentwicklung die Bewegungen beim Krabbeln, Gehen und Spielen allererst die neuronalen Verknüpfungen veranlagen, die dann die Basis für die spätere analytische Intelligenz sind. Erst krabbeln, dann denken. Umgekehrt sind Defizite in der Bewegungsentwicklung oft – nicht immer – die Ursache für Störungen der kognitiven Intelligenz.

Erst krabbeln, dann denken. Das gilt mehr oder weniger für alle. Aber für etliche gilt es in sehr ausgeprägter Form: Erst bewegen und dadurch denken. Erst tanzen und dadurch denken. Alles andere wäre für solche Kinder eine Tortur: Man stempelt sie als nicht intelligent oder hyperaktiv ab, nur weil man bei ihnen eine Methode anwendet, die bei ihnen nicht funktioniert. Gerade etliche Kinder mit Migrationshintergrund kommen aus Kulturen, für die Bewegung eine viel größere Rolle spielt. Sie entwickeln ihre Intelligenz über die Bewegung. Stundenlanges Sitzen ruiniert sie.[13] (Wie wir noch sehen werden, geht Steiners Pädagogik weit darüber hinaus, auch diesen Kindern besser gerecht zu werden.)

Der zweite Kritikpunkt, den Ken Robinson gegen das weltweit dominante Schulsystem anführt, ist genauso gravierend: Fast alle Schulsysteme tun – so Robinson – viel zu wenig für die Entwicklung und Steigerung der *Kreativität*. Kleine Kinder sind unglaublich fantasievoll und beweglich in ihrem Geist. *Am Anfang ist die Kreativität.*

Aber am Ende der Schulkarriere sei meist bei viel zu vielen von der überbordenden Kreativität und Experimentierfreude der Kindheit kaum noch etwas übrig. Sie wurde erstickt, unter anderem von einer Überfülle an Wissen, das man für Tests zu lernen hatte.[14]

Das einseitige Pauken für Tests sei aber ein unnatürliches Lernen. Es fördere nicht die Kreativität, es behindere sie in der Regel. Das Ergebnis – so Ken Robinson: *We don't educate into creativity, we educate out of it.*

Kein Wunder also, dass Millionen von Schülern und Eltern mit gemischten Gefühlen auf die Schulzeit zurückschauen. Und in der Tat: Wenn man die Feiern der Schulabgänger sieht, kommt darin meist alles andere als tiefe Dankbarkeit zum Ausdruck, sondern Stolz und Erleichterung: „Yes! Wir haben es überlebt."

Kein Wunder also, dass der Vortrag von Sir Robinson mehr als 33 Millionen Mal angeklickt wurde.

Eltern wollen für ihre Kinder das Beste. Sie erwarten von der Schule, dass diese ihre Kinder so gut wie möglich auf das Leben vorbereitet. Aber was heißt das? Das Spektrum der Antworten ist groß: Die einen sind zufrieden, wenn ihr Kind gute Noten nach Hause bringt und am Ende einen möglichst hohen Abschluss. Andere sind zufrieden, wenn ihr Kind halbwegs passabel durch die Schule durch kommt und dann einen Beruf findet. Wieder andere Eltern schauen weniger auf die Abschlüsse und Noten. Ihnen geht es darum, dass ihre Kinder eine umfassende *Bildung* erhalten. Noch andere erwarten darüber hinaus, dass die Schule den Kindern auch *Werte* fürs Leben vermittelt. In den Augen der Eltern gibt es gute, durchschnittliche und weniger gute Schulen, aber die Grundausrichtung der heutigen Schulen, das System als Ganzes, wird von den meisten Eltern und Schülern nur selten reflektiert. Tatsächlich – so Ken Robinson – stammt das heute in fast allen Ländern der Welt verbreitete Schulsystem (völlig unabhängig von nationalen Unterschieden) aus dem

19. Jahrhundert. Denn abgesehen von einigen mittelalterlich-kirchlichen und humanistischen Wurzeln wurde das heutige Schulsystem in seinen wesentlichen Zügen in der Zeit der Industrialisierung in seinen Grundstrukturen designed. Und aus dieser Zeit stamme auch der Zweck: Die Schulen wurden so eingerichtet, dass sie genügend viele Nachwuchskräfte für die Universitäten und für die Industrie produzieren konnten. Man benötigte (und benötigt) seit dem 19. Jahrhundert vor allem Wissenschaftler, Techniker und Ingenieure. Darum ging es. Und daher stamme auch die grundsätzliche Ausrichtung der Schulsysteme: 90 Prozent der Schulausbildung zielt bis heute auf die Entwicklung der wissenschaftlichen, mathematischen und der sprachlichen Intelligenz. Die Gewichtung und Bedeutung der Schulfächer zeige dies deutlich. Mathematik, Naturwissenschaften und Sprachen stehen im Ranking der Fächer ganz oben.[15, 16]

Es bleibt die Frage, warum die modernen Staaten sich so schwer tun, ein enorm einseitiges Erziehungssystem zu verändern, obwohl es gegen ein fundamentales Prinzip des „Intelligent-Management" verstößt: Vermeidung von *Verschwendung*. Denn um Verschwendung von Intelligenz- und Kreativitätspotentialen handelt es sich. Erstens sollte man Kindern diese Blockade ihrer Potentiale grundsätzlich nicht antun und zweitens können die modernen Gesellschaften sich diese Form von Verschwendung langfristig nicht leisten. Warum ist Veränderung trotzdem so schwer? Immerhin gehe es um die Zukunft unserer Kinder und kaum jemand wisse – so Ken Robinson –, wie die Welt in 10 Jahren aussehen wird. Geschweige denn 2080. Nur: die Kinder, die im Jahr 2015 eingeschult werden, gehen etwa um das Jahr 2080 in Rente. Wir haben keine Ahnung, wie die Welt dann aussehen wird, aber wir erziehen unsere Kinder mit einem System, das veraltet, einseitig, verschwenderisch und für viel zu viele *läh-*

mend ist. Dieses System wirkt wie ein Supertanker, der einen Bremsweg von etlichen Kilometern hat: Ein Turn-around ist ein schwerfälliges Manöver. Und die Schwerfälligkeit fängt schon im Kopf an: Wer das System überlebt hat und vor allem wer anschließend in der Gesellschaft den Weg „nach oben" geschafft hat, hält es plötzlich für selbstverständlich („da muss man durch") und verteidigt es sogar, wenn es darum geht, etwas Neues und Besseres an seine Stelle zu setzen. Der berühmte Status-quo-Effekt tritt ein: Angesichts des unbekannten Neuen nimmt sogar mancher Kritiker das ineffektiv gewordene Alte in Schutz.

Und so kommt es noch viel zu oft zum „Nackten-Kaiser-Syndrom". So wie in dem berühmten Anderson-Märchen der alte Kaiser nackt ist, so ist auch das alte Schulsystem verquer. Aber so wie im Märchen alle Hofleute die Kleider des nackten Kaisers loben, stellt man auch die verquere Grundausrichtung der alten Schulsysteme nicht in Frage. (Höchstens Einzelnes muss angeblich verändert werden.) Bis jemand kommt und wie das kleine Kind ausruft: „Aber der Kaiser ist doch nackt." Mit anderen Worten: „Das gesamte System ist doch in Schieflage!"

Vor diesem Hintergrund wird umso deutlicher werden, wie – im wörtlichen Sinne – *radikal* anders der Ansatz von Rudolf Steiner war, als er die Ziele von Schule und Erziehung neu definierte.

2. Unterbelichtet: Der Umgang mit Gefühlen

Gefühl ist alles,
Name ist Schall und Rauch.
Goethe, Faust I

Bei allem Hype um die kognitive, analytische Intelligenz wird erstaunlich wenig berücksichtigt, dass unser Handeln nicht nur von unserer Intelligenz, sondern in gravierender Weise von unseren Gefühlen beeinflusst und oft gesteuert wird und zwar in der Regel viel mehr als wir uns eingestehen. Man muss nicht einmal ein Küchenpsychologe sein um zu wissen, dass unser Gefühlsleben mit seinen Ängsten, Aggressionen, seelischen Verletzungen, aber auch seinen Neigungen und Vorlieben, seiner Ruhmsucht und seinem Ehrgeiz, seinen Stärken und seinen Schwächen oder seinen Erkrankungen eine enorm wirksame Kraft für unser Handeln ist. Ob wir es wahrhaben wollen oder nicht: Im Leben spielt das Gefühlsleben in vielen entscheidenden Situationen eine größere und mächtigere Rolle als die Intelligenz. In der Regel gerät kaum eine zwischenmenschliche Beziehung, weder im Berufs- noch im Privatleben, primär aufgrund eines Intelligenzdefizits in Schwierigkeiten. Im Gegenteil: Es sind immer emotionale Blockaden, Störungen oder Defizite, die dazu führen, dass das durchaus vorhandene Intelligenzpotential manchmal in geradezu frappierendem Maße außer Kraft gesetzt werden kann.

Selbst ein Mathematik-Lehrer, von dem die Schüler sagen, er könne nicht erklären, hat dieses Problem nicht deshalb, weil er zu dumm wäre. Nicht selten ist er zu klug. Das Problem entsteht dadurch, dass er nicht nach*fühlen* kann, wie seine

Schüler ticken. Es fehlt ihm an Einfühlungsvermögen. Wenn er sich erst aber einmal ein-fühlen kann, wird er sich auch mit seiner Intelligenz in die Schüler ein-denken können.

Was später im Erwachsenenleben anstrengend wird, sind zum einen Teil die fachlichen (zum Beispiel technischen) Probleme und zum anderen die zwischenmenschlichen Spannungen und Verwerfungen. Die Bedeutung der Gefühle zu unterschätzen gehört deshalb zu den fatalen Einseitigkeiten der allermeisten Schulsysteme. Fatal deshalb, weil gerade das Leugnen des enormen Einflusses, den die Gefühle haben, ihre *unbewusste* Macht verstärkt.

Aber obwohl das so ist, kommt die systematische Entwicklung, Vertiefung, Differenzierung und Schulung von *Gefühlen* in fast allen Schulsystemen höchstens am Rande vor. Ausbildung der Gefühle? Das provoziert eher ein verlegenes oder spöttisches Lächeln. Man konzentriert sich lieber auf Intelligenz und Wissen. Immerhin hänge davon – so sagt man – die Karriere ab. Alles andere steht im Verdacht, unsachlich zu sein. Ausbildung der Gefühle? Was soll denn das?

Es soll ziemlich viel! Denn ein Schulsystem, das die emotionale Reifung in erster Linie dem Elternhaus und dem Kollateralglück der Schulen, nämlich der großen Kompetenz einzelner Lehrer überlässt, macht es sich zu leicht. Manche spöttisch aufgelegten Kritiker formulieren das so: Die emotionale Erziehung der Schule fokussiere sich auf Entwicklung von Frustrationstoleranz oder Ehrgeiz.

Wenn aber im Leben die emotionale Reife eine erhebliche und oft entscheidende Rolle spielt, dann sollte das *Schulsystem* als solches eine Gewichtsverlagerung vornehmen und dies nicht nur einzelnen Lehrern überlassen. Ein *ausgewogenes* Gleichgewicht müsste das Ziel sein. Und genau das hat

Steiner bereits in den Strukturen der ersten Waldorfschule anzulegen versucht. Erstens wurde eine gleichranginge und gleichgewichtige Verteilung der Unterrichtszeit auf drei verschiedene Fachrichtungen eingeführt: (a) Kognitive Fächer, (b) künstlerische Fächer und (c) Bewegungsfächer. Zweitens wurde eine Methodik entwickelt, die gerade beim Unterricht der kognitiven Fächer das Gefühlssystem und das Willenssystem berücksichtigt.

Noch immer ruft so etwas ungläubiges Kopfschütteln oder sogar Spott hervor: „Softeispädagogik" ist noch eine der harmlosesten Invektiven und wie die meisten anderen schlechterdings unsachlich. Für Steiner ging es nicht um Softeis- oder Kuschel-Pädagogik, sondern um Hochleistungs-Pädagogik, und das nicht bloß für eine Elite, sondern für alle:

- Jeder einzelne Schüler soll das ihm mögliche Höchstmaß an denkerischer Klarheit entwickeln: *„Wir müssen (so erziehen), dass der Mensch die ihm für das Leben höchste mögliche Klarheit im Denken (erringt)"*.
- Jeder einzelne Schüler soll das ihm mögliche Höchstmaß an Vertiefung und Differenziertheit des Fühlens entwickeln. *„Wir müssen (so erziehen), dass der Mensch (…) im Fühlen die nach seinen Voraussetzungen für ihn denkbar höchste liebevolle Vertiefung (erringt)."*
- Jeder einzelne Schüler soll das ihm mögliche Höchstmaß an Willenskraft entwickeln. *„Wir müssen (so erziehen), dass der Mensch im Wollen die nach seinen Voraussetzungen*[17] *höchste mögliche Energie und Tüchtigkeit erringe."* (GA 309, 40)

3. Gar nicht belichtet: Gesundheitliche Spätfolgen

Scripture tells us to run with endurance the race that is set before us.
Barack Obama, Boston, 18. April 2013

2007 wurde von der Kultusministerkonferenz in Deutschland beschlossen, die Schülerinnen und Schüler in 12 statt bisher 13 Schuljahren zum Abitur zu unterrichten. Umgesetzt wurde dieser Beschluss – je nach Bundesland – in den Jahren 2008 bis 2013. Seitdem nehmen die Klagen über extremen Stress in der Schule ständig zu. Das Thema „Schulstress" ist in allen Medien präsent. Schule und Stress werden mehr oder weniger zu Synonymen.

Und in der Tat: verschiedene Studien kommen zu wenig erfreulichen Ergebnissen:

- Die Kindergesundheitsstudie „Elefanten Kinderschuhe" zeigt, dass 25 Prozent der befragten Zweit- und Drittklässler sich oft oder sehr oft durch die Schule gestresst fühlen.
- Die Krankenkasse DAK hat in einer Erhebung festgestellt, dass jeder fünfte Schüler und jede dritte Schülerin ab zehn Jahren regelmäßig unter psychosomatischen Beschwerden wie Einschlafproblemen, Gereiztheit, Kopf- und Rückschmerzen leiden.
- Die Münchner Ludwig-Maximilians-Universität befragte Gymnasiasten in München. Ergebnis der Studie: 80 Prozent der Befragten klagen über Kopfschmerzen, viele außerdem über Schmerzen im Rücken.

Der SPIEGEL brachte es auf den Punkt: „Plattgepaukt". So der Titel einer Ausgabe, die das Magazin dem Thema widmete. Schule sei „zum Überlebenstraining" geworden ist „und ein Schulabschluss nur unter Gefahr für Leib und Leben zu erwerben."[18]

Einige Eltern fahren angesichts dieser Situation schweres Geschütz auf. Sie wollen die UNO einschalten, nämlich den Ausschuss für die Rechte des Kindes. Dieser Ausschuss ist für die Überwachung der UNO-Kinderrechtskonvention zuständig. In der Konvention heißt es in Artikel 31: *„Die Vertragsstaaten erkennen das Recht des Kindes auf Ruhe und Freizeit an, auf Spiel und altersgemäße Erholung."*

Geschaffen wurde die Konvention zum Schutz vor Kinderarbeit in Schwellenländern.

Beklagt wird neben dem Dauerstress, dass die Schule zur „Paukanstalt" verkommt und „unreife Menschen hervorbringe mit ein bisschen Wissen zum Ausspucken."

Aber es klagen nicht nur Eltern und Schüler. Die Lehrer klagen genauso. „Schule ist für die Gesundheit unserer Kinder nicht förderlich". Und ebenso schlagen die Ärzte Alarm. „Schule führt zu Schäden am Bewegungsapparat bereits im kindlichen Alter." „Die psychosomatischen Krankheiten werden weiter zunehmen."

Muss man Kindern und Jugendlichens das antun? Wozu? Für ein erfolgreiches Studium? Für beste Voraussetzungen im Kampf um einen Platz an der Sonnenseite des Lebens? Oder um sie möglichst frühzeitig an den späteren Lebensstress zu gewöhnen?

Das Fatale ist, dass bei den gesundheitlichen Folgen des Schulsystems eine wichtige Dimension noch kaum erforscht ist: Die Langzeitwirkung. Kinder und Jugendliche befinden sich noch in körperlicher Entwicklung. Sie wachsen noch. Das aber wird in einem Schulsystem, das sich primär auf das Vermitteln von Wissen konzentriert, kaum je berücksichtigt. Dabei ist es naheliegend: Psychosomatische Schäden, die in der Kindheit in den Körper „eingraviert" werden, wachsen mit dem sich noch entwickelnden Körper mit. Ein Kind, das in jungen Jahren voll von unterdrückten Aggressionen gegen seine Lebensverhältnisse war, hat eine erhebliche Disposition für Erkrankungen des Magen-Darm-Systems im Erwachsenenalter. Das ist bekannt. Wie aber verhält es sich mit den subtileren körperlichen Schäden, die durch das Schulsystem verursacht werden? Welche Krankheiten im Erwachsenenalter sind Spätfolgen von Schädigungen in der Kindheit? Hier steht die medizinische Forschung erst am Anfang.

Schule als Krankheitsursache ist ein Skandalon. Es kann deshalb nicht bloß darum gehen, dass in Deutschland eine Debatte über die Frage „Von G8 wieder auf G9 umstellen?" geführt wird. Es wird vielmehr in Zukunft darum gehen, viel fundamentaler die krankmachenden Faktoren in den modernen Schulsystemen zu erforschen und die langfristigen Folgen und Folgekosten zu ermitteln. Und zwar für Schüler *und* Lehrer *und* Eltern.
Schule als Krankheitsursache ist ein Skandalon. Umgekehrt sollte es sein: Schule sollte neben der kreativen Intelligenz auch die Vitalität und die Gesundheit fördern. Nicht abbauen. Nicht nur nicht schädigen, sondern *stärken*. Am besten für Schüler *und* Lehrer *und* Eltern.

Das Leben ist ein ziemlich langer Marathonlauf. Es ist nicht klug, einen Marathon zu schnell anzugehen. Sind die Muskeln erst einmal übersäuert, bricht man hinterher furchtbar ein. Meist irgendwo nach Kilometer 30. Entsprechend ist es

– auf den Lebensmarathon gesehen – nicht klug, dem Körper in der Erziehung durch die Art des Lernens subtile Schäden zuzufügen. Sie rächen sich nach der Hälfte oder nach zwei Dritteln der Distanz und manchmal auch schon früher. Diese Dimension der Nachhaltigkeit der körperlichen und seelischen Gesundheit wird bisher von fast allen modernen Erziehungssystemen so gut wie gar nicht in den Blick genommen.

To run with endurance the race that is set before us – Obamas Einleitungssatz seiner Rede nach dem Attentat auf den Marathonlauf in Boston im April 2013 sollte den Menschen Mut machen für die Zukunft. Der Satz bietet aber auch einen entscheidenden Gesichtspunkt für ein Umdenken von Erziehung und Unterricht: Wie können Erziehung und Schule so eingerichtet werden, dass dadurch günstige körperliche und mentale Voraussetzungen geschaffen werden für die Gesundheit im Marathon des *ganzen* Lebens? Tatsächlich aber haben die meisten Schulsysteme diese Fragestellung nicht auf dem Monitor. Wenn Sir Ken Robinson sagt: *We don't educate into creativity, we educate out of it*, dann gilt das vermutlich genauso stark für die nachhaltige Gesundheit: *We don't educate into health, we educate out of it*.

Immerhin kommt es zu ersten Gegenmaßnahmen. Aber die sind bei weitem nicht genug. Anti-Stress-Übungen in der Schule sind oft ein Segen für viele Schüler, Eltern und Lehrer. Aber sie sind – leider – auch systemstabilisierend. Es sind Maßnahmen gegen den Schmerz. Aber sie beseitigen nicht die Ursachen. Das spricht nicht gegen diese Maßnahmen. Aber man braucht darüber hinaus einen neuen Blick auf übergeordnete Zielsetzungen. Und damit nähern wir uns zentralen Essentials der Waldorf-Pädagogik.

Eigentlich schreit die Welt geradezu nach einer grundsätzlichen Neuausrichtung der Pädagogik. Was sie nicht weiß, ist, was die Waldorfpädagogik tatsächlich alles zu bieten hat. Bei den Ingenieuren der Entwicklungsabteilung von Daimler-Benz gibt es das Apercu: „Wenn der Daimler nur wüsste, was der Daimler längst weiß." Gemeint ist: Viele in den Entwicklungslabors gemachte Entdeckungen bleiben dort ungenutzt liegen. In noch viel stärkerem Maße gilt dies aber für die Pädagogik:

„Wenn die Welt nur wüsste, was die Welt längst weiß."

TEIL 2

Überblicke

„Denn wir müssen auf diesem Verständnis der Eltern aufbauen. Wir können nicht in derselben Weise wirken wie andere Schulen, geschützt durch den Staat und durch alle möglichen Autoritäten. Wir können allein wirken, wenn wir einer verständnisvollen Elternschaft gegenüberstehen."

Rudolf Steiner, 13. Januar 1921

1. Die Settings von 1919: „Big 12"

Die Essentials der ersten Dimension im Überblick

Es gibt etliche „waldorf-typische" Maßnahmen, die bereits in der Gründungszeit zwischen 1919 und 1924 eingeführt wurden. Viele von ihnen werden bis heute in den weltweit über 1000 Waldorfschulen in 60 Ländern angewendet und sind gewissermaßen zu einem Markenzeichen von „Waldorf" geworden. Dazu gehören diejenigen, die man die „Big 12" nennen kann:

1) In den Klassenstufen 1 – 8 werden viele Fächer, vor allem die kognitiven Fächer, von einer einzigen Lehrerin oder von einem einzigen Lehrer unterrichtet. (Das sogenannte Klassenlehrer-Prinzip.)

2) Die Waldorfschulen unterrichten viele Fächer in sogenannten *Epochen* („Epochen-Prinzip"). Das heiß: Die Schüler haben 3 – 4 Wochen lang an jedem Morgen in den ersten beiden Stunden ein und dasselbe Fach. Auch in vielen handwerklich-künstlerischen Fächern wird dieses Prinzip angewandt.

3) Die Waldorfschulen unterrichten meist zwei Fremdsprachen bereits ab dem ersten Schuljahr.

4) Die Waldorfschulen unterrichten zu einem relativ hohen Anteil künstlerische und handwerkliche Fächer. Das ursprüngliche Ideal lautete: etwa ein Drittel „Wissensfächer" (kognitive Fächer), ein Drittel künstlerische Fächer und ein Drittel handwerklich-praktische Fächer. (Einschließlich der Bewegungsfächer wie Turnen und Tanz.)

45

5) Die Waldorfschulen kennen kein „Sitzenbleiben". Die Schülerinnen und Schüler unterschiedlicher Begabungen bleiben in einer Klasse und werden nicht in Hauptschüler, Realschüler und Gymnasiasten getrennt.[19] Und: Die Waldorfschulen geben keine Noten und auch keine Notenzeugnisse.

6) Die Waldorfschulen unterrichten das spezielle Bewegungsfach Eurythmie.

7) Die Waldorfschulen haben einen speziellen Lehrplan, der auf die Entwicklungsgesetzmäßigkeiten des Kindes abgestimmt ist.

8) Die Waldorfschule hat – zumindest idealer Weise – eine Schulärztin oder einen Schularzt, die mit dem Lehrerkollegium und mit den verschiedenen Therapeuten, die an der Schule tätig sind, zusammenarbeiten.

9) Das Ambiente der Gebäude, der Gärten und Werkstätten und schließlich auch die Architektur der Gebäude sind nicht Ausdruck einer Bildungsfabrik, sondern schaffen eine warmherzige Atmosphäre, sind lebenszugewandt und – bis in die Wandfarben der verschiedenen Klassenstufen – pädagogisch begründet.

10) Das Zelebrieren von Festen spielt in den Waldorfschulen eine nicht unerhebliche Rolle.

11) Es gibt ein hohes Maß an Elternbeteiligung und zwar vor allem auf pädagogischem Gebiet. Gerade in der Unterstufe finden zahlreiche Elternabende statt. Die Klassenlehrer besuchen in Hausbesuchen die Eltern, um das Kind auch in seiner häuslichen Umgebung kennenzulernen.

12) Die Selbstverwaltung wird durchgeführt in der Form *kollegialer* Schulführung.

Jeder einzelne Punkt der „Big 12" ist ein mächtiges Werkzeug.

Zu jedem einzelnen Punkt der „Big 12" entstanden auf der anderen Seite aber immer schon kritische Fragen:

- *Sehr viele Fächer von ein und demselben Lehrer unterrichten lassen?*
  „Es ist doch ganz unmöglich, dass ein Lehrer in so vielen Fächern kompetent sein kann. Und dann auch noch 8 Jahre lang! Die armen Schüler, die nicht mit diesem Lehrer zu Recht kommen."

- *Unterricht in Epochen?*
  „Wird da nicht viel zu viel in der Zwischenzeit vergessen?"
- *2/3 künstlerischer und handwerklicher Unterricht? (einschließlich vieler Praktika und künstlerischer Projekte)*
  „Kommen da nicht die kognitiven Fächer viel zu kurz? Hat man dadurch nicht erhebliche Nachteile bei Prüfungen?"

- *Kein Sitzenbleiben und keine Noten?*
  „Um Gottes willen! Fehlt dann nicht jeder Leistungsanspruch?" „Wird man dann den verschiedenen Begabungen noch gerecht? Entstehen nicht Unterforderung auf der einen Seite des Leistungsspektrums und Überforderung auf der anderen?"

- *Eurythmie?*
  „Wozu soll es bitteschön gut sein, wenn man seinen Namen tanzen kann?"

- *Ein spezieller Lehrplan?*
  „Ist der wirklich so speziell? Schaut man sich den Lehrplan an, dann gibt es doch über weite Strecken große Übereinstimmung mit den staatlichen Lehrplänen."

- *Kollegiale Selbstverwaltung?*
  Ist diese Form nicht ineffektiv? Wenn es keinen Direktor
  gibt, wer ist dann für die Schule verantwortlich?

- *Elternarbeit?*
  Sind Hausbesuche nicht ein Eindringen in die Privatsphäre, die einen Lehrer nichts angeht?

- *2 Fremdsprachen bereits ab der ersten Klasse?*
  Sind die Kinder damit nicht überfordert?

- *Die Bedeutung von Festen?*
  Handelt es sich dabei um aufgezwungenen Feier-Kitsch,
  um pseudo-künstlerische „Wiederkehr des Immerglei-
  chen" oder gar um quasi-religiöse Indoktrination?

Es steht außer Frage, dass man alle Punkte der „Big 12" disku-
tieren kann, indem man bei jedem einzelnen Punkt das Pro
und Contra abwägt. Auf der anderen Seite wird sich im Verlaufe der Darstellung zeigen: Rein theoretisch könnte man
auf jeden einzelnen Punkt der klassischen „Big 12" verzichten und sogar auf alle zusammen und man könnte trotzdem
die von der Waldorf-*Pädagogik* anvisierte Erziehungskunst
umsetzen. Das klingt an dieser Stelle irritierend und es dürfte
nicht unwidersprochen bleiben: „Was bleibt dann von der
Waldorfpädagogik noch übrig?" Die Antwort: Der Blick auf
eine zweite, dritte, vierte und fünfte Dimension ihrer Essentials. Denn die entscheidende Frage zu den Settings ist,
warum und mit welcher Zielsetzung sie eingerichtet wurden.
Das aber lässt sich erst angemessen beantworten, wenn man
die Essentials der dritten Dimension kennt.

2. Fünf Methoden-Felder

Die Essentials der zweiten Dimension im Überblick

Neben den „Settings" wurden in der Begründungsphase der Waldorfpädagogik für insgesamt 5 Felder der Pädagogik spezielle *Methoden* skizziert: Die Essentials der zweiten Dimension. Sie werden hier im Überblick benannt. Schon ihre bloße Aufzählung verschafft einen ersten Eindruck von der Komplexität der gesamten Waldorfpädagogik.

A. Das erste Methoden-Feld

Grundsätzliche Leitlinien für die verschiedenen Entwicklungsphasen des Kindes

1. Innere Grundhaltungen oder Grundeinstellungen der Lehrerinnen und Lehrer gegenüber dem Wesen des Kindes
2. Innere Grundhaltungen gegenüber verschiedenen Entwicklungsphasen des Kindes

B. Das zweite Methoden-Feld

Methoden zur Stabilisierung oder Harmonisierung der Konstitution der Schülerinnen und Schüler

1. Methoden zur Harmonisierung der Atmung
2. Methoden zu einem gesunden Wechselspiel von Schlafen und Wachen

3. Methoden zum Austarieren der sogenannten *Inkarnationstiefe* (Gemeint ist: Ist ein Schüler gut mit seinem Körper verbunden, oder ergreift seine Individualität den eigenen Körper nur wenig? In den USA abgekürzt: „Ego deep" – „Ego low")

4. Methoden zur Harmonisierung eines *zu großen* Fantasie-Reichtums (bis hin zu fixen Ideen) bzw. einer ausgeprägten Fantasie-Armut.

5. Methoden zur Harmonisierung von zwei polaren Einseitigkeiten: Das eine Extrem ist die Neigung zu einer idealistischen Schwärmerei, die den Weltbezug verliert. Das andere Extrem ist eine Neigung zu einer engherzigen, trockenen Nüchternheit, die den Blick auf Ideale und größere Zusammenhänge ablehnt. Im ersten Fall verliert man den Erdboden unter den Füßen, im zweiten den Himmel über dem Haupt.

6. Maßnahmen für Kinder, deren Eisengehalt im Blut entweder zu gering oder aber zu stark ist, sowie Maßnahmen für Kinder, deren Schwefelgehalt im Körper entweder zu gering oder zu stark ist.

7. Methoden zum Umgang mit den Temperamenten der Kinder, damit das eigene Temperament nicht eine Belastung, sondern ein Segen wird.

C. Das dritte Methoden-Feld

Methoden zu den Grundkompetenzen des Menschen

1. Altersspezifische Methoden zur Entwicklung der kognitiven Kompetenzen: Beobachtungsfähigkeit, Denken (Urteilen, Schließen, Begriffs- und Ideenbildung, Gedächtnis, Phantasie, geistige Kreativität).

2. Altersspezifische Methoden zur Entwicklung der emo-

tionalen Kompetenzen (Vertieftes und differenziertes Fühlen, Empathiefähigkeit, Lebenssicherheit etc.)
3. Altersspezifische Methoden zur Entwicklung der Willenskraft
4. Altersspezifische Methoden zur Entwicklung von Selbstwertgefühl und Identitätsfindung
5. Altersspezifische Methoden zur Entwicklung der Sozialkompetenz, des Gewissens und der Moralität

D. Das vierte Methoden-Feld

Fachdidaktische Methoden

1. Methoden beim Erwerb basaler Kulturtechniken (Schreiben, Lesen, Rechnen)
2. Goetheanistische Methoden in den Naturwissenschaften
3. Goetheanistische Methoden in den Humanwissenschaften
4. Goetheanistische Methoden in den künstlerischen Fächern
   a) Architektur, Plastik, Malerei
   b) Musik, Sprache, Theater
5. Goetheanistische Methoden in den handwerklichen Fächern
6. Methoden in den Bewegungsfächern (Gymnastik, Sport)
7. Methoden der Eurythmie
8. Methoden der „Lebenskunde"-Fächer

E. Das fünfte Methoden-Feld

Pädagogische „Leitsätze", die sich als roter Faden durch alle Methoden hindurchziehen

„Alles aus dem Künstlerischen heraus entwickeln"
„Grundsätzlich vom Ganzen in die Teile gehen und nicht umgekehrt"
„Alle ohne Druck und ohne falschen Ehrgeiz"

*

Die Essentials der zweiten Dimension unterscheiden sich erheblich von denen der ersten. Bei den „Big 12" handelt es sich um ein mehr oder weniger stabiles Gerüst. Es wurde in der ersten Schule von 1919 aufgebaut und setzte sozusagen einen Maßstab für die weiteren Schulgründungen.[20] Die Big 12 sind dabei unabhängig vom einzelnen Lehrer: Wenn an einer Waldorfschule in sogenannten „Epochen / Unterrichtsblöcken" unterrichtet wird, dann ist das eben für jeden einzelnen an der Schule arbeitenden Lehrer so.

Anders ist das bei den Methoden: Sie galten zwar auch als verbindlich, aber ihre Umsetzung hing schon 1919 in erheblichem Maße von der einzelnen Lehrerin und vom einzelnen Lehrer ab. Die Anwendung der Methoden ist gewissermaßen flüssiger als die Stabilität der „Big 12". Ob und in welchem Umfang die einzelne Lehrerin und der einzelne Lehrer die Methoden umsetzt, z. B. Methoden zum Umgang mit den Temperamenten oder zur Harmonisierung der Konstitution oder zur Willenserziehung, das hing und hängt zum größten Teil vom Willen der jeweiligen Lehrer ab. Wenn die „Big 12" vergleichsweise das Knochenskelett der Waldorfpädagogik sind, dann sind die Methoden gewissermaßen das Blut, das durch den Körper fließt.

Von keinem Lehrer der Welt konnte Steiner erwarten, dass er alle Methoden beherrscht oder gar bis zur Meisterschaft beherrscht. Trotzdem waren die Methoden verbindlich: als *anzustrebender Leitfaden.*

Insgesamt sind die Methoden der Waldorfpädagogik derart umfangreich und miteinander verknüpft (komplex), dass es ausgeschlossen ist, sie in einem Überblicksband zu *kommentieren*. Schon ihre bloße Dokumentation würde den Rahmen einer Überblickskarte schlechterdings sprengen. Das erfolgt in separaten Bänden. Eine *Überblickskarte* muss es bei der Benennung der Methoden-Felder belassen.

- Eine Darstellung des ersten und fünften Methodenfeldes findet sich in dem Klassiker von Christoph Lindenberg: „Angstfrei Lernen, selbstbewusst handeln."
- Wer sich über die Methoden des zweiten Methoden-Feldes einen Überblick verschaffen will, findet ihn in Christoph Wiecherts Buch: „Du sollst sein Rätsel lösen …" Gedanken zur Kunst der Kinder- und Schülerbesprechung. Dornach 2012.
- Zum dritten Methodenfeld ist bisher u. a. erschienen: „Willenserziehung. 60 pädagogische Angaben Rudolf Steiners. Gesammelt und erläutert von Valentin Wember. Tübingen 2014.
- Die Literatur zu den fachdidaktischen Methoden, dem vierten Methodenfeld, ist überwältigend. Allein die Buchpublikationen zählen nach Hunderten. Wollte man darüberhinaus die in Fachzeitschriften im Lauf von 100 Jahren veröffentlichen Artikel auswerten, müsste man etliche Dissertationsthemen zur Bearbeitung ausschreiben.

3. Sieben Navigationsinstrumente für eine zukünftige Pädagogik

Die Essentials der dritten Dimension im Überblick

Im Unterschied zu den Essentials der ersten und zweiten Dimension von 1919 – 1924 gibt es hinter ihnen diejenigen pädagogischen Gesichtspunkte, aus denen die Settings und die Methoden allererst hervorgegangen sind. Überblickt man das pädagogische Vortragswerk Rudolf Steiners, so wird deutlich, dass Steiner in sieben Punkten radikal anders dachte über Erziehung und Unterricht:

erstens über die Grundlagen der Pädagogik und die Grundlangen ihrer Methoden
zweitens über die grundsätzlichen Ziele von Erziehung und Bildung
drittens über die enorme Bedeutung des Körpers für die Erziehung
viertens über die gravierenden körperlichen und seelischen Langzeitfolgen der Erziehung,
fünftens über die Rolle der Erwachsenen, der Eltern und Lehrer
sechstens über entscheidende – aber meist unbekannte – Weichenstellungen während der Schulzeit
und siebtens über die Rolle der Unterrichtsinhalte

Aus diesen sieben Gesichtspunkten gehen sieben Essentials hervor.

Essential 1
Der Ausgangspunkt: Menschenkunde

Das Fundament der Waldorf-Pädagogik ist eine umfassende und gründliche Anthropologie. Aus ihr leitete Steiner alle Settings der ersten Dimension und alle methodischen und didaktischen Angaben der zweiten Dimension ab. Steiner erwartete und erhoffte, dass künftige Lehrer weitere Methoden aus ihr gewinnen würden. Er betrachtete die von ihm skizzierten Methoden als einen Anfang und nicht als abgeschlossenes System. Zugleich liegt hier die Quelle für unbegrenzte weitere Entwicklungen.

Steiners Menschenkunde behandelt u. a. folgende Themen:

- Das Verhältnis zwischen Blutströmung und Blutbildung auf der körperlichen Ebene und den Willens- und Fantasiekräften auf der seelischen Ebene
- Das Verhältnis zwischen Nerven- und Gehirnprozessen und den Vorstellungskräften
- Die Bedeutung der Synapsen für das Einschalten von Gefühlen in die Vorstellungsprozesse
- Die Bedeutung von Atem- und Blutrhythmus für die Gefühle
- Die Innere Natur der Willenskräfte. Die verschiedenen Erscheinungsformen des Willens und ihre jeweiligen anthropologischen Grundlagen.
- Die innere Natur der Vorstellungskräfte
- Eine Untersuchung der verschiedenen Sinnesbezirke (Sinneslehre)
- Der Zusammenhang zwischen den basalen Lebensfunktionen und den verschiedenen Denkfunktionen.
- Die partielle Umwandlung der Naturtriebe (Atmungstrieb, Ernährungstrieb, Bewegungstrieb, Fortpflanzungstrieb etc.) in Kulturtriebe

Im Kommentarteil wird exemplarisch auf zwei umstrittene Themen eingegangen: Steiners Forschungsergebnisse zur Herzfunktion und zur Funktion der sogenannten „motorischen Nerven."

Essential 2
Die Neubestimmung der Ziele von Erziehung und Bildung

In den Erziehungswissenschaften unterscheidet man zwischen „Erziehungszielen", „Bildungszielen" und „Lernzielen". Die *Erziehungsziele* geben an, was insgesamt mit den Kindern und Jugendlichen erreicht werden soll. Regelmäßig durchgeführte Befragungen zeigen, dass die von Eltern angegebenen wünschenswerten Erziehungsziele in ihrer Rangordnung schwanken. (Zurzeit stehen „Höflichkeit und gutes Benehmen" sowie „gewissenhaftes Erledigen von Arbeiten" auf Platz 1 und 2.) Unter den verschiedenen Erziehungszielen taucht auch das Ziel „Bildung" auf. Bildung ist die Domäne der Einrichtung „Schule". Deshalb spricht man im Hinblick auf die Schule auch nicht von „Erziehungszielen", sondern von „Bildungszielen". Zur Bildung gehört dann u. a. alles das, was *gelernt* werden soll. Es wird in den „Lernzielen" festgelegt. – Alle drei Ziele werden in mehr oder weniger freier Wahl gesetzt und für bestimmte Zeiträume mehr oder weniger bestimmt. Persönliche Vorlieben und Wertvorstellungen der Eltern, politische Ziele und ökonomische Bedürfnisse spielen dabei eine starke Rolle. Das ist in Steiners Waldorf-Pädagogik völlig anders. *Hier werden die Erziehungsziele, die Bildungsziele und die Lernziele nicht von irgend einer Instanz außerhalb des Kindes (Eltern, Politik, Gesellschaft) vorgegeben. Sie werden stattdessen aus einer Untersuchung der menschlichen Natur und seiner Entwicklung gewonnen.* Steiner setzte nicht einfach andere Ziele an die Stelle der bisherigen oder gewichtete die bisherigen neu. Der entscheidende Unterschied liegt in der Herkunft der Ziele: Sie entstammen weder persönlichen Vorlieben, noch politischen Vorstellungen, noch wirtschaftlichen Vorgaben. Sie werden abgelesen aus der Natur des Kindes und das heißt: erstens aus den *allgemeinen* Gesetzmäßigkeiten der Kindesentwicklung und zweitens aus deren *individuellen* Ausgestaltungen im einzelnen Kind.

Die auf diese Weise gewonnenen Erziehungsziele sind verstörend anders. Aus der Perspektive der üblichen Ziele gesehen, könnte die Irritation kaum größer sein:

- Das Hauptziel ist eine Umwandlung der Lebensfunktionen in seelische Funktionen *ohne dass dabei die Lebensfunktionen geschädigt werden*. Umgekehrt sollen die seelischen Funktionen belebt werden. In der Terminologie Steiners: „Das Seelisch-werden der Lebensprozesse und das Lebendig-werden der Seelenprozesse". (Erläuterungen im Kommentarteil unter Dimension 3, Essential 4) Weitere Ziele:
- Es geht um einen möglichst gesunden Rhythmus von Schlafen und Wachen für eine gesunde Entwicklung.
- Es geht um ein möglichst gesundes Wechselspiel vom Atmungsprozess und Nervenprozess.
- Es geht um eine möglichst angemessene Verbindung des Muskelwachstums mit dem Knochenwachstum, denn davon hängt auf eine subtile Art und Weise ab, wie sich ein Mensch in seinem eigenen Körper fühlt. Und von der Verbindung des Menschen mit seinem Körper hängt wiederum ab, wie gut oder eingeschränkt jemand die Aufgaben seines Lebens anpacken und bewältigen kann.

Diese Ziele werden nicht angestrebt, weil man mit ihrer Hilfe die üblichen Ziele besser erreichen kann. Sie werden abgelesen aus der Natur des Kindes selbst. Alle anderen Ziele wie ein klares Denken, ein vertieftes Fühlen, eine starke und ausdauernde Willenskraft, eine umfassende Bildung etc. ergeben sich auf ähnliche Weise: Sie werden durch Menschenerkenntnis gewonnen und nicht mehr oder weniger von außen bestimmt.

Auf der anderen Seite sind die aus der Natur des Kindes selbst abgelesenen Erziehungsziele nicht so rein umzusetzen, wie es die Natur des Kindes erfordern würden. Dann würde zum Beispiel – so Steiner – das Erlernen des Schreibens deutlich später erfolgen müssen. Man kann und soll auch gar nicht die jeweiligen kulturellen, gesellschaftlichen und politischen Vorgaben missachten. (In westlichen Ländern sind es andere als in islamisch oder konfuzianisch geprägten Ländern.) Das Ideal einer Erziehung, die rein aus der Natur des Kindes folgt, muss immer angepasst werden an die jeweiligen Bedingungen. Aber wie ein Leitstern gibt das Ideal dabei die Orientierung. Mit seiner Hilfe sind die Kinder möglichst gut auf die jeweils bestehenden Lebensverhältnisse vorzubereiten, sodass sie lebenstüchtig werden, im Laufe des Erwachsenenlebens an ihren *echten* Lebensaufgaben nicht scheitern und ihre eigenen, tieferen Impulse verwirklichen können. Deshalb wäre es schlechterdings kontraproduktiv, völlig andere Bildungsziele in einer Schule aufzustellen, auch wenn sie die Natur des Menschen fordern würde. Man könne – so Steiner – oft nur versuchen, die vorgegebenen Bildungsziele in denjenigen Fällen, wo sie der Natur des Kindes zuwiderlaufen, etwas zu entschärfen (Das macht die Waldorfpädagogik z. B. beim Schreibenlernen[21]). An einigen wenigen Stellen, wo ein Freiraum besteht, können dann tatsächlich auch andere Bildungsziele eingeführt werden.

Von außen betrachtet sieht dann freilich vieles ähnlich aus und diese Ähnlichkeit führt zu dem Missverständnis, dass

Waldorf-Pädagogik nur die Soft-Version oder die Bio-Variante des Üblichen sei. Tatsächlich aber handelt es sich im Hinblick auf den Quellcode ihrer Pädagogik um eine kopernikanische Wende: Dreht sich alle Pädagogik um die gesellschaftlich, wirtschaftlich oder politisch festgelegten Ziele oder steht die Menschenerkenntnis im Zentrum des pädagogischen Kosmos und alles andere dreht sich um das Zentrum der Menschenerkenntnis?[22] Werden anthropologische Einsichten, z. B. über das Gehirn, nur genutzt, um die gesellschaftlich oder politisch vorgegebenen Maßgaben möglichst optimal zu erreichen, oder richtet sich die Erziehung allein nach der Natur des Kindes, sodass Politik und Wirtschaft sich danach zu orientieren haben?

Der Grundansatz der Steinerschen Waldorf-Pädagogik ist im Kern ein radikal anderer Ansatz als der des üblichen Systems. Aber er schließt zugleich alle notwendige Kompromissbereitschaft und Anpassungsfähigkeit an die bestehenden Verhältnisse mit ein.[23]

Wie tief Steiner die Aufgabe einer Erziehung auffasste, die rein aus Menschenerkenntnis gewonnen ist, ist diesen Formulierungen allerdings noch nicht anzusehen.

Essential 3
Die Auswirkungen mentaler Tätigkeiten auf den Körper – und umgekehrt

Die Erziehungskunst Rudolf Steiners legt aufgrund ihres anthropologischen Ausgangspunktes ein überraschend großes Gewicht auf die Auswirkungen, die alles Lernen auf den Körper hat. Eine der zentralen pädagogischen Fragen Steiners ist deshalb: Wie wirken sich die spezifischen geistigen und seelischen Tätigkeiten, in die man ein Kind versetzt, jeweils *auf die Organe* des Körpers aus?

Und umgekehrt: Welche Auswirkungen haben körperliche Tätigkeiten (wie z. B. Turnen, Fußballspielen, Volleyball, Eurythmie, Holzschnitzen, Handarbeit) auf die seelischen und geistigen Tätigkeiten und Fähigkeiten eines Kindes?

Und: Wie kann man Einsichten in diese Zusammenhänge für die Förderung jedes einzelnen Kindes nutzen?

Essential 4
Körperliche Langzeitfolgen der Erziehung

Für die Erziehungskunst Rudolf Steiners ist es ein entscheidender Gesichtspunkt, dass man *die langfristigen Folgen der körperlichen Auswirkungen der Erziehung* in den Blick nimmt. Für Steiner ist es außerordentlich wichtig, dass man diese Folgen ernst nimmt und bei allem Unterricht und bei aller Erziehung berücksichtigt. Mehr noch: Das Wissen um die langfristigen körperlichen und seelischen Folgen muss sogar zur maßgeblichen Richtschnur für alle pädagogischen Maßnahmen werden.

Vom Ansatz her handelt es sich bei diesem Essential um ein Umdenken in der Pädagogik: *Dreht sich das Design der Pädagogik (einschließlich der Wissensvermittlung) um das Zentrum der langfristigen körperlichen Auswirkungen oder steht im Zentrum die Wissensvermittlung und berücksichtigt man allerhöchstens am Rande die körperlichen Auswirkungen?*

Essential 5
Die Selbsterziehung des Pädagogen als zentrale Erziehungsmethode

Steiner formuliert dieses Essential zuweilen bestürzend radikal:

Aller *echte* erzieherische Erfolg hängt ab von der Arbeit des Erziehers an sich selbst.

Oder: Der erwachsene Erzieher (Mutter, Vater, Lehrer) erzieht zuerst sich selbst und *dadurch* die Kinder.

Oder: Das Kind erzieht sich selbst – *am* sich selbst erziehenden Erwachsenen.

Essential 6
Die fundamentale Bedeutung unbekannter Entwicklungsübergänge

Die Erziehungskunst Rudolf Steiners nimmt Entwicklungsabschnitte und insbesondere bestimmte *Übergänge in der Entwicklung* der Kinder in den Blick und stellt sie in den Mittelpunkt entsprechender pädagogischer Maßnahmen. So kommt es etwa zwischen dem 9. und 10. Lebensjahr zu gravierenden hormonellen Umstellungen im Körper der Kinder. Die Nebennierenrinde bewirkt in dieser Zeit eine verstärkte Ausschüttung des Hormons Dehydroepiandrosteron (langsam: De-hydro-epi-androsteron), abgekürzt: DHEA. Es handelt sich um ein Steroidhormon, genauer: um ein Pro-Hormon von Testosteron und Östrogen. Es ist also ein Geschlechtshormon, aber im Unterschied zu Testosteron und Östrogen ist es ein eingeschlechtliches Geschlechtshormon und noch nicht in zwei verschiedene Geschlechtsvarianten differenziert. Kurz: Es kommt im benannten Alter zu einer hormonellen Pro-Pubertät, die aber noch ungeschlechtlich ist.

Diese hormonellen Veränderungen haben erhebliche seelische Folgen. Die Pädagogik der Zukunft habe – so Steiner – derartige Veränderungen (sowie etliche weitere in der Kindheit und Jugend) in ihrer körperlichen und seelischen Dimension ganz zentral zu berücksichtigen.

Essential 7
Die neue Funktion der Lerninhalte

In der Erziehungskunst Rudolf Steiners haben die Lerninhalte eine andere Funktion als in fast allen westlichen Schulsystemen. In fast allen Schulsystemen geht es – vereinfacht formuliert – um die Frage: „Wie kommt das Erwachsenen-Wissen in die Kindergehirne?"[24]

Die Erziehungskunst Steiners verfolgt einen anderen Ansatz: „Wie können die Lerninhalte als ein Mittel zur seelischen und körperlichen Förderung der Entwicklung benutzt werden?" So wie ein Arzt und ein Apotheker physische Substanzen zubereiten, damit sie den Körper unterstützen oder sogar heilen können, so sollen in Zukunft die Pädagogen mehr und mehr die Lerninhalte zu speziellen Mitteln oder sogar Heilmitteln für die gesunde Entwicklung der Kinder zubereiten und gezielt einsetzen lernen.

4. Die geistig-spirituelle Dimension der Waldorfpädagogik

Die Essentials der vierten Dimension im Überblick

1. Der Kulturauftrag der Waldorfschule

Ursprünglich waren die ersten Waldorfschulen und die Waldorfpädagogik mit einem Kulturauftrag ausgestattet, der aus heutiger Sicht fast anmaßend wirkt: Kunst, Wissenschaft und Religion sollten durch den Impuls der Waldorfpädagogik verlebendigt und erneuert werden. Wie das?

Nicht, indem die Kinder im Sinne des anthroposophischen Kunstimpulses geformt werden! *Nicht*, indem die Kinder durch ein anthroposophisches Wissenschaftsverständnis manipuliert werden. Nicht, indem die Kinder durch eine irgendwie geartete anthroposophische Variante der Religion indoktriniert werden. Das alles wäre genauso übergriffig wie die Formung von Kindern und Jugendlichen durch irgendwelche andere Vorgaben.

Steiner betonte wiederholt, dass es nicht darum gehe, *„den Inhalt unserer Weltanschauung dem werdenden Menschen beizubringen. Wir streben nicht danach, eine dogmatische Erziehung zu bewirken. Wir streben danach, dass dasjenige, was wir durch die Geisteswissenschaft haben gewinnen können, lebendige Erziehungstat werde. Wir streben an, in unserer Methodik, in unserer Didaktik das zu haben, was aus der lebendigen Geisteswissenschaft (…) kommt."* (GA 293, 14)

Die Erneuerung von Kunst, Wissenschaft und Religion sollte also dadurch in Gang gebracht werden, dass die Lehrerinnen und Lehrer anders arbeiten: Die Lehrerinnen und Lehrer sollten möglichst jeden Unterricht ganz aus dem Künstlerischen heraus gestalten. Die Lehrerinnen und Lehrer sollten ein durch Geisteswissenschaft vertieftes Wissenschaftsverständnis haben und die Lehrerinnen und Lehrer sollten eine tiefe Ehrfurcht vor dem Wesen des Kindes haben. Sie sollten ihre Aufgabe nicht als einen „Job" betrachten, sondern – so merkwürdig es auch klingt – „heilig" halten.

Darüber hinaus sollte die Waldorfschule ein Pilot-Projekt sein für ein nicht vom Staat oder von der Ökonomie fremdbestimmtes Bildungswesen. *Was* zu unterrichten ist und *wie* zu unterrichten ist, sollte – so Steiner – grundsätzlich nicht von den Ministerien des Staates vorgegeben werden, sondern von den Menschen vor Ort, nämlich den Pädagogen. Weder politische Interessen (oder gar parteipolitische Interessen), noch wirtschaftliche Interessen sollten einen Einfluss haben auf das, was pädagogisch vor Ort zu leisten ist.
Die Waldorfschulen hatten diesbezüglich seit 1919 einen kleinen Freiraum und sie sollten – so Steiner – demonstrieren, was möglich wird, wenn die Pädagogik einer politischen und wirtschaftlichen Einflussnahme wenigstens teilweise entzogen ist.

2. Das Projekt des zweiten Lehrers im ersten

Ein Jahr nach Gründung der ersten Schule gab Rudolf Steiner im September 1920 den damaligen Lehrern spezielle Übungs- oder Trainingsprogramme, denn die Fähigkeiten, die man für die neue Pädagogik braucht, fallen genauso wenig vom Himmel, wie die Fähigkeit, Cello zu spielen. In beiden Fällen muss man jahrelang üben, um ein erquickliches

Niveau zu erreichen. Steiner sprach von etwa sieben Jahren täglichen Übens während der Unterrichtsvorbereitung. Bis dahin sei man zwar Lehrerin oder Lehrer *an* einer Waldorfschule, aber noch nicht wirklich Waldorflehrerin oder Waldorflehrer. Das müsse man erst lernen. Wörtlich heißt es: Durch diese Übungen „*werden*" sie erst Waldorflehrer. Oder: Diese Übungen „*machen sie erst zum Erzieher.*" (GA 302 a, 51) Mit anderen Worten: Es gibt in jeder Lehrerin und in jedem Lehrer *zwei* Lehrer: Denjenigen, der aus den mitgebrachten Begabungen besteht und denjenigen, der erst zu entwickeln ist. Diesen zweiten, zukünftigen Lehrer zu entwickeln (und zwar während des bereits laufenden Betriebs), gehört entscheidend zu den Essentials der vierten Dimension. Steiner gab den Lehrern dazu ein immens großes Übungs- und Trainingsmaterial, und erst in jüngster Zeit wurde damit begonnen, dieses Übungsmaterial systematisch zu sichten.

3. Das Verhältnis zur Anthroposophie

Die Waldorfpädagogik ist aus der Anthroposophie hervorgegangen. Damit tauchte eine heikle Frage bereits 1919 auf: Was für ein Verhältnis muss man als Waldorflehrer zur Anthroposophie haben? Muss man, um Waldorflehrer zu sein, Anthroposoph sein? Steiners Antwort war eindeutig: „*Wir müssen innerlich, dem Gemüte nach, tatsächlich Anthroposophen sein im tiefsten Sinnes des Wortes als Waldorflehrer.*" (GA 300 a, 167) Wie ernst Steiner dies nahm, geht aus seinen Ausführungen zur Gründung weiterer Waldorfschulen hervor: „*Wir müssen uns klar darüber sein, (…) dass es darauf ankommt, dass der anthroposophische Geist klar da sein muss, aus dem heraus die Nachfolgeschaft der Waldorfschule (i.e. weitere Waldorfschulen; V.W.) entstehen soll. (…) Sonst würde ich es strikt ablehnen, dass so etwas wie eine Nachfolgeschaft vorliegt.*" (GA 300 a, 165) Auch die Gewichtung der verschiedenen Dimensionen der

Waldorfpädagogik war bei Steiner eindeutig: Als es darum ging, dass Interessenten der Waldorfpädagogik gefragt hatten, ob sie in der jungen Schule hospitieren dürften, betonte Steiner, dass man durch ein solches Hospitieren und Beobachten der Settings und Methoden das Entscheidende gar nicht wahrnehmen könne: „*Das Beste, was hier (i.e. in der Waldorfschule; V.W.) in Anthroposophie entwickelt wird, ist (…) dasjenige, was sich in Ihren Gemütern, in Ihren Seelen als der Geist der Waldorfschule entwickelt. (…) Und es soll unser Bemühen sein (…) gerade diesen Geist in der Folgezeit weiter zu pflegen. Aus diesem Geiste heraus wollen wir auch versuchen, alle Einzelmaßnahmen vorzunehmen.*" (GA 300a, 168)

Vor diesem Hintergrund unterschied Steiner scharf zwischen Kompromissbereitschaft einerseits und einer inneren Aufrichtigkeit andererseits: „*Nach außen mag man konziliant sein.*" Aber sich selbst gegenüber sollten „*wir uns frei halten gegenüber jeder irgendwie gearteten Kompromisslerei. (…) Dazu ist es notwendig, die Kraft zu haben, die Dinge wirklich radikal zu durchschauen.*" (GA 300a, 166)

Zweitens legte Steiner großen Wert darauf, dass die Anthroposophie im Zusammenhang mit der Waldorfpädagogik nie in den Hintergrund gestellt wird. Vor allem sollte nie verleugnet werden, dass die Waldorfpädagogik aus der Anthroposophie hervorgegangen ist. Im Gegenteil: Die Waldorfpädagogik und ihre Praxis sollten ein Beweis sein für die Fruchtbarkeit der Anthroposophie im praktischen Leben. Mehr noch: Steiner hielt es für völlig abwegig, mit der Waldorfpädagogik in die Welt zu treten und dabei die Anthroposophie nicht zu erwähnen oder erst dann zu erwähnen, wenn die Menschen von der Waldorfpädagogik positiv angetan wären. Ein solches Verhalten bezeichnete er grundsätzlich als „verlogen" und brachte als Beispiele die Eurythmie oder die anthroposophischen Heilmittel. Aber man kann ohne weiteres auch die „Waldorfpädagogik" in die Formulierungen einsetzen: *„Man wird nicht sagen, bringen wir dorthin Eurythmie (Waldorfpädagogik); wenn die Leute zuerst die Eurythmie (Waldorfpädagogik) sehen und nichts hören von Anthroposophie, dann gefällt ihnen die Eurythmie (die Waldorfpädagogik). Dann vielleicht kommen sie später, und weil ihnen die Eurythmie (die Waldorfpädagogik) gefallen hat und sie erfahren, dass hinter der Eurythmie (der Waldorfpädagogik) die Anthroposophie steht, dann gefällt ihnen die Anthroposophie auch. – Oder: Man muss den Leuten zuerst die Praxis der Heilmittel zeigen, man muss ihnen zeigen, dass das richtige Heilmittel sind; dann werden die Leute das kaufen. Dann werden sie später einmal erfahren, da stecke die Anthroposophie dahinter, und dann werden sie auch an die Anthroposophie herankommen. Wir müssen den Mut haben, solch ein Vorgehen verlogen zu finden."* (GA 233, 156 f.)*

Steiners Aussagen zum Verhältnis von Anthroposophie und Waldorfpädagogik sind ab den 1970er Jahren des 20. Jahrhunderts mehr und mehr als zu radikal empfunden worden und man hat immer wieder versucht sie weichzuspülen oder im Hintergrund zu halten, um bei der Expansion der Schulbewegung Interessenten der Waldorfpädagogik oder Beamte in Kultusministerien nicht zu verschrecken. Dabei ist der historische Sachverhalt bezüglich des Verhältnisses zwischen Waldorfpädagogik und Anthroposophie als solcher unstrittig.

Wie sich die Waldorfschulbewegung zu diesem ursprünglichen Essential im Laufe eines Jahrhunderts verhalten hat und wo sie heute steht, wird in Teil 4 behandelt.

4. Das Verhältnis zu Rudolf Steiner

Für die Lehrerinnen und Lehrer von 1919 war Rudolf Steiner nicht nur der Leiter der neuen Schule, sondern auch ein spiritueller Lehrer und einige von ihnen betrachteten Steiner als ihren „spirituellen Meister". Für sie hatte deshalb eine Zusage, die Steiner dem ersten Kollegium gegeben hatte, ein besonderes Gewicht und eine außerordentlich große Bedeutung:

Am 26. September 1919 war Steiner in einer Lehrerkonferenz anwesend und sprach am Ende zum Kollegium: „*Ich kann Ihnen sagen, ich werde viel, auch wenn ich nicht da bin, an diese Schule hindenken. Denn nicht wahr, wir müssen ja alle durchdrungen sein: Erstens von dem Ernst der Sache. Es ist eine ungeheuer wichtige Sache für uns gerade. Zweitens müssen wir durchdrungen sein von der Verantwortung, die wir tragen, sowohl der Anthroposophie gegenüber wie der Kulturbewegung gegenüber, der sozialen Frage gegenüber. Und dann drittens das, was wir als Anthroposophen besonders uns vorhalten müssen: die Verantwortung gegenüber den Göttern. (…) Empfinden Sie diese Würde, diesen Ernst und diese Verantwortung.*" (GA 300a, 111) Und dann folgte Steiners Zusage oder sein *Versprechen* an die Lehrerinnen und Lehrer:

„Ich werde Ihnen mit solchen Gedanken entgegenkommen. Wir werden uns mit solchen Gedanken begegnen. *Das wollen wir heute noch als unsere Empfindung aufnehmen und in diesem Sinne eine Weile auseinandergehen,* und **dann uns immer wiederum geistig treffen,** *um die Kraft zu bekommen für dieses wirklich große Werk.*" (Hervorhebung von V.W.) (GA 300a, 111)

Für die damaligen Lehrerinnen und Lehrer war Steiners Zusage, sie über Raum und Zeit hinweg geistig zu unterstützen, außerordentlich wichtig. Sie suchten aktiv diese geistige Beziehung zu ihrem spirituellen Lehrer, der zugleich ihr Schulleiter war. Diese geistige Beziehung war für sie in der täglichen Arbeit essentiell.

5. Das Verhältnis zur „Dritten Hierarchie der Engel"

Die Begründung der Waldorfpädagogik begann mit einem geistigen Donnerschlag:

Gleich zu Beginn des Vorbereitungskurses sprach Steiner mit seinen allerersten Worten an die neue Lehrerschaft über die Beziehung der künftigen Lehrerinnen und Lehrer zu geistigen Wesenheiten: *„Meine lieben Freunde, wir kommen mit unserer Aufgabe nur zurecht, wenn wir sie nicht bloß betrachten als eine intellektuell-gemüthafte, sondern als eine im höchsten Sinne moralisch-geistige; und daher werden Sie es begreiflich finden, dass wir, indem wir heute diese Arbeit beginnen, uns zunächst besinnen auf den Zusammenhang, den wir gerade durch diese unsere Tätigkeit gleich im Anfang herstellen wollen mit den geistigen Welten. Wir müssen uns bewusst sein bei einer solchen Aufgabe, dass wir nicht arbeiten bloß als hier auf dem physischen Plan lebende Menschen; diese Art, sich Aufgaben zu stellen, hat gerade in den letzten Jahrhunderten besonders an Ausdehnung gewonnen, hat fast einzig und allein die Menschen erfüllt. Unter dieser Auffassung der Aufgaben ist das aus Unterricht und Erziehung geworden, was eben gerade verbessert werden soll durch die Aufgabe, die wir uns stellen. Daher wollen wir uns im Beginne dieser unserer vorbereitenden Tätigkeit zunächst darauf besinnen, wie wir im einzelnen die Verbindung mit den geistigen Mächten, in deren Auftrag und Mandat jeder einzelne von uns gewissermaßen wird arbeiten müssen, herstellen."* (GA 293, 17)

Es folgte dann – wie Steiner es nannte – eine „Art Gebet": Eine Besinnung auf das Verhältnis jedes einzelnen Lehrers zu seinem Engel sowie auf das Verhältnis der Lehrergemeinschaft zu den Erzengeln und Archai.

Das Bewusstsein, das eigene Tun nicht nur vor Menschen, sondern auch vor geistigen Wesen verantworten zu müssen, war für die ersten Lehrerinnen und Lehrer von allergrößter

Bedeutung. Hier lag für sie das innere geistige Zentrum ihrer pädagogischen Arbeit. In den Jahren bis 1933 wurde das genannte Gebet in so gut wie *allen* Schulen und in ungezählten Konferenzen zu deren Beginn und Ende verlesen, um die Lehrerschaft daran zu erinnern, in diesem Bewusstsein zu arbeiten. Bis in die 90er Jahre hinein galt das immer noch für zahlreiche Schulen, wenn auch längst nicht mehr für alle. Darüberhinaus haben ungezählte Lehrer in ihrer täglichen Unterrichtsvorbereitung für die Arbeit in der Schulstube dieses Bewusstsein wach zu halten gesucht.

6. Das Verhältnis zum Michael-Impuls

Michael ist in der hebräischen und christlichen Überlieferung ein Erzengel. (Textgrundlage im AT: Dan. 10, 13 ff. sowie im NT: Apokalypse 12, 7) Der Michaels-Mythos schildert den Kampf Michaels gegen den Drachen. Im Volkstum wurde Jahrhunderte lang dieser Kampf gegen den Drachen als Kampf gegen das Böse aufgefasst. Steiner hat durch seine geisteswissenschaftliche Forschung eine differenziertere und komplexere Deutung und Erklärung des imaginativen Michael-Bildes gegeben. In verkürzter Form: „*Sobald man in die geistige Welt mit seiner Anschauung hinaufdringt, kommt man an konkrete geistige Wesensmächte heran. In alten Lehren hat man die Macht, aus der die Gedanken der Dinge erfließen, mit dem Namen* **Michael** *bezeichnet werden. Der Name kann beibehalten werden. (…) Michael verwaltete die kosmische Intelligenz.*" (GA 26, 60) Steiner beschreibt sodann die Beziehung zwischen derjenigen Intelligenz, die in der Natur und im Kosmos waltet, und der *menschlichen* Intelligenz – eine Beziehung, die sich im Laufe der historischen Entwicklung erheblich verändert hat. Im Hinblick auf die weitere Zukunft des Menschen prognostizierte Steiner allerdings eine potentiell tragische Entwicklung der menschlichen Intelligenz: Diese Intelligenz werde

sich in kommenden Jahrhunderten einerseits ins Unermessliche steigern zu einer Art Hyper-Intelligenz. Auf der anderen
Seite werde diese Hyperintelligenz immer mehr eine natürliche Tendenz haben, *Zusammenhänge* zu vernachlässigen. Sie
werde deshalb mehr und mehr eine Tendenz zum Schlechten
oder Falschen erhalten können. So würden zum Beispiel die
fatalen Folgen hochintelligenter Erfindungen künftig immer
mehr ausgeblendet werden. Diese Tendenz zum Ausblenden
der Folgen und damit zum Schlechten könne sich schließlich
in künftigen Jahrhunderten steigern bis hin zu einer natürlichen Tendenz zum Bösen.
Die Waldorfpädagogik erhielt von Steiner vor diesem Hintergrund die Aufgabe, diese Entwicklung ins Auge zu fassen
und ihr gegenzusteuern. Er stellte der Waldorfpädagogik die
Aufgabe, das Denken der Kinder so zu entwickeln, dass es nie
den Bezug zum Ganzen ausblendet. Dazu gab er eine Fülle
von didaktischen Methoden.

Zweitens gehe es – so Steiner – in der Waldorfpädagogik
darum, das Denken so zu entwickeln, dass der denkende Zugang zu den geistigen Dimensionen der Welt nicht verbaut
wird, sondern offen bleibt. Der mythische Drache wurde also
gedeutet als die Kraft, die das Denken (und damit auch das
menschliche Ich) in eine Tendenz führt, sich aus den Zusammenhängen herauszulösen. Michael wird verstanden als eine
geistige Kraft und Wesenheit, die „*nach den großen Zusammenhängen des Kosmos gerichtet (ist).*" (GA 26, 116)

Für die Waldorfpädagogik und die ersten Waldorflehrer hatte
diese Perspektive ein enormes Gewicht. Die Lehrerinnen
und Lehrer verstanden ihre Aufgabe als einen bescheidenen,
aber doch wichtigen Beitrag zum Michael-Impuls. Jahrzehntelang spielten deshalb auch Michaeli-Feiern in den Waldorfschulen eine wichtige Rolle.

7. Das Verhältnis zum Christus-Impuls

1921 erhielt die erste Schule ein neues Schulgebäude. Bei der öffentlichen Grundsteinlegung am 16. Dezember 1921 wurde zusammen mit dem physischen Grundstein zugleich ein „geistiger Grundstein" in die Erde versenkt: Es handelte sich um ein Bekenntnis zu den zentralen Anliegen und Zielen der Waldorfpädagogik. (Heute spräche man von einem verbindlichen „Leitbild" oder einer „Corporate Identity".) Dieses Dokument war von allen Lehrerinnen und Lehrern handschriftlich unterschrieben. Der Text wurde bei der Grundsteinlegung öffentlich verlesen. Er lautet:

Es walte, was Geisteskraft in Liebe
Es wirke, was Geisteslicht in Güte
Aus Herzenssicherheit
Aus Seelenfestigkeit
In jungen Menschenwesen
Für des Leibes Arbeitskraft
Für der Seele Innigkeit
Für des Geistes Helligkeit
Erbringen kann.
Dem sei geweiht diese Stätte:
Jugendsinn finde in ihr
Kraftbegabte, lichtergebene
Menschenpflege.
In ihren Herzen gedenken
Des Geistes, der hier walten soll,
Die, welche den Stein
Zum Sinnbild hier versenken,
Auf dass er festige die Grundlage
Auf der leben, walten, wirken soll,
Befreiende Weisheit,
Erstarkende Geistesmacht,

Sich offenbarendes Geistesleben.
Dies möchten bekennen
In Christi Namen
In reinen Absichten,
In gutem Willen

(Es folgten die Namen aller, die namentlich unterschrieben hatten.) (GA 269, 167)

Dieses Dokument wurde jahrzehntelang auch in anderen Schulen immer wieder verlesen. Vereinzelt geschieht das noch heute. Ungezählte Lehrerkonferenzen und Schulleitungskonferenzen wurden mit diesem Grundsteinspruch eröffnet und beschlossen. An einer Stelle wurde jedoch ein Wort eingefügt: Am Schluss, in der viertletzten Zeile, las man: „*Dies möchten* wir *bekennen.*" „*Wir*", also nicht nur die damals tätigen Lehrerinnen und Lehrer, die das Dokument unterzeichnet hatten. Viele der in diesen Konferenzen anwesenden Lehrerinnen und Lehrer fühlten sich in dem „wir" mit eingeschlossen. Sie sagten sich still bei dem Wort „*Wir*": „Wir hier, auch *unser* Kollegium, will dies bekennen." Sie sagten ebenso im Stillen: „*Ich* will dies bekennen." Das galt zwar nicht für alle Zuhörenden, aber eben doch für viele. Das Dokument des Grundsteinspruchs wurde also für diese Vielen nicht als bloß historisches Dokument verlesen, das man aus geschichtlichem Abstand als Erinnerung zur Kenntnis nahm. Der Text wurde durch das Verlesen und durch das gleichzeitige „bekennende Hören" eine gegenwärtige Handlung. Die Beteiligten erlebten, dass es sich bei dem Bekenntnis um die Zentralaufgabe der Waldorfpädagogik und ihres Lehrerseins handelte. Und sie fühlten sich in diesem „bekennenden Hören" miteinander verbunden.

Welche Bedeutung sie im Einzelnen mit den Worten „*in Christi Namen*" verbanden, dürfte sehr unterschiedlich gewesen sein. Aber das war nicht entscheidend. Es gab Lehrerinnen und Lehrer, die intensiv die sogenannten „Christologischen Vorträge" Steiners gelesen hatten und denen die entsprechenden Inhalte unschätzbar viel bedeuteten. Sie kannten Steiners Unterscheidung von „Christentum" und „Christus-Impuls".[25] Es gab andere, die ein konfessionell geprägtes Verständnis hatten. Und schließlich gab es solche, die sich den Ausdruck übersetzten und ihn als eine Chiffre zum Beispiel für „Weltenliebe und Weltenweisheit" auffassten. Noch andere dachten bei den Worten an ein Licht, wie es in Nahtodeserfahrungen beschrieben wird. Wie auch immer die Bedeutung vom Einzelnen gesehen wurde, entscheidend war das gemeinsame Bewusstsein, sich mit dem Spruch im Kernverantwortungsbereich und innersten Zentrum der Waldorfpädagogik zu befinden: im überzeitlichen, geistigen Grundstein.

5. Der Enthusiasmus des Herzens

Die Essentials der fünften Dimension im Überblick

Bereits in der ersten Schule kam es zum Gegensatz zwischen Aufbruchsstimmung, Begeisterung, schier unbegrenztem Arbeitseinsatz in der Startphase und einsetzender Ermüdung, Erschöpfung und Kraftlosigkeit auf der weiteren Strecke. Steiner registrierte das und griff *sofort* ein.

Schon bei der Gründung formulierte er Ziele und Werkzeuge für eine Art Quadratur des Kreises: Wie kann man die polaren Gegensätze „Stabilisierung, Festigung, Beruhigung" und „Ständige Aufbruchs- und Pioniersituation sowie ständige Erneuerung" miteinander verbinden?

Essential 1
Der Pädagoge vergrößere lebenslang seine Interesse-Kapazität: Für die Schüler, für die Kollegen, für die Unterrichtsinhalte, für das Leben. (GA 294, 193)

Essential 2
Der Pädagoge sei ein Mensch der Initiative. (GA 294, 193)

Essential 3
Der Pädagoge empfinde seine Verantwortung und gehe zwar äußere, aber keine inneren Kompromisse ein. (GA 294, 193)

Teil 3

Erläuterungen

„Warum? Wie? Was? Diese winzige Idee erklärt, warum einige Organisationen und einige Führungspersönlichkeiten in der Lage sind zu inspirieren und andere nicht. Lassen Sie mich die Begriffe kurz definieren. Jede einzelne Person, jede einzelne Organisation auf diesem Planeten weiß, was sie tut, zu 100 Prozent. Einige wissen, wie sie es tun, ob Sie es Ihren differenzierten Wertbeitrag oder Ihren Wertschöpfungsprozess oder Ihr Alleinstellungsmerkmal nennen. Aber nur sehr, sehr wenige Menschen oder Organisationen wissen, warum sie tun, was sie tun. Und mit ‚warum' meine ich nicht ‚um Profit zu machen'. Das ist ein Ergebnis. Das ist immer ein Ergebnis. Mit ‚warum' meine ich: Was ist Ihr Geschäftszweck? Was ist Ihr Anliegen? Was sind Ihre Glaubensgrundsätze? Warum existiert Ihr Unternehmen? Warum stehen Sie morgens auf? Und warum sollte sich jemand dafür interessieren? Nun, als ein Ergebnis haben wir die Art wie wir denken, wie wir handeln, wie wir kommunizieren (…) Die inspirierten Führungspersönlichkeiten und die inspirierten Organisationen, unabhängig von ihrer Größe, unabhängig von ihrem Geschäft, denken, handeln und kommunizieren alle von innen nach außen."

Simon Sinek www.ted.com.talks

A. Die Leitsterne eines Langzeitprojektes

Erläuterungen zu den Essentials der dritten Dimension

1. Der Ausgangspunkt: Menschenkunde

Die Wissenschaft und Steiners Menschenkunde

Steiners geisteswissenschaftliche Anthropologie enthält viele Herausforderungen. Etliche seiner Darstellungen wurden von der etablierten Wissenschaft rundweg abgelehnt.

Steiner behauptete zum Beispiel, dass das Herz keine Pumpe sei. Man konnte darüber – verständlicher Weise – in der medizinischen Wissenschaft nur den Kopf schütteln. Selbst einige anthroposophische Ärzte glaubten, dass Steiner seine Theorie vom Blutkreislauf nur bildhaft, nicht aber wörtlich gemeint haben konnte.

Ein weiteres Beispiel ist Steiners These, dass die Unterscheidung von motorischen und sensorischen Nerven unzutreffend sei. Mit den Augen der etablierten Wissenschaft gesehen, konnte das als abstrus bezeichnet werden.

Steiner rechnete damit, dass es für viele seiner Erkenntnisse lange dauern würde, bis die etablierten Wissenschaften erste Bestätigungen liefern könnten. Aber er vertraute darauf und er verwies deshalb in diesem Zusammenhang auf eine bemerkenswerte Parallele: Das kopernikanische Weltbild. (GA 135, 91) Kopernikus (1473–1543) veröffentliche es 1543 – kurz vor seinem Tod. Aber die wissenschaftliche Bestätigung für die Drehung der Erde *um die eigene Achse* wurde erst 1851 von Léon Foucault erbracht – gute 300 Jahre später! Eine anfängliche Bestätigung für die Drehung der Erde *um die Sonne* gelang Friedrich Bessel 1838 mit der ersten nachgewiesenen Fixstern-Parallaxenmessung, allerdings nur für einen einzigen Stern (mit einer halbjährlichen Winkeländerung von 0,00008 Grad). Die datenbasierte Bestätigung war also auch 1838 noch dünn. Erst in den 1990ern gelangen mit dem europäischen Satelliten „Hipparcos" genaue Parallaxenmessungen für über 100 000 Sterne – 450 Jahre nach Kopernikus. Die empirische Bestätigung kann also mitunter aufwändig sein und Jahrhunderte lang können dazu die Mittel noch fehlen.

Fazit: Revolutionäre Entdeckungen halten die Ablehnung durch den jeweils aktuellen Stand der Wissenschaft aus, auch wenn es Jahrhunderte dauern sollte.[26]

Inzwischen liegen zu zentralen anthropologischen Behauptungen Steiners bedeutende Studien vor – mit dem Ergebnis, dass man durchaus von wissenschaftlichen „Bestätigungen" sprechen kann, wenn auch noch nicht von einer allgemeinen „Anerkennung".[27]
Ein erstes Beispiel liefern verschiedene Untersuchungen zum Blutstrom. Eine zusammenfassende Darstellung hat Branko Furst (Albany, New York) vorgelegt.[28] Im Folgenden nur eine Auswahl der Befunde:

- Forouhar (2006) konnte am Zebrafischembryo zeigen, dass sich die Peristaltik des Herzschlauches langsamer bewegt als das hindurch fließende Blut. Ein entscheidender Hinweis auf die Eigenbewegung des Blutes.
- Auch die von Anfang an starken *Schleifenbildungen* des noch klappenlosen Herzens sprechen gegen die Pumpe. Sie sprechen vielmehr dafür, dass sich das Herz aus der Strömung heraus bildet.
- Bei Hochleistungssportlern wird das Herzminutenvolu-

men in kurzer Zeit von 5-6 l/min (in Ruhe) auf 30 l/min (bei max. Belastung) gesteigert, eine Kapazitätssteigerung, die eine Pumpe dieser Größe unmöglich leisten kann. Bei solcher Hochleistung ist der Blutrückstrom aus den Venen enorm. Das Herz hat die Aufgabe, den Strom zu stauen und aus der Stauung den Blutdruck zu entwickeln.

- Guyton (1972) zeigt: Die Ursache des erhöhten arteriellen Blutstroms bei gesteigerter Bewegung ist der steigende Sauerstoff- und Nahrungsbedarf der gesamten Muskulatur, der das Blut in die Muskeln zieht. In Ruhe sind es entsprechend die großen Stoffwechselorgane.
- Bei einem Körpergewicht von 70 kg beträgt die extrazelluläre Flüssigkeit (das Gewebewasser) rund 40 Liter. Das zirkulierende Blutvolumen beträgt demgegenüber nur 5 Liter. Beide Flüssigkeitsräume bilden eine funktionelle Einheit: der Druck des Gewebewassers von 40 Liter gegen 5 Liter der zirkulierenden Blutmenge ist *der* entscheidende Faktor für die Blutbewegung.
- Man hat inzwischen entdeckt, dass in den roten Blutkörperchen aktive Substanzen gebildet werden, die die Gefäße an Ort und Stelle erweitern (vor allem die Substanz ATP). Die roten Blutkörperchen sind die eigentlichen Sensoren und Regulatoren des Blutstroms. Die Venolen können sogar rückwirkend die Arteriolen des entsprechenden Organgebietes regulieren und z.B. bei Bedarf erweitern oder verengen. Durch den in der Lunge aufgenommenen Sauerstoff erhält das Blut einen neuen Bewegungsimpuls, eine Tatsache, die bisher durch die mechanistische Auffassung des Herzens übersehen worden ist.

Auch beim Thema „Sensorische vs. motorische Nerven" hat sich die wissenschaftliche Lage geändert.
Im zweiten Vortrag der „Allgemeinen Menschenkunde"

stellte Steiner vor den damaligen Lehrern dar, dass die Gliederung in sensorische und motorische Nerven unsinnig sei. Beide Nerven seien „wesensgleich".

Die Trennung in „motorische" und „sensorische" Nerven entstand Mitte des 19. Jahrhunderts mit dem „Froschschenkelversuch": Man konnte einen elektrischen Strom vom Gehirn in den Muskel nachweisen und nannte diese Nerven dann „motorisch". Denn wenn man diese Nerven reizte, fing der entsprechende Muskel an zu zucken. Andererseits stellte man einen gegenläufigen Strom von den Sinnesorganen zum Zentrum fest und nannte diese Nerven „sensorisch". Steiner kannte diese Untersuchungen. Trotzdem behauptete er, dass die sogenannten „motorischen" Nerven in Wirklichkeit ebenso sensorisch seien wie die „sensorischen" Nerven. Eine Herausforderung sondergleichen. Bis 1996.

1996 entdeckte der italienische Neurophysiologe Rizzolatti die von ihm so genannten „Spiegelneurone", deren Existenz und Funktion wissenschaftlich sofort anerkannt wurde. Rizzolatti stellte bei seinen Tierversuchen fest, dass es Nerven gab, die sowohl Erregungen zeigen, wenn der Affe eine bestimmte Handlung ausführte (beispielsweise nach dem Futter griff), als auch wenn er ein anderes Individuum (den Experimentator) bei einer ähnlichen Handlung bloß beobachtete. Diesen Neuronen gab Rizzolatti daher den Namen *Spiegelneurone (neuroni specchio, mirror neurons)*. Die Spiegelneurone reagieren also immer in gleicher Weise, ganz gleich ob der Affe selber eine Handlung *ausführt* oder ob er die Handlung bei anderen lediglich *beobachtet*. Die Trennung in motorische und sensible Nerven bezeichnete Rizzolatti deshalb als „abstrakt" bzw. „weitgehend künstlich".[29]
Das, was man das „motorische System" nennt, ist nach heutiger Auffassung mindestens zur Hälfte sensorisch und dient

nach Rizzolatti der *Nachahmung* der Bewegungen und Gesten anderer Menschen, es erkennt instinktiv sogar die Intention der Bewegungen anderer Menschen. Das motorische System ist mithin ein kommunikatives System.

Fazit: Die Untersuchung zum Blutstrom und die Entdeckung der Spiegelneurone können als erste Bestätigungen der Forschungen Rudolf Steiners aufgefasst werden. Sie sind zugleich ein Hinweis darauf, wie lange so etwas dauern kann. Und dabei steht man – immer noch – erst am Anfang.

Zahlreiche Waldorflehrerinnen und -lehrer haben sich gefragt, wie sie sich zu denjenigen anthropologischen Behauptungen Steiners aus der „Allgemeinen Menschenkunde" stellen sollen, für die empirische Bestätigungen von Seiten der etablierten Wissenschaften noch nicht vorliegen. Auch hier liefert der Vergleich mit der Geschichte des kopernikanischen Weltbildes eine Antwort:

Die heliozentrische Theorie des Kopernikus war fraglos eine plausible Theorie, die einige Phänomene (wie die gleichen Jahres-Umlaufzeiten von Venus und Merkur) brillant erklären konnte. Aber die Datenmenge, die seine Theorie hätte stützen können, hatte Jahrhunderte lang den Wert 0. Tycho de Brahe (1546–1601) lehnte die Heliozentrik deshalb ab. Tycho besaß den damals umfänglichsten astronomischen Datensatz der Welt (mit einer noch heute kaum zu begreifenden Messgenauigkeit), aber gerade dieser Datensatz ergab keine Bestätigung der kopernikanischen Theorie. Insofern war es das gute Recht von Tycho, das heliozentrische Weltbild abzulehnen. Und genauso legitim ist es, solche Theorien Steiners aus der „Allgemeinen Menschenkunde" abzulehnen, die der etablierten Sicht widersprechen und noch keine datenbasierte Stütze aufweisen können. Aber umgekehrt ist es ebenso legitim, sich so zu verhalten wie Kepler. Auch Kepler (1571 – 1630) konnte Kopernikus nicht „beweisen". Aber er war intuitiv von dessen Theorie überzeugt. Kepler erhielt in Prag als Mitarbeiter Tychos Einsicht in dessen Messergebnisse und Kepler arbeitete und rechnete mit Tychos Daten unter Hochdruck. Auf der Grundlage von Tychos Beobachtungen kam er schließlich zu seinen berühmt gewordenen 3 Planetengesetzen.

In analoger Weise ist es völlig berechtigt, von den Theorien Steiners überzeugt zu sein wie Kepler vom heliozentrischen Weltbild und auf ihrer Grundlage weiter zu arbeiten, auch solange sie noch *nicht* empirisch bestätigt sind.

Beides ist legitim: Die Ablehnung im Sinne Tychos genauso wie die Akzeptanz und die Weiterarbeit wie bei Kepler. Welchen Weg man als Wissenschaftler einschlägt, hängt u.a. davon ab, was für ein Charakter man ist: Eher ein Tycho- oder mehr ein Kepler-Typ. Aber für Steiner war ein dritter Typ noch wichtiger: Wissenschaftliche Forscher, die intensiv daran arbeiteten, durch gründliche empirische Untersuchungen seine Ergebnisse zu überprüfen oder zu korrigieren.

Und die Waldorflehrer? Steiner ging davon aus, dass die Waldorflehrer seine Theorien entweder intuitiv für sinnvoll hielten oder aber sie sollten sie zumindest für *berechtigte Arbeitshypothesen* halten, auch solange diese noch nicht empirisch bestätigt sind. Er rechnete also mit einer Art „Kepler-Mentalität" bei seinen Mitarbeitern. Alles andere wäre bei einem Pionier-Unternehmen schlichtweg widersinnig gewesen.

Eine über lange Zeit noch ausstehende wissenschaftlich-empirische Bestätigung ist bei bedeutenden und revolutionären Entdeckungen mithin nichts Ungewöhnliches. Pioniere bahnen einen Weg. Die „wissenschaftliche" Bestätigung kommt in vielen Fällen erst später.

Nicht wenige bedeutende Fortschritte beruhen darauf, dass Pioniere mutig gegen den Strom schwammen. Selbst denjenigen, die erste empirische Bestätigungen erbringen wollen, bläst der Gegenwind noch hart ins Gesicht. Man stelle sich vor, Kolumbus wäre gefragt worden: „Gibt es exakte Vermessungen von deinem Seeweg?" Seine Antwort hätte nur sein können: „Ja, *nach* unserer Reise." Mit anderen Worten: „Wir sind die ersten. Wir probieren es aus."

Abschied von der „Allgemeinen Menschenkunde"?

In verschiedenen europäischen Ländern wird derzeit in einigen Ausbildungsinstituten diskutiert, ob man die Anthropologie Steiners aus dem Ausbildungsgang zum Waldorflehrer herausnehmen soll. Begründung: Für etliche Behauptungen Steiners lägen keine Bestätigungen durch die etablierten Wissenschaften vor.

In einigen Fällen spielen Akkreditierungsverfahren eine Rolle. Es geht dabei um die Frage, ob ein Institut vom jeweiligen Ministerium den Hochschul-Status anerkannt bekommt oder nicht. Dem einen oder anderen Dozenten ist es unter diesen Voraussetzungen peinlich, wenn er mit den noch nicht anerkannten Behauptungen Steiners in Verbindung gebracht werden könnte. Es könnte seiner wissenschaftlichen Reputation schaden und dadurch der Anerkennung des Instituts. Das alles ist nachvollziehbar und man sollte nicht leichtfertig den Stab darüber brechen. Auch in den Auseinandersetzungen um das kopernikanische Weltbild wollten sich etliche Forscher nicht öffentlich zum heliozentrischen Weltbild bekennen.

Nur über einen Punkt kann völlige Klarheit herrschen: In der Erziehungskunst Rudolf Steiners nimmt seine Anthropologie eine – um nicht zu sagen *die* – zentrale Stelle ein. Steiner hätte es strikt abgelehnt, einer Schule oder einem Ausbildungsinstitut den Bezug zum Namen „Waldorfschule" oder „Rudolf Steiner" zu gestatten, wenn diese sich von seiner Anthropologie verabschiedeten:

„Zur mir kam vor einigen Monaten eine Persönlichkeit, die auch in Frankreich etwas Ähnliches begründen will wie eine Waldorfschule. (…) Ich habe ihr gesagt, anerkannt (…) würde dasjenige, was sie in Frankreich (…) begründen will, von mir nur dann, (…) wenn die französischen Freunde ausdrücklich erklären, dass die Schule aus demselben Geist hervorgegangen ist. Sonst würde ich es strikt ablehnen, dass so etwas wie eine Nachfolgeschaft vorliegt." (GA 300 a, 166)

Die erwähnten Ausbildungsinstitute sind frei, zu tun und zu lassen, was sie für richtig halten. Aber eine nicht unerhebliche Frage können sie bei ihren Entscheidungen erwägen: Wäre es im Falle einer Verabschiedung von der Anthropologie Steiners nicht eine angemessene Konsequenz, wenn sich die Ausbildungsinstitute und dann auch die Schulen von dem Namen „Rudolf Steiner" und „Waldorf" trennen? Wäre es nicht unfair, Rudolf Steiner mit dem Gegenteil dessen in Verbindung zu bringen, was dieser angestrebt hat?

2. Die Neubestimmung der Ziele von Erziehung und Bildung

Steiner betonte zwischen 1919 und 1924, dass ein Erziehungssystem die Schüler nicht „zu etwas machen" sollte. Es sei übergriffig, wenn zum Beispiel von Seiten der Wirtschaft die Forderung aufgestellt würde: „Wir haben zu wenige Ingenieure, bitte mehr Ingenieure liefern." Es sei übergriffig, wenn die Kultusministerien sicherzustellen versuchten, dass die von der Ökonomie oder der Wissenschaft gewünschten „Produkte" auch als Output der Schule geliefert würden.

Jedes Schulsystem sollte grundsätzlich nur abwarten, welche Aufgaben und Ziele sich die jungen Menschen, wenn sie erwachsen geworden sind, *selbst* setzen. Sehr wohl aber sei es die Aufgabe der Erziehung, jedem Kind dafür möglichst günstige Voraussetzungen zu schaffen: Ein Höchstmaß an Klarheit des Denkens, ein Höchstmaß an Tiefe des Fühlens und ein Höchstmaß an Willenskraft. Erst alle drei zusammen tragen dazu bei, dass möglichst jedes Kind als Erwachsener *seine* Lebensaufgabe entdecken und umsetzen kann. Ein nur unzureichend entwickeltes Fühlen oder ein schwacher Wille führen unweigerlich dazu, dass man – bei allem äußeren Erfolg – an den echten Aufgaben des Lebens scheitert.[30]

Steiner dürfte in diesem Punkt die Zustimmung der meisten Pädagogen erhalten. Denn abgesehen von einigen wenigen Eltern, die ihr Kind zu einer Tennisspielerin oder einem Musiker *machen* wollen, wird eine Mehrheit aller Pädagogen einen Ansatz, der die Kinder als *Human Resources* betrachtet, als unangemessen empfinden. Trotzdem ist Steiners Forderung immer noch „revolutionär" und zwar deshalb, weil die meisten Schulsysteme *als Systeme* nach wie vor eine entgegengesetzte Gesamtausrichtung aufweisen – und zwar weltweit, so groß auch die nationalen Unterschiede sein mögen. Dadurch entsteht ein sogenannter „Bias": eine *Verzerrung und Überlagerung* der Motive des Systems und der Motive der Pädagogen vor Ort. Die einzelnen Pädagogen vor Ort haben ein anderes Ethos als das System als Ganzes. Aber die einzelnen Pädagogen arbeiten *in* einem Gesamtsystem. Ganz unabhängig von ihren persönlichen pädagogischen Grundeinstellungen sind sie in einer Bildungsmaschinerie tätig, die mit 90 Prozent aller Strukturen einseitig auf die Entwicklung der sprachlich-mathematisch-wissenschaftlichen Intelligenz zielt. Der einzelne Pädagoge – ob Kunsterzieher oder Physiker – ist immer auch Rädchen in dieser Maschine, auf deren *Gesamtausrichtung* er im Alltagsgeschäft nur wenig Einfluss hat – mit einer Konsequenz, die nicht selten als tragisch erlebt wird: In ihren Herzen wollen viele Pädagogen etwas anderes als das, was sie im System tun müssen.[31] Steiners Forderung ist deshalb nicht etwa obsolet, sondern wäre, konsequent und flächendeckend umgesetzt, eine radikale Kurskorrektur, so radikal, dass sie für viele noch jenseits des Vorstellbaren liegt.

Da Steiner zur Grundlage aller Erziehung eine möglichst umfassende Anthropologie macht, entsteht daraus eine Neubestimmung der Ziele. Für die meisten Schulsysteme spielen anthropologische Erkenntnisse in der Regel eine Diener-Rolle. So werden etwa hirnphysiologische Erkenntnisse genutzt, um die Ziele des Systems möglichst erfolgreich zu erreichen. Das Ziel ist vorgegeben, die Anthropologie hilft bei der Umsetzung. In der Erziehungskunst Steiners verhält es sich umgekehrt: Ziele und Aufgaben für die Erziehung ergeben sich ausschließlich aus einer gründlichen Erkenntnis des Menschentums in allen seinen Dimensionen. Die Anthropologie steht hier *am Anfang* und aus ihr entstehen allererst die Ziele der Pädagogik. Die sehen dann allerdings so anders aus, dass die Irritation schlechterdings enorm ist. Da geht es nicht um einen industriegerechten Output, um Abschlüsse, um gute Noten, um Rechtschreibung, um Wissen, um Kompetenzen, um gute Demokraten. Um das alles geht es in der Erziehungskunst Steiners auch, aber an *erster* Stelle geht es um vier Aufgaben, die irritierender nicht sein könnten, wenn man vom üblichen System her denkt:

- Die *Lebens*funktionen des Menschen (Atmung, Wärmung, Ernährung, Wachstum etc.) sind auf eine solche

Weise in *seelische* Funktionen (Denkfunktionen und Kulturtriebe) zu transformieren, dass dabei *die Lebensfunktionen nicht geschädigt werden*. Umgekehrt ist dafür zu sorgen, dass die seelischen Funktionen des Menschen möglichst *belebt* werden. (Was es heißt, dass die Lebensfunktionen in seelische Funktionen umgewandelt werden, ohne dass sie dabei Schaden nehmen, wird in den Kapiteln 3, 4 und 7 gesondert erläutert.)

Das alles wird unternommen, damit sich die Identität eines Menschen mit ihren tiefsten Impulsen so umfassend wie möglich und nicht nur fragmentarisch verwirklichen kann. Steiner nannte das „das Seelisch-werden der Lebensprozesse" und das „Lebendig-werden der Seelenprozesse". (Am explizitesten in: GA 170, 153-156)

Damit hängen dann weitere Ziele zusammen:

- Jeder Mensch sollte sich im Laufe seiner Kindheit und Jugend so entwickeln können, dass bei ihm sein Rhythmus von Schlafen und Wachen möglichst gesund ist. (GA 293, 24 f.)
- Jeder Mensch sollte sich im Laufe seiner Kindheit und Jugend so entwickeln können, dass bei ihm sein Atemprozess in der richtigen Weise in den Nervenprozess hineinorganisiert ist. (GA 293, 24)
- Jeder Mensch sollte sich im Laufe seiner Kindheit und Jugend so entwickeln können, dass bei ihm Seele und Geist in einer günstigen Weise mit dem Körper und seinen Lebensfunktionen verbunden und im Einklang sind. (GA 293, 22 f.)

Das heißt:
- Jedes Kind sollte so erzogen werden, dass es das, was es am Tag erlebt und gelernt hat, in solcher Weise mit in

den Schlaf nehmen kann, dass dort eine gesunde und bereichernde Verarbeitung stattfinden kann. Denn dann wachen ein Kind und ein Jugendlicher am Folgetag gekräftigt und lernbereit auf. Mangelnde Lernbereitschaft ist immer auch ein Indiz für nicht wirklich optimal verlaufende Schlaferlebnisse.

- Jedes Kind sollte so erzogen werden, dass bei allen Erfahrungen und bei allem Lernen immer auch angemessene Gefühle beteiligt sind. Die Gefühle beeinflussen den Atemrhythmus und dieser wird auf den Liquor der Wirbelsäule übertragen. Die Schwingungsfrequenzen des Liquors aber setzen sich in das Gehirn fort und bestimmte Gehirnpartien werden nur aktiv, wenn sie durch bestimmte Frequenzen aktiviert werden.

  Gerade die Entwicklung eines klaren *Denkens in Zusammenhängen* hängt auf diese Weise damit zusammen, wie der Atmungsprozess in die Nervenprozesse des Gehirns eingeschaltet wird.[32]

- Jedes Kind sollte so erzogen werden, dass Geist und Seele auf der einen und Körper und Lebensfunktionen auf der anderen Seite zueinander passen und sich wechselseitig positiv stützen können. Ist dieses Verhältnis ungünstig, können Impulse, die ein Mensch in die Welt bringen will, behindert, deformiert oder sogar pervertiert werden.

Es sprengt den Rahmen einer Übersichtskarte, alle sich aus der Anthropologie Steiners ergebenden Aufgaben eingehend zu erläutern. Dazu liegen ausgezeichnete Spezialstudien vor.[33] Eine weitere Angabe Steiners ist allerdings bisher kaum in den vorliegenden Zusammenhang gestellt worden und sei deshalb erwähnt.

Steiner erklärte in seinen sogenannten „Christologischen Vorträgen",[34] dass das, was in der christlichen Religion sogenannte

„Sakramente" sind, in der Zukunft eine völlig andere, nämlich säkulare Gestalt annehmen könne. Man muss etwas ausholen.

Ein *Sakrament* ist in der christlichen Theologie ein Ritus. Ein Ritus ist – aus der Perspektive der Theologie – eine *sichtbare* Handlung, die eine rein geistige und nicht sichtbare Wirksamkeit Gottes im Menschen vergegenwärtigt. (Das Wort „Sacramentum" wurde von den römischen Kirchenvätern als Übersetzung des griechischen Wortes „Mysterion" (Geheimnis) verwendet. Die lateinische Wurzel des Wortes „Sakrament" ist das Wort „sacer" = „heilig".)
In der Orthodoxen Kirche, in der römisch-katholischen Kirche und in den verschiedenen aus der Reformation hervorgegangenen Kirchen differieren Zahl und Interpretation der Sakramente. Im Kern handelt es sich ursprünglich um sieben:

- Das Sakrament der Taufe
- Das Sakrament der Firmung, orthodox die sogenannte Myron-Salbung
- Das Sakrament der Eucharistie
- Das Sakrament der Beichte oder Buße
- Das Sakrament der Ehe
- Das Sakrament der Priesterweihe
- Das Sakrament der Krankensalbung

Um 1920 waren den meisten Zuhörern Steiners diese Sakramente zumindest mehr oder weniger bekannt. Im Zuge der fortschreitenden Säkularisierung in der zweiten Jahrhunderthälfte hat sich das geändert. Steiner konnte allerdings bei seiner damaligen Zuhörerschaft eine Basis-Kenntnis voraussetzen. Umso überraschter werden die damaligen Zuhörer gewesen sein, als Steiner erklärte, dass alle Sakramente in künftigen Jahrhunderten auch in *säkularer* Gestalt verwirklicht werden können. Er nannte zwei Beispiele, bei denen es schon in der Gegenwart möglich wäre. Bereits in seinen philosophischen Frühschriften schrieb er: „*Das Gewahrwerden der Idee in der Wirklichkeit ist die wahre Kommunion des Menschen.*" (GA 001, 126)

Als zweites Beispiel nannte Steiner die Erziehung. Sie könne – in der richtigen Ernsthaftigkeit aufgefasst – ein säkulares, aber spirituelles Sakrament der *Taufe* werden: „*Wenn wir in dem Erziehen und Unterrichten einen Gottesdienst sehen, aber es auch zu einem Gottesdienst machen, dann beginnen wir dasjenige, was die Religionen Taufe nennen, zu spiritualisieren.*" (GA 172, 215) Verständlicher wird die rätselhafte Äußerung, wenn man die oben an vierter Stelle benannte Aufgabe der Erziehung heranzieht:

Jeder Mensch sollte sich im Laufe seiner Kindheit und Jugend so entwickeln können, dass bei ihm Seele und Geist in einer günstigen Weise mit dem Körper und seinen Lebensfunktionen verbunden sind.

Das archetypische Urbild dieses Prozesses lag für Steiner in der sogenannten „Taufe im Jordan". Dort verband sich das, was der Evangelist Johannes den „Logos" nannte, mit dem Menschen Jesus von Nazareth. Eine zukünftige Erziehung – so Steiner im ersten Vortrag der „Allgemeinen Menschenkunde" – könne dazu beitragen, dass bei jedem Kind dessen „Logos" sich in der rechten Weise mit seinem Körper verbindet.

Erziehung werde dann in diesem Sinne – und mit der entsprechend ernsthaften inneren Einstellung der Erwachsenen – zu einem auf viele Jahre ausgedehnten „Tauf-Prozess".

Dass ein derartiger Gedanke die unterschiedlichsten Reaktionen hervorruft, ist selbstverständlich.

Selbstverständlich ist, dass sie von kopfschüttelnder Ablehnung über staunende Überraschung bis hin zu tiefer Dankbarkeit reichen.

Der Historiker hat sich indessen in diese Reaktionen nicht einzumischen. Er hat nur die Pflicht, zu benennen, was geschichtlich der Fall war. Damit erst ermöglicht er den Leserinnen und Lesern, frei Stellung zu beziehen, so wie es ihren Möglichkeiten entspricht.

3. Auswirkungen auf den Körper

Auswirkungen der Lernformen auf den Organismus der Kinder

Wer 4 Wochen lang 8 Stunden am Tag große Mengen an Wissensstoff für eine Prüfung lernen muss, kennt es: Füße und Hände werden kalt. Alle Energie wird im Gehirn gebraucht und dem Körper entzogen. Ein Erwachsener verkraftet das für eine gewisse Zeit. Bei einem Kind liegen die Dinge anders. Das Kind befindet sich noch in körperlicher Entwicklung. Die verschiedenen Organsysteme müssen noch ausreifen. Wird bei einem Kind dem Blutkreislaufsystem dauerhaft Wärme entzogen, so führe das – so Steiner – zu feinen Schädigungen der Wärmeorganisation des Blutkreislaufsystems. Es handele sich um Mikroschäden auf funktionaler Ebene, zunächst unterhalb der Nachweisgrenze, aber nichts desto trotz vorhanden. Nachweisbar würden die Schäden erst viel später, nämlich wenn das Kind längst ein Erwachsener geworden ist. Mit dem Wachstum des Kindes wüchsen nämlich auch die Schädigungen mit. Jahrzehnte später träten sie dann als Erkrankungen des Kreislaufsystems zutage. Viele Erkrankungen bei den Erwachsenen im fortgeschrittenen Alter hätten – so Steiner – ihre geheime Ursache in einem einseitigen Lernen in der Kindheit. (GA 312, 306 f.) Verkalkungen des Gefäßsystems könnten zum Beispiel in vielen Fällen damit zusammenhängen, dass dem Körper in der Kindheit durch ein einseitiges Lernen zu viel Wärme entzogen worden ist. *„(Vermindert die Ich-Organisatin den Wärmezustand) so treten unorganische Substanzen in einem sich verhärtenden Vorgang in die Substanz ein."* (GA 27, 68) Deshalb sei es eine Aufgabe der Erziehung, genau das zu vermeiden, sondern so zu erziehen, dass nicht alle Wärme vom Kopf absorbiert wird.

In ähnlicher Weise wie dem Wärmeorganismus durch ein einseitiges oder überbeanspruchendes Lernen feine Schädigungen zugefügt werden könnten, würden auch andere Organsysteme geschädigt. Steiner unterschied mehrere Lebensfunktionen (GA 170, 116). Sie alle können durch ein einseitiges Lernen Schaden nehmen (GA 304 a, 172)

- Die Wärmefunktion
- Die Atmungsfunktion
- Die Ernährungsfunktion (sowohl Aufnahme als auch Ausscheidung)
- Die Regenerationsfunktion
- Die Wachstumsfunktion
- Die Reproduktionsfunktion

Mit anderen Worten: Atmungsstörungen, Verdauungsstörungen, eine schwache Erholungsfähigkeit und sogar Wachstumsstörungen können von der Form des Lernens verursacht werden. (GA 298, 191; GA 303, 96) Stattdessen sei in Zukunft so zu unterrichten, dass die Atmung des Kindes sich gesund entwickelt. Zweitens müsse das Lernen so gestaltet werden, dass das Gelernte auch verdaut werden kann und nicht zur Überfütterung führt. (GA 308, 15) Seelische Verdauung aber braucht Zeit und dazu gehört, dass Gelerntes nicht ständig präsent sein muss, sondern auch gezielt einschlafen darf. Für das Wissen sei nämlich das Vergessen eine Art Einschlafen und das Erinnern ein Aufwachen und zwar oft ein gereiftes Aufwachen. (GA 293, 118) Wissen brauche – so Steiner – einen gesunden Rhythmus zwischen Einschlafen und Erwachen. Nach einer im Unbewussten verlaufenden Verarbeitungsphase zeigten sich oft erst die positiven Ergebnisse der seelischen Ernährung. Das Unterrichten in Epochen geht auf diesen Zusammenhang zurück. Ebenso arbeitet der von Steiner angegebene *Unterrichtsaufbau von Tag zu Tag* mit dem Gesichtspunkt, dass das Aufgenommene im Schlaf verarbeitet wird. Umgekehrt verursache ein zu hohes Maß an unverdautem Wissen feine Schädigungen des körperlichen Verdauungssystems.

Dauerhaft einseitiges Lernen mindere zudem die Regenerationskraft des Menschen. Ein Mensch brauche bei lang anhaltender und einseitiger intellektueller Belastung immer länger um sich zu erholen. Und statt aufnahmefähig oder sogar aufnahmebegierig zu sein, ist das Kind dann nur noch müde und gar nicht mehr willens und in der Lage *aus Interesse* zu lernen. Steiner gab für die ersten Lehrerinnen und Lehrer an, welche seelischen Prozesse gerade die Regenerationsfähigkeit steigern: Alles tiefe Mitfühlen und Einfühlen mit einem Ganzen oder einem Höheren, zu dem ein Kind andachtsvoll aufschaut. (GA 303, 50) Auch alle regelmäßig wiederholte Tätigkeit stärke die Regenerationsfähigkeit. (GA 293, 76) Systematisch erforscht ist das bis heute kaum. Aber die Praxis ungezählter Lehrerinnen und Lehrer hat ihnen bestätigt, wie sich die Regenerationsfähigkeit der Kinder tatsächlich durch pädagogische Maßnahmen stabilisieren lässt und zum Beispiel die krankheitsbedingten Fehltage zurückgehen.

Die zentrale Bedeutung des Wechselspiels mentaler und körperlicher Prozesse ist ein Dreh- und Angelpunkt der Pädagogik Rudolf Steiners und war 1919 ein revolutionärer Ansatz. Noch hundert Jahre später steht man erst ganz Anfang, wenn es darum geht, Steiners Forschungsergebnisse und ihre Anwendung in der Pädagogik empirisch zu belegen. Aber inzwischen wird dieser Aspekt von der medizinischen Forschung zumindest in den Blick genommen. An der Tübinger Freien Waldorfschule ist eine medizinisch-pädagogische Studie geplant, die die Auswirkungen der verschiedenen Unterrichtstätigkeiten auf die sogenannte „Herzratenvariabilität" untersuchen soll. Herzratenvariabilität – das ist *die ständig wechselnde Dauer zwischen zwei Herzschlägen:*

„Auf die verschiedensten Situationen und Wechselfälle des Lebens reagiert immer der *gesamte* Organismus des Menschen. So schlägt einem „das Herz bis zum Halse" oder es „rast" in Stresssituationen. Dies sind normale Anpassungsreaktionen auf äußere oder innere Reize, die ständig registriert und durch kleinere oder größere Variationen in der Herzschlagfolge – eben die Herzratenvariabilität (HRV) – beantwortet werden. Problematisch wird es, wenn sich das Herz nicht mehr flexibel diesen Belastungen anpassen kann. Menschen mit eingeschränkter HRV werden durch größere Belastungen rasch überfordert. Sie erleben dies als Stress – also als Ungleichgewicht zwischen den Anforderungen einerseits und den eigenen, zur Verfügung stehenden Bewältigungsmöglichkeiten andererseits. Sie entwickeln zu einem deutlich höheren Prozentsatz gravierende Gesundheitsstörungen wie Herzkrankheiten, Depressionen oder Neuropathien (Mück-Weymann, 2002)."[35]

Das Herz sollte also in der Lage sein, möglichst variabel auf die verschiedenen Lebenssituationen zu reagieren. Je variabler es reagieren kann, desto besser. Kann es nicht mehr variabel reagieren, schlägt es also fast immer gleich, dann ist dies kein gutes Zeichen. Durch verschiedene Experimente hat man inzwischen herausgefunden, dass die HRV größer ist, *wenn der Mensch ausgeruht ist*: „Insgesamt lässt sich sagen: Je ausgeruhter und entspannter der Organismus ist, desto größer wird die Unregelmäßigkeit und desto höher die Variabilität. (…) Eine geringe Variabilität des Herzschlags („Pulsstarre") ist dagegen immer ein Anzeichen von intensiver Belastung des Herz-Kreislaufsystems."[36]

Im Sport – vor allem im Leistungssport – wird diese Erkenntnis längst in entsprechend aufgebauten Trainingsplänen umgesetzt – in der Pädagogik erst anfänglich oder noch gar nicht.

Als Rudolf Steiner zwischen 1919 und 1924 seine Pädagogik darstellte, skizzierte er Leitlinien für einen Stundenplan, der bewusst *aktive Erholungsphasen für den Intellekt* einsetzte: die intellektuellen Fächer mit ihrer Beanspruchung des Gehirns wollte er möglichst an den Beginn des Vormittags gelegt wissen. (GA 303, 153) Dann aber sollten Fächer folgen, die primär das Atmungssystem ansprechen (zum Beispiel Singen oder Sprechen) und *das Gehirn entlasten* und die sogar die ungünstigen Abbauprodukte auflösen können, die bei der Hirntätigkeit entstanden sind. Und schließlich sollten als drittes Fächer folgen, in denen man körperlich tätig ist, zum Beispiel Sport, Tanz oder handwerkliche Fächer.

Angestrebt war dadurch eine möglichst ökonomische und hochgradig effektive Ausnutzung der zur Verfügung stehenden Zeit. Statt diese Zeit mit einer Dauerbelastung des Gehirns zu füllen, führte Steiner (fast hundert Jahre vor Ken Robinson) Sport und vor allem Tanz (Eurythmie) als den anderen Fächern *gleichberechtigte Bewegungsfächer*[37] in die pädagogische Praxis ein.

Erstens soll dadurch die einseitige Belastung des Gehirns reduziert werden, denn gerade durch *aktive* Erholungsphasen entwickle sich das Gehirn insgesamt besser als durch Dauerbelastung.

Zweitens wird mit dem Effekt einer positiven Rückkopplung gerechnet: Die Ausbildung der Bewegungsintelligenz wirkt sich positiv auch auf die kognitive Intelligenz aus. So sollten zum Beispiel alle Kinder (Mädchen wie Jungen) schon früh Handarbeiten (wie Stricken, Häkeln und später Nähen) und später handwerkliche Fähigkeiten (wie Schreinern oder sogar Maschinenbau) lernen. Das wurde und wird natürlich belächelt oder für überflüssig gehalten, aber der Sinn der Sache ist alles andere als Spielerei: Die feinmotorischen Bewegungen bei den Handarbeiten und der Erwerb einer feinmotorischen Geschicklichkeit sind für die Ausreifung des Gehirns eine wichtige Voraussetzung und umgekehrt. (GA 297 a, 77)

Das Gehirn Stunde für Stunde unter eine Art Dauerbelastung zu setzen und manchmal dadurch die gesamte Psyche eines Kindes in Stress zu bringen sei – so Steiner – *nicht gesund*. Was in der geplanten Studie untersucht werden soll, ist deshalb, wie die sich die verschiedenen Tätigkeiten wie Rechnen, Malen, Schreiben, Singen, Tanzen, Stricken, Nähen etc. auf die Bandbreite der Herzratenvariabilität (HRV) auswirken.

Die Bewegungsfächer und die künstlerischen Fächer wurden von Steiner *nicht* verstanden als „ein bisschen Ausgleich". Sie sind viel mehr: Sie sind *gleich wichtige* Fächer in einer Trias:

1.) Kognitive Fächer
2.) Künstlerische Fächer
3.) Bewegungsfächer (zu denen auch die handwerklichen Fächer gezählt werden).

Diese *Gleich*gewichtung ist – folgt man Sir Ken Robinson – immer noch revolutionär. Aber anders als auf dem Gebiet der Sportwissenschaften ist auf dem Gebiet der Pädagogik noch viel mehr Grundlagenforschung zu betreiben: Wie sind welche Fächer zu welchem Zeitpunkt zu unterrichten, damit sie einen optimalen Effekt auf die Entwicklung des gesamten Organismus haben?

Diese Forschungsfrage würde einen Paradigmenwechsel im Erziehungs- und Bildungswesen markieren. Im neuen Paradigma lautet die zentrale pädagogische Frage:

Welche mentalen Tätigkeiten und welche körperlichen Tätigkeiten haben welche Auswirkungen auf den gesamten Organismus? Und: Wie kann man die *Wechselwirkung* der verschiedenen Fächer positiv einrichten und für die Entwicklung ausnutzen? (GA 302, 15-24)

Doch während es im Leistungssport seit Jahrzehnten eine intensive Zusammenarbeit zwischen Sportmedizin, medizinischer Forschung und Trainern gibt, ist die Zusammenarbeitet von Pädagogen und Medizinern vergleichsweise schwach entwickelt. Es müsste umgekehrt sein, denn Pädagogik ist weit mehr als ein Spiel. Es geht um Weichenstellungen für das gesamte Leben. Von Steiner wurde 1919 nur ein Anfang gemacht: Mit Dr. Eugen Kolisko berief Steiner einen Arzt in das Kollegium. Kolisko beriet aus medizinischer Sicht die Lehrer.

*

Die Berücksichtigung der körperlichen Auswirkungen und Rückkoppelungen beim Lernen hat erhebliche Konsequenzen für das generelle Unterrichtssystem wie Fächergewichtung und Stundenplan. Aber damit ist das Potential dieses Ansatzes noch nicht erschöpft. Neben den Umstellungen des Unterrichtssystems im *Allgemeinen* gibt es darüber hinaus noch eine weitere Dimension: Der Blick auf die Wechselwirkungen zwischen Körper und Geist ermöglicht es auch, die *einzelne* Schülerin und den *einzelnen* Schüler gründlicher verstehen, um ihnen besser gerecht zu werden und um sie gezielter fördern zu können. Und dieses *Konstitutionsverständnis* geht über ein psychologisches Verständnis weit hinaus. *Es geht um ein Verständnis der individuellen körperlichen, psychologischen und mentalen Gesamt-Konstitution des einzelnen Schülers.*[38]

Je besser man als Lehrer diese individuelle *Gesamt*-Konstitution versteht, desto spezifischer kann man den einzelnen Schüler fördern. Steiner brachte dafür 1922 auf einem internationalen Kongress in Oxford einen Vergleich: Die Konstitution des individuellen Schülers sei für fast jeden Lehrer am Anfang mehr oder weniger undurchsichtig wie ein Stück Kohle. Im Laufe der Zeit aber sollte das Verständnis so weit vertieft werden, dass die Konstitution des Schülers begreiflich wird – gewissermaßen „durchsichtig" wird wie ein Diamant. (GA 305, 116 f.)

Einerseits handelt es sich um ein anspruchsvolles Programm. Einem Lehrer wird viel Zusatzausbildung und Training abverlangt. Andererseits ist es fast schon trivial, den Anspruch als solchen zu stellen:

- Je besser das Verständnis der *Gesamtkonstitution*, desto größer das Förderungspotential.
- Je unschärfer das Verständnis, desto größer das Risiko ineffektiver, zeitverschwendender Maßnahmen.[39]

Auswirkungen des Lehrerverhaltens auf den Organismus der Kinder

Dass das Lehrerverhalten sich bei Kindern bis auf die Organe des Kindes auswirkt, wird an den Extremfällen sofort deutlich. Sie kommen zwar selten vor – zum Glück –, aber es gibt sie leider eben doch, Geschichten wie die folgende:

„Heute war ein richtiger Scheißtag". So verabschiedete Heinz Tergat[40] am Ende des Unterrichtes seine Erstklässler. Tergat war völlig frustriert. Nichts funktionierte so, wie er es sich gedacht hatte, und authentisch wie er war, sagte er das den Kindern auch. Trotzdem zuckt man als Leser noch unwillkürlich zusammen, wenn man den Satz liest und sich die kleinen Kinder vorstellt. Aber vor allem die kleinen Erstklässler zuckten zusammen. Im Unterschied zu Erwachsenen waren sie wehrlos.

Kleine Kinder haben noch nicht den Verstand eines Erwachsenen. Sie können das, was sie erleben, nicht filtern. Ein wütend brüllender Lehrer mag für ältere Schüler amüsant sein. Manche Oberstufenschüler verbuchen wütendes Schimpfen, Brüllen oder Heulen gelassen unter der Rubrik „Emotionale Inkontinenz". Aber ein kleines Kind kann das nicht. Der seelische Eindruck schlägt bei ihm durch bis in den Körper. Das Gebrüll verursacht unweigerlich eine Beklemmung im Atmen und der Blutzirkulation. (GA 310, 49; GA 218, 248)

Bleibt der Wutanfall eine Ausnahme, kann er – im günstigen Fall – bald vergessen sein. Aber langfristige Angst vor einem Lehrer oder vor dem Versagen oder vor Drangsalieren und Mobbing durch andere Schüler verursacht dauerhafte Atembeklemmung und dauerhaftes Unwohlsein. In manchen Fällen führt das zu psychosomatischen Störungen. In der Klasse von Heinz Tergat kam es bei einigen Kindern zu Schlafstörungen und Bettnässen. Besonders tückisch sind allerdings die subtilen Formen seelischer Grenzüberschreitungen: die kleinen abfälligen Bemerkungen, die feinen Sarkasmen, die verletzende Ironie, von der man nicht einmal ahnt, was sie anrichtet, manchmal allein schon eine abfällige Mine, manchmal nur ein Übersehen oder Übergehen und ganz zu schweigen von echter Schikane und bewusster oder unbewusster schlechterer Bewertung.

Steiner ging zwischen 1919 und 1924 noch erheblich weiter. Er wies die damaligen Lehrerinnen und Lehrer darauf hin, dass bereits *jedes* Temperament sich ungünstig auf die Gesundheit der Kinder auswirken kann, *wenn* das jeweilige Lehrer-Temperament sich ungezügelt auslebt. Ein übermäßig melancholischer Lehrer kann genauso ein Unglück für die Kinder sein, wie ein brüllender Choleriker. Und ein in seinem Phlegma gefangener Lehrer kann die funktionale Seite der kindlichen Organe genauso stören wie ein zügelloser Sanguiniker. (GA 308, 15 ff.)

4. Körperliche Langzeitfolgen

Auswirkungen des biographischen Lernzeitpunktes auf den Organismus der Kinder

Ein Jahr vor seinem Tode veröffentlichte Steiner zusammen mit der holländischen Ärztin Dr. Ita Wegmann das Buch „Grundlegendes zu einer Erweiterung der Heilkunst". In lapidarer Form enthält es *den* entscheidenden Gedanken für eine neue Gewichtung in der Pädagogik:

„Es ist von der allergrößten Bedeutung zu wissen, dass die gewöhnlichen Denkkräfte des Menschen die verfeinerten Gestaltungs- und Wachstumskräfte sind." (GA 27, 12)

Die „*Gestaltungs- und Wachstumskräfte*" stehen – exemplarisch – für die Summe *aller* Lebensfunktionen. Aus ihnen werden – so die Entdeckung Steiners – die *gewöhnlichen Denkkräfte* des Menschen.

Die Lebensfunktionen steuern während der Entwicklung des Kindes das Wachstum und die Ausreifung der Organe.

Solange sie damit befasst sind, sollte man sie – so Steiner – nicht stören, sondern in Ruhe lassen. Sonst nehmen die Organe Schaden, zwar nicht übermäßig, aber genug, um im Erwachsenenalter Schwächen zu zeigen oder zu erkranken. Erst wenn die verschiedenen Lebensfunktionen am Körper ihre Arbeit abgeschlossen haben, stünden sie für entsprechende seelische Kräfte zur Verfügung.

Beispiel: Ernährungsfunktion (GA 304a, 171f.; GA 306, 155; GA 307, 119; GA 309, 16 und 34)

Auf der körperlichen Seite ist Ernährung zunächst ein Zersetzungsvorgang. Die aufgenommenen Speisen werden im Verdauungsprozess weitestgehend zerlegt und dann neu synthetisiert. Auf der gedanklichen Ebene gibt es tatsächlich eine Entsprechung: Eine gedankliche Analyse ist immer eine Zerlegung: Ein komplexer Sachverhalt wird in seine logischen Bestandteile zergliedert um anschließend die Zusammenhänge erkennen zu können.

Steiner entdeckte und behauptete, dass zwischen der Zersetzung im Verdauungsprozess und der Zerlegung bei einer gedanklichen Analyse ein *realer* Zusammenhang besteht. Die Lebensfunktion „Ernährung" habe – so Steiner – gewissermaßen *zwei* Seiten: eine körperliche Seite (als Verdauung von Lebensmitteln) und eine seelische Seite (zum Beispiel als gedankliche Analyse).

Die Konsequenzen für die Pädagogik wären – so Steiners Ansatz – enorm, weil bestimmte gedankliche Tätigkeiten erst dann abgefordert und trainiert werden sollten, wenn die entsprechenden *körperlichen* Organe ausgereift sind. Erst wenn die Entwicklung des *körperlichen* Verdauungssystems einen bestimmten Ausreifungsgrad erreicht hat, stünden die gleichen Kräfte auch für *gedankliche* „Verdauungskräfte" zur Verfügung. Erst dann und möglichst nicht früher. Trainierte man hingegen die gedankliche *Analyse* zu früh, nämlich vor der entsprechenden körperlichen Ausreifung, würden – so Steiner – dem Körper Kräfte entzogen, die er eigentlich noch für die Organausreifung benötigt. Und das könnte sich erst Jahrzehnte später auswirken, zum Beispiel indem das Verdauungssystem in der zweiten Lebenshälfte zu früh ermüdet oder schwach wird.

Fast 100 Jahre nach Steiner veröffentlichte Natascha Campbell aus Oxford ihr Buch „Gut and Psychology"[41] („Darm und Psychologie"; noch nicht auf Deutsch erschienen.) Campbell zeigt, wie Lernschwierigkeiten oder seelische Störungen erstaunlich oft mit einer Dysfunktion des Darms zusammenhängen, und wie man durch individuelle Anpassung der Ernährung den Darm kurieren und dadurch das Befinden der Kinder und Jugendlichen und ihr Lernvermögen erheblich verbessern kann. (Auch Steiner gab bereits den ersten Lehrern und ihrem Schularzt Hinweise, wie man durch gezielte und individuelle Ernährungsumstellung die Lernsituation von Kindern fördern kann.)

Der für die Pädagogik Steiners zentrale Sachverhalt ist dann der folgende:

Die verschiedenen Lebensfunktionen schließen ihre Arbeit an den Organen *zu unterschiedlichen Zeiten* ab: Die Wärmefunktion ist mit ihrer Stabilisierung des Wärmehaushaltes früher fertig als die Atmungsfunktion mit der Ausreifung der Lunge und die Ernährungsfunktion mit der Ausreifung der Ernährungs- und Verdauungsorgane. Als letztes schließt die Reproduktionsfunktion ihre Arbeit mit der Ausreifung der Sexualorgane ab.

Bei der generellen *Wachstumsfunktion* sind verschiedene Phasen und deutliche Schübe erkennbar: Durch eine Untersuchung der Sprungkraft von 900 Kindern im Alter von 4 bis

19 Jahren, die an der Tübinger Freien Waldorfschule durchgeführt wurde, konnte ein signifikanter Muskelwachstumsschub im Alter von etwa 6,5 Jahren nachgewiesen werden.[42] Die Studie bestätigt damit, was Steiner für die Pädagogik für wichtig hielt: Im Alter zwischen 6 und 7 Jahren werden bestimmte Wachstumskräfte frei von ihrer Arbeit an den Muskeln. Und erst dann stünden diese Kräfte auch als Kräfte für seelisches Wachstum durch Lernen zur Verfügung. Durch ein zu frühes intellektuelles Lernen würden – so Steiner – dem Körper Kräfte entzogen, die ihm viel später dann als *Lebensfrische* fehlen. (GA 304, 48) Mit anderen Worten: Man kann zwar ein Kind intellektuell früh fordern und zu frappierenden Verstandesleistungen bringen, aber man hilft ihm dadurch nur vordergründig. Langfristig zahlt man ein Preis: Erschöpfung und Ermüdung oder gar Impulslosigkeit in der zweiten Hälfte des Lebens können die Folge sein. Man lässt – mythologisch gesprochen – das Kind zu früh vom „Baum der Erkenntnis" kosten und zahlt mit dem Verlust des „Baumes des Lebens" als Erwachsener. Die größte Herausforderung sind deshalb Kinder, die einen Hang zu intellektueller Frühreife haben. Sie so in Bildern zu unterrichten, dass ihr Verstand sich dennoch nicht unterfordert fühlt und sie gerne die Bilder aufnehmen, gehört zu den schweren, aber auch schönsten Aufgaben einer zukunftsfähigen Pädagogik.

Unter dem Gesichtspunkt „Langfristige Folgen" wäre es aufschlussreich, wenn Vergleichsstudien die Lebenseinstellung der Erwachsenen in solchen Ländern untersuchten, die ein großes Gewicht auf intellektuelle Früherziehung legen, und mit der Lebensfrische von Erwachsenen anderer Länder verglichen, in denen das Bildungssystem keine frühe Inanspruchnahme der intellektuellen Kräfte kennt. (Die Anzahl der Burnout-Fälle, die Selbstmordrate etc. könnte bereits erste Hinweise liefern.)

Die Vermeidung einer zu frühen Inanspruchnahme der gedanklichen Kräfte hat der Waldorfpädagogik den Ruf eingetragen, mit dem Intellekt auf Kriegsfuß zu stehen. Das Gegenteil ist der Fall. Sie will ihn optimal entwickeln. Aber optimal heißt: weder zu früh, noch zu spät, sondern zum entwicklungsmäßig richtigen Zeitpunkt. Und das heißt: Erst dann, wenn die entsprechenden Lebensfunktionen ihre Arbeit an den Organen bis zu einem bestimmten Punkt gebracht haben, um dann in seelische Kräfte umgewandelt werden zu können. (Siehe dazu Kapitel 6.) Andernfalls komme es – so Steiner – zu feinen Vergiftungsprozessen im Körper des Kindes:

„(Die) Verstandesweisheit (des Erwachsenen) ist in der Tat eine Art von Gift, sobald sie an den unrichtigen Ort kommt, sobald sie wenigstens in den Stoffwechselorganismus hineinkommt. Wir können nur dadurch mit der Verstandesweisheit leben, dass dieses Gift – in ganz technischem Sinne, nicht in moralischer Beurteilung sage ich das –, dass dieses Gift nicht in unseren Stoffwechsel-Gliedmaßenorganismus hinunterdringt. Da wirkt es furchtbar zerstörerisch. (…) Wenn wir (beim Kinde) mit unserer heutigen reifen Weisheit kommen, so dringt dieses Gift hinunter und vergiftet in der Tat den Stoffwechsel-Gliedmaßenorganismus. Sie sehen, es ist notwendig, aus der unmittelbaren Lebenspraxis heraus wissen zu lernen, wie viel man diesem Kinderhaupte zumuten darf, damit man nicht zu viel hineinpresst, was dann nicht mehr aufgehalten wird und was dann in den Stoffwechsel-Gliedmaßenorganismus hinuntergeht." (GA 303, 116-118)

Das Leben ist ein langer Marathonlauf. Intellektuelle Hochgeschwindigkeit auf den ersten Kilometern rächt sich auf der zweiten Hälfte der Distanz. Dann stünden – so Steiner – viel zu vielen Menschen keine frischen Kräfte mehr zur Verfügung und tatsächlich: die verschiedenen Stimulanzien (vom Alkohol über Kokain bis hin zu Amphetaminen und Designer-Drogen) werden augenscheinlich in nicht wenigen Top-Etagen der Politik und Finanzwirtschaft benutzt, um zu ersetzen, was der Körper aus eigenen Kräften nicht mehr aufbringen kann, wenn der Druck von außen immens wird.[43] Die gesellschaftlichen Folgekosten eines nur kurzfristig und eindimensional denkenden Bildungssystems dürften enorm sein. Das Konzept „Ein starker Intellekt muss möglichst früh trainiert werden" ist aus den Augen des herkömmlichen Systems verständlich. Aus den Augen der Anthropologie Steiners handelt es sich um einen verhängnisvollen Fehler, der aus Unkenntnis der feineren Entwicklungsprozesse entsteht und den man später teuer bezahlt.

*

Das gestaffelte Freiwerden der Lebensprozesse für seelische Funktionen war der entscheidende Gesichtspunkt für den *Lehrplan* der Waldorfpädagogik. Dieser Lehrplan war bis in feinste Details abgestimmt auf das Freiwerden der verschiedenen Lebensprozesse für ihre Umwandlung in Seelenprozesse. Der Unterschied zur Erstellung eines Lehrplans in den meisten herkömmlichen Bildungssystemen könnte daher kaum größer sein. Dort geht es um die Portionierung des zu Lernenden auf die zur Verfügung stehende Zeit. In der Waldorfpädagogik ist die Frage im Grundansatz eine andere:

1) Was brauchen der Körper und die Seele des Menschen zum jeweiligen Entwicklungszeitpunkt an seelischer Ernährung?
2) Welche Denktätigkeiten, welche Gefühle, welche Willensleistungen sollten erst bei bestimmten körperlichen Ausreifungen erfolgen?

Der 1919 tatsächlich aufgestellte Lehrplan war unter diesem Gesichtspunkt allerdings bereits ein Kompromiss. Steiner konnte und wollte nicht losgelöst von den damaligen Lernzielen des öffentlichen Systems einen idealen Lehrplan entwerfen, wie er sich rein aus anthropologischen Erfordernissen ergeben würde. Er gab Leitlinien an. Insofern sind viele Inhalte des Lehrplans vom Prinzip her ersetzbar durch andere, wenn diese die gleiche Wirkung erzielen.[44]

*

Die Lehrerinnen und Lehrer der ersten Waldorfschule und auch der folgenden Jahrzehnte befanden sich im Hinblick auf den skizzierten Zusammenhang zwischen den Lebensfunktionen und der Denk-, Gefühls- und Willensentwicklung in einer Pioniersituation. Sie mussten sich an die Arbeit machen, ohne sich auf wissenschaftliche Karten in Form von groß angelegten Studien verlassen zu können. Ihr Unternehmen war ein Experiment und wurde selbstverständlich skeptisch beargwöhnt: Was sind die Folgen, wenn man die intellektuelle Entwicklung der Kinder an wichtige Wachstumsschritte der körperlichen und seelischen Entwicklung anpasst? Was passiert, wenn man zur Angstreduktion und aus entwicklungspsychologischen Gründen auf Noten und auf Sitzenbleiben verzichtet? Wird es trotzdem möglich sein, ein Höchstmaß an Klarheit des Denkens zu entwickeln?

Die Lehrer der ersten Jahrzehnte konnten es selbst nicht wissen. Sie hatten nichts als eine Hypothese, die sie überzeugte, und den Willen, die Entwicklung der Lebensfunktionen in der Pädagogik zu berücksichtigen. Und genau das hat man gemacht.[45] Im Folgenden nur einige wenige Ausschnitte:

Unter anderem versuchte man (und versucht man bis heute), den Funktionen der Atmung und Wärmung durch die Unterrichtsgestaltung entgegen zu kommen. Indem man trainierte, dass die Unterrichtsgestaltung rhythmisch atmet[46], wollte man erreichen, dass die Kinder auch seelisch atmen können und die Atmung des Körpers dadurch weniger unter Stress gesetzt wird.

Oder: Die Lehrerinnen und Lehrer betrieben einen erheblichen Aufwand, den Unterrichtsstoff so aufzubereiten, dass seine gedankliche Substanz *seelisch erwärmend* ist und nicht seelisch kalt lässt.

Man wollte dem Körper der Kinder möglichst wenig Wärme entziehen, sondern erreichen, dass die seelische Anteilnahme auch zu einer besseren körperlichen Durchblutung führt.

Man war sich dabei durchaus im Klaren darüber, dass noch nicht die einzelne Unterrichtsstunde eine nachhaltige Wirkung haben würde, aber unter Umständen eine entsprechende über Jahre gepflegte Unterrichtskultur.

Oder: Wenn mit 11 bis 12 Jahren die Entwicklung des Stoffwechsels der Kinder ein bestimmtes Maß an Ausreifung erreicht hatte, gab man gezielt die entsprechenden gedanklichen Herausforderungen für die neu zur Verfügung stehenden Kräfte. Das heißt: Man gab die Aufgaben einer analytischen Zerlegung in Ursache und Wirkung etwas später als üblich.

Die pädagogischen Erfahrungen scheinen den Ansatz zu bestätigen: Erhält der kindliche Geist die Aufgabe der Zerlegung in Ursachen und Wirkung *nach* einer bestimmten Ausreifungsstufe des Stoffwechsels, blüht er geradezu auf. Erhält er sie *nicht*, verkümmert er. Dass er sie *zu früh* erhält, wollte man vermeiden, um dem Organismus für das spätere Leben nicht unnötig Kraft zu entziehen.[47]

Weitere Arbeitsfelder waren eine Unterstützung der körperlichen Regenerationskraft und der Ernährungsfunktion und eine Harmonisierung des Wachstums durch die Art der Unterrichtsgestaltung und den Aufbau des Lehrplans.

Im Hinblick auf eine *Erziehung zur Kreativität* nahm man Rücksicht auf den Sachverhalt, dass die Geschlechtsreife diejenige Lebensfunktion ist, die als letzte zur körperlichen Ausreifung kommt. Aus diesem Grund vermied man es, die *intellektuelle* Originalität zu früh herausholen zu wollen.

(GA 309, 80) Die pädagogischen Erfahrungen bestätigten es dann: Die gedankliche Kreativität (nicht zu verwechseln mit der mehr künstlerischen Fantasie, die schon Erstklässler haben) entwickelt sich organisch und mit frappierend großer Kraft, wenn der Körper bis zu einem gewissen Grad ausgereift ist. Und sie entwickelt sich besonders gut, wenn zuvor ein genügend großer seelischer Reichtum zur Verfügung steht, auf den die erwachte Originalität zurückgreifen kann. Gedankliche Kreativität erweist sich als eine *Frucht*. Sie braucht Zeit zu ihrer Reifung. Für die Waldorflehrer galt deshalb mehr oder weniger der Grundsatz: Ein guter, fruchtbarer Boden ist entscheidend für eine gute Ernte. Bodenoptimierung kommt vor Fruchtqualität. Auch in der Pädagogik. Und vor allem in der Entwicklung von Kreativität. So wie es keinen Sinn macht, von einen Apfelbaum im Mai Äpfel und von einem Weizenhalm im April Körner zu erwarten, so wollte man nicht zu früh ernten, sondern der intellektuellen Kreativität durch seelischen Reichtum eine Basis schaffen. (Zu untersuchen wäre, ob das Umgekehrte mit verantwortlich ist für den von Ken Robinson beklagten Missstand: *We educate out of creativity*.)

Langzeitfolgen des Lehrerverhaltens

Wenn ein kleines Kind Tag für Tag vor den Wutanfällen eines ungezügelt cholerischen Lehrers erschrickt, schlägt dieses Erschrecken auch Tag für Tag bis in seinen Körper durch. Auf Dauer erfahren das Atmungssystem und auch das Blutkreislaufsystem sowie das Verdauungssystem leichte Schädigungen. Auch hier gilt der bereits benannte Zusammenhang: Die organischen Schädigungen summieren sich im Laufe der Zeit auf und sie werden in die entsprechenden Organsysteme gleichsam eingraviert. Da aber die Organsysteme des kleinen Kindes noch wachsen, wachsen auch die Schädigungen mit.

Und das sei – so Steiner – der entscheidende Punkt. Auch die durch das Lehrerverhalten verursachten subtilen Schädigungen der Organe führten nicht gleich in der Kindheit, sondern oft erst im Erwachsenenalter zu sichtbaren Störungen und Beeinträchtigungen der Gesundheit. Steiner illustrierte dies an den Spätfolgen eines ungezügelten Lehrertemperaments:

„Wenn nun ein cholerischer Lehrer, der seinem cholerischen Temperamente die Zügel schießen lässt, in der Umgebung des Kindes sich befindet, zunächst einfach da ist neben dem Kinde und sich gehen lässt, dann gehen die Ausbrüche des cholerischen Temperamentes, dasjenige, was unter dem Einflusse des Temperamentes des Lehrers getan wird, wenn er nicht solche Selbsterziehung übt, wie wir sie noch besprechen werden, über in die Seele des Kindes, setzen sich fort in das Körperliche hinein. Da liegt das Eigentümliche vor, dass es in die Untergründe des Daseins hinuntergeht und das, was in des werdenden Menschen Leib hineinversetzt wird, später zum Vorschein kommt. So wie der Same, der im Herbst in die Erde hineinversenkt wird, im Frühling in der Pflanze zum Vorschein kommt, so kommt das, was in das Kind im achten, neunten Jahre hineinversetzt wird, im fünfundvierzigsten, fünfzigsten Lebensjahre heraus, und wir sehen die Folgen des cholerischen Temperamentes des Lehrers, der sich gehen lässt, in den Stoffwechselkrankheiten nicht nur des erwachsenen, sondern des alt gewordenen Menschen zutage treten. Prüft man nur recht, warum uns dieser oder jener Mensch in seinem vierzigsten, fünfzigsten Jahre als Rheumatiker entgegen tritt, als ein Mensch, der an allen möglichen Stoffwechselkrankheiten leidet, an schlechter Verdauung, prüft man, warum dieser Mensch so ist, wie er ist, warum er frühzeitig Gicht bekommt, dann bekommt man zur Antwort: Vieles von dem haben wir zuzuschreiben dem einfach in die Zügel schießenden cholerischen Temperamente eines Lehrers, der dem Kinde im Kindesalter gegenüberstand." (GA 308, 15)

„Und wenn wir nachschauen im Leben, warum gewisse Menschen an Nervosität, an Neurasthenie und dergleichen leiden, dann finden wir wiederum, wenn wir zurückgehen in dem menschlichen Lebenslauf bis zum kindlichen Lebensalter, wie das nicht der Selbsterziehung unterworfene Phlegma eines Lehrers, der Wichtiges hätte tun sollen an dem Kinde, solchen Krankheitsneigungen zugrunde liegt." (GA 308, 16)

„Wenn sich der Lehrer dem melancholischen Temperamente hingibt, wenn er durch seine Melancholie zu viel mit sich selbst beschäftigt ist, (…) dann wirkt der melancholische Lehrer neben dem Kinde eigentlich so, dass das Kind seine Seelenregungen in sich verbirgt und statt sie nach außen auszuleben, in sich hineinsenkt. Dadurch wirkt das Sichgehenlassen des melancholischen Temperamentes des Lehrers für das spätere Lebensalter eines Kindes (…)so, dass Atmung und Blutzirkulation unregelmäßig werden. Derjenige, der (den Zusammenhang zwischen Kindheit und späterem Alter überblicken kann; V.W.), der wird den Ursprung mancher Herzkrankheit, die im vierzigsten, fünfundvierzigsten Lebensjahr auftritt, zu suchen haben in der ganzen Stimmung, die durch das sich gehenlassende melancholische Temperament des Lehrers in der einzelnen Erziehung, im Unterrichte hervorgebracht wird." (GA 308, 18)

„Betrachten wir noch den Sanguiniker, der als Lehrer seinem sanguinischen Temperamente die Zügel schießen lässt. Er ist empfänglich für alle möglichen Eindrücke. Wenn irgendein Schüler einen Klecks macht, so wendet er sich hin – er wird nicht heftig –, er wendet den Blick hin. Wenn irgendein Schüler seinem Nachbar etwas ins Ohr flüstert, wendet er den Blick hin. Er ist ein Sanguiniker, die Eindrücke kommen rasch an ihn heran und machen keinen tiefen Eindruck. Er lässt irgendeine Schülerin herauskommen, fragt nur ganz kurz etwas, sie interessiert ihn nicht lange, er schickt sie gleich wieder hinein. Der Lehrer ist eben Sanguiniker. Wenn man wieder das ganze Menschenleben betrachtet, wird man bei manchem, der an einem

Mangel an Vitalität, an einem Mangel an Lebensfreude leidet (…) dies auf die Wirkung des sanguinischen Temperamentes des Lehrers (zurückzuführen haben). (…) Das sanguinische Temperament des Lehrers ohne Selbsterziehung bewirkt eine Unterdrückung der Vitalität, eine Unterdrückung von Lebensfreude, von kraftvollem Willen, der aus der Individualität aufquillt." (GA 308, 19)

*

Steiner dürfte einer der ersten gewesen sein, der mit Nachdruck auf die Spätfolgen von Erziehung und Unterricht hingewiesen hat. Immer wieder machte er den Lehrerinnen und Lehrern klar, dass sie bei Erziehung und Unterricht auch den späteren Erwachsenen im Blick haben sollten und zwar nicht nur dessen seelische, sondern auch dessen *körperliche* Gesundheit.

Begründung: Wer als Erwachsener eine Herzkreislauferkrankung bekommt, die eine Spätfolge von subtilen Schädigungen in der Kindheit ist, hat dadurch unter Umständen ein erhebliches Handicap. Je nach Stärke der Erkrankung kann seine Lebenssituation beeinträchtigt werden. Im schlimmsten Fall kann man als Erwachsener daran gehindert sein, das noch zu tun, was man gerne tun möchte, was man aber nicht mehr tun kann, weil der Körper lädiert ist. Diese Einschränkung der Freiheit im Erwachsenenalter zu vermeiden ist der tatsächliche Sinn des berühmten Slogans „Erziehung zur Freiheit."[48]

Wenn die Formel nicht so abgegriffen wäre, könnte man dieses *Essential 4* „Nachhaltige Erziehung" nennen. Genauer: „*körperlich* nachhaltige Erziehung". Gemeint ist: Es geht um die Vermeidung von „Raubbau". Das Kind ist weder durch falsche Lernzeitpunkte noch durch falsches Lehrerverhalten in solche seelische Belastungssituationen zu bringen, die dem

Körper feine Schädigungen zufügen, die dann zu einem späteren Zeitpunkt als Krankheiten zum Ausbruch kommen können.

Steiner sprach statt von „nachhaltiger Erziehung" von einer „Erziehung des *ganzen* Menschen". (GA 301, 106) Die schlichte Formel bedeutete zweierlei: Sie bedeutete erstens, dass nicht nur der kognitive Bereich des Kindes, sondern *gleichgewichtig* die Gefühlstiefe und die Willenskraft gezielt von der Pädagogik zu berücksichtigen sind.

Die Formel bedeutete zweitens, die Zeitachse mit in den Blick zu nehmen. Der *ganze* Mensch – das ist der Mensch von der Kindheit bis ins hohe Alter.

Der Zusammenhang von emotionaler Gewalt und körperlichen Schädigungen und deren Spätfolgen ist intuitiv leicht nachvollziehbar. Trotzdem ist der Zusammenhang bis heute – wissenschaftlich betrachtet – nur eine *Hypothese*, die noch lange nicht auf empirisch starken Füßen steht: Man ist noch weit davon entfernt, diesen Zusammenhang systematisch erforscht zu haben. Erforscht wurden mehr oder weniger nur die Folgen traumatischer Kindheitserfahrungen. Die gesundheitlichen Folgen der vielen *subtilen* seelischen Verletzungen in der Kindheit sind noch ein weißer Fleck auf der Landkarte pädagogisch-medizinischer Forschung. Steiner hoffte allerdings, dass künftige medizinische Dissertationen das Thema bearbeiten würden.

Ermutigende Befunde: Die RKI-Studie von 2013

Im Februar 2007 erschien eine empirische Studie über ehemalige deutsche Waldorfschüler, in der 1124 Absolventen von Waldorfschulen im Alter von 21 bis 82 Jahren schriftlich zu ihren Bildungswegen und ihrer Lebensgestaltung befragt worden waren. Das Erstaunliche waren die Angaben ehemaliger Waldorfschüler zu ihrer Gesundheit: Die ehemaligen

Waldorfschüler waren allem Anschein nach im mittleren und fortgeschrittenen Alter deutlich gesünder als die normale Bevölkerung.

Die Ergebnisse, die eine Arbeitsgruppe der Universität Witten-Herdecke ausgewertet hatte, waren dermaßen eklatant, dass sie schwer zu glauben waren. Und in der Tat: Die Studie hatte einen Haken. Die Befragung der ehemaligen deutschen Waldorfschüler war ohne eine Referenzbefragung von Nicht-Waldorfschülern durchgeführt worden. Gerade für denjenigen Teil der Studie, der die Gesundheit betraf, gab es keine direkt vergleichbare Kontrollgruppe. Wie kam es dann zu den Vergleichswerten? Die Wissenschaftler hatten für einen Vergleich die Daten des Robert-Koch-Instituts (RKI) aus einer bundesweiten Gesundheitsbefragung von 1998 genommen und mit den Daten der Waldorf-Ehemaligen abgeglichen. Sie konnten dabei zu Recht davon ausgehen, dass die Daten des RKI von 1998 repräsentativ für die Gesamtbevölkerung waren. Das heißt: Vergleicht man die Gesundheitsangaben ehemaliger Waldorfschüler mit den Werten der *Gesamt*bevölkerung, ist es tatsächlich so, dass die ehemaligen Waldorfschüler eklatant gesünder sind als der Gesamtdurchschnitt. Aber das Ergebnis ist trotzdem viel zu ungenau: In einen Gesamtdurchschnitt gehen immer die Werte von sehr unterschiedlichen Gruppen ein. Auch unter Nicht-Waldorfschülern gibt es gesündere und weniger gesündere Gruppen. Das hängt mit dem Bildungsniveau der Eltern, ihrem sozialen Stand, ihrem Einkommen, ihrem Beruf und anderen Faktoren zusammen. Weil das so ist, konnte man nicht eindeutig zuordnen, woran es lag, dass die ehemaligen Waldorfschüler auf vielen Gebieten gesünder waren. Lag es an der Waldorferziehung oder lag es daran, dass sie Berufe gewählt hatten, in denen die Menschen generell – auch in der Gesamtbevölkerung – gesünder waren als in anderen Berufen? Lag es an der besonderen Erziehung oder daran, dass Waldorfschüler später in einer sozial höheren Schicht lebten, in der generell die Menschen etwas gesünder sind? Kurz: Die Ergebnisse waren frappierend, aber nicht belastbar. Allerdings waren sie Grund genug, der Sache in einer genaueren Untersuchung nachzugehen. Diese zweite Studie wurde vom Robert-Koch-Institut (RKI) aufgesetzt, jetzt mit einer Kontrollgruppe. Dadurch konnten die Angaben der ehemaligen Waldorfschüler nicht nur mit dem Bevölkerungs-Durchschnitt verglichen werden, sondern viel spezifischer mit genau entsprechenden Gruppen von ehemaligen Nicht-Waldorfschülern: Man konnte jetzt ehemalige Waldorfschüler mit einem bestimmten Bildungshintergrund, einem bestimmten finanziellen Einkommen, mit einer bestimmten Lebensweise etc. mit exakt entsprechenden Gruppen von ehemaligen Nicht-Waldorfschülern vergleichen. Das Ergebnis: Wie zu erwarten war, fielen die Unterschiede nicht mehr so eklatant aus wie beim Vergleich mit dem Durchschnitt, aber sie blieben bestehen. Sie waren zumindest so groß, dass sie auffällig waren. Sie waren also signifikant. Nicht auf allen Gebieten, aber doch auf vielen. Nachzulesen in: The Effect of Attending Steiner Schools during Childhood on Health in Adulthood: A Multicentre Cross-Sectional Study. Published 12/2013.[49]

Doch auch bei den Ergebnissen der zweiten Studie von 2013 muss man Einschränkungen machen: Auch bei dieser Studie kann man keine eindeutige Korrelation herstellen zwischen *einzelnen Maßnahmen* der Pädagogik Rudolf Steiners und den verbesserten Gesundheitswerten ehemaliger Waldorfschüler. Aber zumindest das Gesamtpaket dessen, was in den Waldorfschulen umgesetzt worden ist, hat einen messbaren Effekt. Es kann also durchaus sein, dass dieser Effekt schon allein dadurch zustande kommt, dass die Waldorfschüler während ihrer Schulzeit mit ihrer Schule viel zufriedener sind als die Schüler von Regelschulen, wie es eine Studie von 2012 zeigen konnte.

Die Barz-Randoll-Studie

2012 stellte Andreas Schleicher, OECD-Bildungsexperte und internationaler Koordinator der PISA-Studien, eine Untersuchung der Heinrich-Heine-Universität Düsseldorf zu den Erfahrungen von Waldorfschülern der Presse vor. In der von Barz und Randoll geleiteten Studie wurden die Bildungserfahrungen von Waldorfschülern abgefragt und ausgewertet. Mehr als 800 Schüler an 10 Schulen im Alter von 15 bis 18 Jahren wurden befragt. (Damit ist die Studie die bisher größte, die Schulqualität und Lernerfahrungen in dieser Weise erhoben hat.) Die Fragebogenstudie wurde in Anlehnung an etablierte Studien zur Schulzufriedenheit an Regelschulen entwickelt, unter anderem an Untersuchungen des Deutschen Instituts für Internationale Pädagogische Forschung. (Daher konnten die Wissenschaftler Waldorf- mit staatlichen Schulen vergleichen, auch wenn es sich dabei nicht um eine Kontrollgruppe handelt.) Die Ergebnisse sind durchaus bemerkenswert:

- Waldorfschüler lernen im Vergleich zu Schülern an staatlichen Schulen mit mehr Begeisterung.
- Sie langweilen sich weniger.
- Sie fühlen sich individuell gefördert und lernen in der Schule besonders ihre Stärken kennen.
- Das Lernen macht 80 Prozent der Waldorfschüler Spaß, in Regelschulen nur 67 Prozent.
- 85 Prozent beschreiben das Schulklima und die Lernatmosphäre als angenehm und unterstützend. An Regelschulen sehen das nur 60 Prozent so.
- Die Beziehung zu den Lehrern wird deutlich besser beurteilt – 65 Prozent der Waldorfschüler stehen hier knapp 31 Prozent der Regelschüler gegenüber.[50]
- Die Identifikation mit der Schule ist größer als bei anderen Schülern.
- Kinder an Waldorfschulen leiden bedeutend seltener an somatischen Beschwerden wie Kopfschmerzen, Bauchschmerzen oder Schlafstörungen. (Unter Schlafstörungen leiden Schülerinnen und Schüler an Waldorfschulen im Alter von 15 – 18 Jahren elf Prozent, 17 Prozent an Regelschulen. Ein Hinweis darauf, dass Prüfungsangst in Waldorfschulen weitaus weniger Raum gegeben wird als an Regelschulen, allem Anschein nach zum Wohle der Schüler.)

Bemerkenswert sind diese Ergebnisse deshalb, weil es zwischen den Abschlussnoten von Waldorfschülern und denen von Schülern auf staatlichen Schulen keine statistisch bedeutsamen Unterschiede gibt. Die Waldorfschüler machen die staatlichen Prüfungen (in vielen Bundesländern mit den gleichen zentralen Aufgaben) und erbringen statistisch die *gleichen Leistungen* und zwar nicht nur insgesamt, sondern auch dann, wenn man die Durchschnittsnoten nach der Art des Schulabschlusses vergleicht. (Diese Differenzierung ist notwendig, weil nur ein kleiner Anteil der Waldorfschüler einen Hauptschulabschluss macht. Die allermeisten machen (zu gleichen Teilen) das Abitur oder den Realschulabschluss. „Es gibt kein Bundesland, das mir bekannt ist, wo Waldorfschüler schlechter abschneiden", so Heiner Barz, der Autor der Studie der Heinrich-Heine-Universität.)
Gleicher Lernerfolg und gleiche Prüfungsergebnisse, aber verbesserte Gesundheitswerte und ein deutlich positiveres Schulerlebnis – das ist ein ermutigender Anfang. Die Ergebnisse der RKI-Studie darf man zwar

nicht überbewerten, aber sie geben doch Hinweise darauf, dass die Waldorferziehung einen statistisch messbaren Effekt auf die Gesundheit hat. Und das ist nicht wenig. Denn auf dem Gebiet der Gesundheit hat *jede* auch noch so kleine Verbesserung einen beträchtlichen Wert. Falls sich eine Arterienverkalkung bei einem Menschen durch eine günstige Erziehung auch nur um ein einziges Jahr verzögern sollte, kann das für diesen Menschen und für seine Mitmenschen eine erhebliche Bedeutung haben. (Ganz abgesehen von den Kosten, die dem Gesundheitssystem erspart bleiben.) Mit anderen Worten: Im Grunde sind *alle* Erfolge auf dem Gebiet nachhaltiger Gesundheit – so bescheiden sie auch aussehen – *unbezahlbar*.

Die genannten Studien machen deshalb Mut, den Aspekt nachhaltiger Gesundheit überhaupt auf die Agenda pädagogischer Überlegungen, Konzepte und Maßnahmen zu setzen.

Weitere Studien werden in den kommenden Jahrzehnten folgen müssen, aber die bisherigen Arbeiten zeigen schon jetzt, dass man an den Waldorfschulen eine wichtige Pionierleistung erbracht hat – ein Ziel, das Steiner anvisiert hatte. Denn wenn die Waldorfschulen von 1919 bis 2019 für diese Entwicklung gesamtgesellschaftlich auch nur eine Tür geöffnet hätten, wäre das schon viel.

*

Das zeitliche gestaffelte „Seelisch-werden der Lebensfunktionen" ist die entscheidende anthropologische Basis für etliche Settings der Waldorf-Pädagogik, insbesondere für den Lehrplan. Parallel dazu geht es in der Erziehungskunst Steiners darum, die *seelischen* Funktionen zu *beleben*. Es geht insbesondere um eine Belebung aller kognitiven Funktionen: Wahrnehmen, Erinnern, Vorstellen, Urteilsbildung, Schlüsse ziehen und Begriffsbildung. Steiner gab dazu eine Fülle von Methoden an. In seiner Anthropologie legte er dazu die Grundlagen: Eine umfassende Sinneslehre ist die Basis für eine Belebung des Wahrnehmens; eine Untersuchung der anthropologischen Grundlagen der Begriffsbildung, der Urteilsbildung und des Schlüsse-Ziehens und des Erinnerns sind bei Steiner die Basis für entsprechende Methoden, durch die

die benannten kognitiven Funktionen belebt werden sollen. Bis heute sind diese methodischen Angaben zwar vereinzelt behandelt worden, aber eine *systematische* Sammlung und Untersuchung steht noch aus.

5. Die Arbeit des Erwachsenen an sich selbst

Wir können machen, was wir wollen, letztlich heilt sich der Körper des Menschen selbst.
Wir können machen, was wir wollen, letztlich erzieht sich das Kind selbst.
Die Selbstheilungskräfte des menschlichen Organismus sind die entscheidende Instanz bei der Gesundung. Und die entscheidende Instanz bei der Erziehung sind die Selbsterziehungskräfte.

Wir können also *viel* machen:

Die Selbstheilungskräfte des Menschen zu aktivieren und zu stärken ist die Aufgabe der Medizin und der Salutogenese.
Die Selbsterziehungskräfte des Kindes zu aktivieren und zu fördern ist zentrale Aufgabe der Waldorf-Pädagogik.

Ein exemplarischer Fall von vielen ist die Stärkung eines schwachen Gedächtnisses. Die Leistung des Gedächtnisses hängt u. a. ab von der Ich-Präsenz. Ein gutes Mittel ist deshalb – Steiner zufolge – die genaue, wache Beobachtung. Je bewusster und je genauer die Beobachtung, desto mehr ist das Ich beteiligt. Die Folge: Das Gedächtnis kräftigt sich. Nicht von heute auf Morgen, aber nach längerem Training mit erstaunlichem Effekt. Ein gutes Gedächtnis ist die Frucht einer guten Beobachtung. Und eine gute Beobachtung ist eine solche, bei der das Ich nicht wegträumt, sondern anwesend ist. Was man nur nebenbei sieht, vergisst man leichter als das, was man sorgfältig anschaut.

Noch stärker wird das Ich wirksam, wenn sich an die Beobachtung intensive, lebhafte Gefühle anschließen. Je intensiver die gefühlsmäßige Anteilnahme, die ein Kind an der Erzählung von Cäsar erlebt, desto größere Bedeutung hat das Aufgenommene. Was ein Kind kalt lässt, hat für es kaum einen Wert.[51] Als Lehrer muss man mit diesem Sachverhalt rechnen. Das eine Kind hört Beethovens Violinkonzert und ist davon so berührt, dass es unbedingt lernen will, Geige zu spielen. Ein anderes Kind hört die gleiche Musik, ohne dass sie eine starke Wirkung hinterlässt. Und genau das muss man akzeptieren. Die Tiefe eines Eindrucks lässt sich nicht erzwingen. Aber auf die Tiefe des Eindrucks kommt es an. Sie ist entscheidend für die Bedeutung, die das Wissen hat.

Was also entwickelt werden muss, ist vor allem ein lebhaftes *Interesse*. Aber die Interesse-Kraft ist in erheblichem Maße davon abhängig, wie „präsent" sich die Seele eines Menschen in seinem eigenen Körper fühlt. (Hier greifen in der Waldorfpädagogik die Methoden zur Harmonisierung der Konstitution und zur Entwicklung basaler Fähigkeiten ineinander.) Je umfänglicher, je lebendiger und je freier das Interesse, desto nachhaltiger das Lernen. Erzwungenes Interesse ist Pseudo-Interesse. Vor den Konsequenzen dieses Sachverhaltes schrickt man allerdings so sehr zurück, dass man sie ausblendet. Sie würden das übliche Lern-System sprengen. Denn auch wenn man es ungern zugibt: in den Hirnen von uns Lehrern und Eltern führt eine verquere Vorstellung immer noch ein Zombie-Dasein: Die „Schule" als Verpackungsstation und die Kinder sind die Pakete: In jedes Paket ist möglichst viel Wissen einzupacken. Ein „gutes" Paket ist ein gut gefülltes Paket. Prüfungen sind dann pädagogisches Weihnachten: Pakete auspacken. Und wie zu Weihnachten die geschenkten Socken meist die emotionale Sollbruchstelle markieren, zaubern in den Prüfungen die entpackten Wissens-Basics lauter verlegenes Dankbarkeits-Lächeln auf die Gesichter. Aber da „Wissen" abzupacken nicht mehr modern ist, packt man besser „Kompetenzen" ein und aus: Statt *Wissen* von der Französischen Revolution die *Kompetenz*, mit der Französischen Revolution angemessen umgehen zu können. – Für die zu bepackenden Pakete ändert das nicht viel: Die Kinder *müssen* etwas lernen. Tatsächlich aber entspricht es Ihrer Natur, etwas lernen zu *wollen*. Nur: nicht jeder will das gleiche lernen. Schliemann *wollte* über Troja lernen, er *wollte* Sprachen lernen. Man stelle sich vor, man hätte ihm das von außen abverlangt. Aber genau dieses genormte Abverlangen geschieht – in abgeschwächter Form – millionenfach durch das Schulsystem, das Ken Robinson kritisiert. Gesellschaftlich befördert wird es durch Bücher über das, was man angeblich alles wissen muss.

Die richtige Konsequenz aus dem Durchschauen eines falsch aufgezogenen Systems ist allerdings nicht eine Gleichgültigkeit gegenüber dem Wissen. Im Gegenteil: Man kann gar nicht genug wissen. Aber alles hängt davon ab, dass es „echtes" Wissen ist, entstanden aus echtem Interesse. Begeisterung ohne Wissen ist blind. Wissen ohne lebendige Begeisterung ist tot. Totes Wissen kann dauerhaft eine Seele ramponieren und tut das offensichtlich auch.

In der Pädagogik Steiners geht es vor diesem Hintergrund um ein Doppeltes: Toleranz gegenüber faktischen Interessen-Differenzen bei den Schülern. Aber gleichzeitige intensivste pädagogische Arbeit daran, die Interesse-Kapazität bei jedem Schüler grundsätzlich zu vergrößern und zwar in den drei grundlegenden Parametern: Interessen-Weite, Interessen-Tiefe, Interessen-Dauer.

Wie das?

Die Antworten, die Steiners Pädagogik gibt, sind vielfältig. Im Folgenden ein zentraler Punkt:

Jedes Kind *will* lernen, so wie es in früher Kindheit gehen lernen *wollte.* Der Impuls dazu kommt von innen. Aber der Impuls wird nur aktiviert, wenn das Kind solche Erwachsene um sich hat, die aufrecht gehen. Das Kind ahmt das aufrechte Gehen nach, weil es dies nachahmen *will.* Das Nachahmen ist die Ur-Form des Lernens. Als basale Form des Lernens bleibt es immer im Hintergrund bestehen, auch wenn weitere Formen des Lernens hinzutreten.

Wie tief das Prinzip des „Lernens durch Nachahmung" im Menschen verankert ist, wurde mit der Entdeckung der Spiegel-Neurone deutlich. Wenn wir einem anderen Menschen beim Sprechen zuhören, sprechen wir selbst unbewusst mit. Genauer: im Gehirn werden dieselben Nervenmodule aktiviert, die beim eigenen Sprechen aktiviert wären.[52]

Geschieht dieses „Mitsprechen" oder „Spiegeln" im Gehirn wiederholt, werden auch hier die entsprechenden Kanäle verstärkt.

Jede Mine, jede Geste, jede Bewegung der Erwachsenen wird vom kleinen Kind nicht nur wahrgenommen, sondern *nachgemacht,* wenn auch teilweise nur im Gehirn, aber im Laufe der Kindheit dann immer mehr auch in ausgeführten Bewegungen der Händchen und Beine, des Kopfes, der Sprachwerkzeuge usw..

Bei dem Erwachsenen drückt sich aber letztlich *jede* seiner seelischen Eigenschaften in seinen Bewegungen, seinen Gesten, seinem Tonfall und in seiner Mimik aus. Jedes Engagement und Interesse genauso wie jedes Desinteresse. Jede Einstellung zu seiner Arbeit genauso wie seine Grundeinstellungen zum Leben oder zu seinen Mitmenschen. Vom Kind wird all das unbewusst wahrgenommen und *nachgemacht*: In den Spiegel-Neuronen. Und auf diese Weise entstehen neuronale *Prägungen*. Diese Prägungen sind nicht endgültig oder absolut. Aber es handelt sich doch um Dispositionen.

Ein Kind, das nur Gesten des Desinteresses, des lustlosen oder erzwungenen Lernens in seiner Umgebung (bei Eltern oder Lehrern) wahrgenommen und imitiert hat, hat sein Gehirn anders geprägt als ein Kind, das Mimik, Gestik, Bewegung, Tonfall wahrnehmen und nachahmen konnte, die Ausdruck von feurigem Interesse waren. Steiner 1923:

„Namentlich das, was von den Eindrücken der Menschen der Umgebung kommt, ob wir uns langsam bewegen in der Umgebung des Kindes, und dadurch die Lässigkeit unseres Geistig-Seelischen offenbaren, ob wir uns stürmisch bewegen in der Umgebung des Kindes und dadurch die Wucht unseres eigenen Geistig-Seelischen offenbaren, das alles wird von dem Kinde fast mit derselben Intensität aufgenommen, mit der sonst die Eindrücke, die auf das Sinnesorgan wirken, von diesem Sinnesorgan aufgenommen werden (…) und ohne dass Überlegung dazwischentritt, kommen die Willensimpulse unmittelbar wie Reflexerscheinungen beim Kinde zutage.“ (GA 308, 8)

Vor diesem Hintergrund wird verständlich, wie wichtig es für Steiner war, dass die erwachsenen Erzieher sich vor allem eines klarmachen: Sie sind – gegenüber einem kleinen Kind genauso wie gegenüber einem Jugendlichen – erzieherisch wirksam vor allem durch das, was sie selbst vor dem Kind *tun*. Und dabei ist der Begriff des Ausdrucks „Was man vor dem Kind tut" viel weiter zu fassen: Dazu zählen nicht nur die deutlich sichtbaren Handlungen, sondern auch die feinen Mikro-Handlungen: Jede Geste, jeder Blick, jeder Tonfall. Das aber heißt: Der Erwachsene ist – ob er will oder nicht – allein schon durch das wirksam, was er *ist*. Er ist wirksam durch seinen Charakter, weil dieser sich in Mimik, Gestik und Tonfall ausdrückt.

Steiner verwies auf die Konsequenzen: Wer als Erwachsener eine Interesse-Schwäche bei sich identifiziert und daran arbeitet, richtet sich in diesem Punkt seelisch auf. Und genau dieser seelische „Aufrichte-Prozess" ist es, den das Kind oder der Jugendliche nachahmt. Der Erwachsene lebt dann dem Kind vor, was dessen eigenes Projekt ist: sich zu entwickeln. Der Pädagoge wirkt also – so Steiner – nicht nur durch das, was er sich bereits in der Vergangenheit erarbeitet hat, sondern er wirkt auch – und vor allem – durch das, was er sich aktuell neu erarbeitet. Er muss auf einer *seiner aktuellen* Stufe dem Kind vorleben, was dieses lernen soll. (GA 308,20) Aus diesem Grundprinzip werden einige Einrichtungen und Settings der Waldorfpädagogik verständlich. Das Klassenlehrer-Prinzip etwa und vor allem die wöchentlichen Lehrerkonferenzen. Eingerichtet wurden sie mit drei Hauptaufgaben:

• Woche für Woche sollten sich die Lehrer mit einzelnen Kindern befassen. Sie sollten gemeinsam nicht einfach die Leistungen der Schüler besprechen, sondern verstehen wollen, wie die einzelnen Kinder „ticken". Sie sollten die Konstitution der Kinder besser verstehen, um sie besser fördern zu können. Für die Lehrer ist das eine Interesse-Schulung sondergleichen.

• In gleicher Weise sollten sich die Lehrerinnen und Lehrer wöchentlich austauschen über die Konstitution der verschiedenen Klassen.

• Drittens sollten sich die Lehrerinnen und Lehrer austauschen über ihre pädagogischen und fachlichen Entdeckungen. So hielt es Steiner für außerordentlich wichtig, dass die damaligen Kolleginnen und Kollegen die Forschungsarbeiten, die etwa Kolisko, Baravalle und andere erbracht hatten, zur Kenntnis nahmen und kolloquial besprachen. Denn das bedeutete ein regelmäßiges und herzliches *interkollegiales Interesse-Training* auf dem Sachgebiet der Pädagogik und auf dem Gebiet der einzelnen Fächer. (GA 300 b, 44)

Fehlende Interesse-Kapazität bei den Schülern führte Steiner nicht ausschließlich, aber eben doch in erheblichem Ausmaß auf fehlendes Interesse der Erwachsenen gegenüber den Kindern und untereinander zurück. Man zeigt mit dem Finger auf die Kinder: „Die haben ja kaum Interesse." Aber man vergisst, dass gleichzeitig drei Finger auf einen selbst zeigen: „Wie sehr befasst ihr Lehrer euch gemeinschaftlich mit *uns* statt mit euch selbst? Wie sehr interessiert ihr euch für die Tiefendimension eurer Fächer? Wie sehr interessiert ihr euch für die Entdeckungen eurer Kollegen?"

Doch auch das Umgekehrte gilt: *wachsendes* Interesse (in seinen drei Dimensionen der Weite, Tiefe und Ausdauer) auf Seiten der Erwachsenen gegenüber den Kindern (und untereinander) wird von den Kindern nachgeahmt. Sie richten ihre Interessekraft auf an der sich aufrichtenden Interessekraft der Erwachsenen.

Wir können machen, was wir wollen, letztlich erzieht sich das Kind selbst:

Das Kind richtet *sich selbst* auf – am sich aufrichtenden Erwachsenen.

Das Kind erzieht sich selbst – am sich erziehenden Erwachsenen.

Wir können also *viel* machen:

Der Erwachsene erzieht zuerst sich selbst und *dadurch* das Kind.

„Aber lassen Sie sich das zum Schluss sagen: Wenn man in eine Schule hineingeht, die im Sinne dieser Erziehungskunst geführt wird, (…)

dann muss es so sein, als ob über der Türe, wo sich die Lehrer für ihre intimsten Beratungen versammeln, die immerdar mahnenden Worte ständen: „Alle Erziehungskunst soll sein für euch die Erstehung der Forderung eurer eigenen Selbsterziehung. Eure Selbsterziehung, ihr Lehrer, ist der Keim alles desjenigen, was ihr als Erzieher der Kinder wirken könnt. Ja, ihr werdet nichts anderes wirken für die Kinder, als was aus eurer Selbsterziehung hervorgeht.“ (GA 304 a, 145)

Der Philosoph Fichte (1762 – 1814) hätte kommentiert: Es handelt sich bei der Erziehungskunst Rudolf Steiners um eine „Pädagogik des Ich-Prinzips“. Genauer: des Ich-Du-Prinzips.

6. Hormonelle Veränderungen berücksichtigen

Die Erziehungskunst Rudolf Steiners nimmt bestimmte *Übergänge in der Entwicklung* der Kinder in den Blick, die mit gravierenden hormonellen Veränderungen zusammenhängen.

Beispiel 1: DHEA-Peak im Alter von 9-10 Jahren

Die Nebennierenrinde bewirkt in dieser Zeit eine verstärkte Ausschüttung des Hormons DHEA (De-hydro-epi-androsteron), ein Pro-Hormon von Testosteron und Östrogen.
Diese hormonellen Veränderungen haben erhebliche seelische Folgen:

„Da ist ein kleiner Abschnitt zwischen dem 9. und 10. Jahr, mehr gegen das 9. Jahr gelegen: Da kommt das Kind dazu, sich immer mehr von seiner Umgebung zu unterscheiden.“ (GA 306, 89)
„Da kommt der Zeitpunkt, wo das Kind meistens nicht, indem es spricht, sondern durch sein ganzes Verhalten zeigt: Es hat eine Frage

*oder eine Summe von Fragen, die eine innere Krisis des Lebens ver-
raten. Es ist ein außerordentlich zartes Erleben beim Kinde, und es
muss außerordentlich zart sein, wenn man es bei ihm bemerken will.
Aber da ist es und es muss beobachtet werden."* (GA 310, 73)

*„ Meistens drückt das Kind gar nicht dasjenige aus, was ihm auf der
Seele lastet, sondern etwas anderes. Man muss aber dann wissen,
dass das aus dem innersten Untergrunde der Seele kommt. Und da
muss man die rechte Antwort, das rechte Verhalten finden. Davon
hängt für das ganze Leben des betreffenden Menschen ungeheuer viel
ab."* (GA 311, 41)

Der Kinderarzt Dr. David Martin schildert die Situation eingehend:
„In dieser Zeit erfährt der Atemrhythmus des Kindes eine
Verlangsamung. Das kleine Kind vor dem 9. Lebensjahr atmet flach und oft. Es atmet schnell. Es ist überhaupt in gewis-
ser Weise schnell: es nimmt schnell Sinneseindrücke auf, lässt
sich leicht und freudig (ab-) lenken in seiner Aufmerksamkeit
und hat kein „inneres Widerlager", das es der äußeren Welt
entgegenstellen könnte. – Man vergleiche es nur einmal mit
einem alten Professor, gewohnt, viele Stunden am Tag in seinem Spezialgebiet zu leben.

Mit 9 – 10 Jahren erfährt die Atmung des Kindes eine Vertiefung. Der Atemrhythmus nähert sich in Bezug auf den Herz-
schlag einem Verhältnis von 1:4 an, dem Verhältnis, das der
Erwachsene im ruhenden Normalfall aufweist. „Es wird das
dem Menschen angemessene Verhältnis hergestellt zwischen
Puls- und Atemzügen" (GA 306, 110)

Gefühlswelt und Atmung aber hängen eng miteinander zusammen. Wenn das Kind um das 9./10. Jahr sich also stärker

als eigenständiges Wesen erfühlt, sich stärker von der Umgebung abgrenzt und sich als allein empfindet, wenn ihm zu dämmern beginnt: „Du bist ein Ich. Du hast dein Leben, das ganz allein dein Leben ist", dann ist das, wovon dieses Gefühl leise begleitet wird, ein tieferes, ruhigeres Atmen. Ein tieferes Aufnehmen der Welt nicht in der Sphäre des Hauptes durch die Sinneseindrücke, nicht in der Sphäre des Stoffes durch die Nahrung, sondern in der Sphäre der Mitte und der alles umgebenden, alles verbindenden Luft.

Dies also verbirgt sich organisch hinter der Entwicklung, bei der es dem Kind möglich wird, ein wenig hinter das zurückzutreten, was es gerade umgibt. „Damals war alles anders." „Ach, wären wir doch wieder in Dänemark." Eine unbestimmte Sehnsucht kann sich einstellen, die bei manchen Kindern eine Begleitstimme im Seelenleben wird.
Dieser Übergang ist ein zarter Übergang. Das Kind ist innerlich ein bisschen unruhiger als zuvor. Es tastet auch sein Umfeld ab: „Ist der Lehrer wirklich so sicher?" „Wäre Papa wirklich ein guter Bundeskanzler? Ist er immer gerecht?" „Ist die Mama wirklich so schön, wie der Papa sagt?" Begleitet wird hier das Erlebnis „Ich bin ich" von der latenten Frage: „ Und wer bist du?" Das Kindergartenkind hätte diese Fragen kaum. In der Regel nimmt es Eltern, Geschwister und Erzieher als so selbstverständlich, dass man sich manchmal wundert, wie sehr man zum Leben des Kindes einfach dazugehört. – Auf diesem übergroßen Vertrauen beruhen ja Charme und Zauber eines kleinen Kindes!
Aber noch etwas ändert sich für das Kind mit dem tiefer werdenden Atem. Es orientiert sich neu auf Rhythmisches hin, auf Musikalisches. Es horcht, es lauscht, es ist zu hören bereit. „Wenn wir sagen, dass das Kind bis zu seinem 7. Jahre ein innerer Plastiker ist, so ist es bis zum 14. Jahre, bis zur Geschlechtsreife, ein innerer Musiker." (GA 304, S. 195)

Was ist also zu tun von Lehrerseite? Wie kann man die Erschütterung begleiten, wie thematische, innere Motive schenken, die Zuversicht geben, wie sich so verhalten, dass sich Vertrauen neu begründen kann? Wie die „rechte Antwort", das „rechte Verhalten" finden?

Das horchende, lauschende Kind ist geneigt, aufzunehmen, was man ihm erzählt, was man ihm sagt. Es ist geneigt, das, was der Erwachsene sagt, wohlwollend aufzunehmen, ja, zu befolgen. Ein Erwachsener, der sich selbst im Leben auskennt, der etwas erlebt hat, der Situationen zu bewältigen weiß, der überdies vielleicht noch freundlich, liebevoll, aufgeschlossen und interessiert ist, kann vom Kind in diesem Alter wie „ein Tor zur Welt" (R. Steiner) erlebt werden. Das Kind sucht nach Menschen, die etwas wissen, die etwas können, deren Tun es als „gut" empfinden darf und ist geneigt, sich diesen „Autoritäten" anzuschließen. „Geliebte Autorität werden" heißt somit eine der Antworten Rudolf Steiners auf die Frage nach dem „rechten Verhalten".

Und die rechte Antwort? Welche Motive können dem Kind Hilfestellung sein? Für die dritte Klasse, die Klassenstufe, in der die meisten Kinder 9 Jahre alt werden, hat Steiner einen Fächerkanon vorgeschlagen, der in seiner Stimmigkeit kaum zu überbieten sein dürfte: Durch die großen Epochen über die Schöpfungsgeschichte, den Ackerbau, die Handwerker und den Hausbau erleben die Kinder ihre eigene Situation von außen. Aus dem Paradies auf die Erde geht es nicht nur für Adam und Eva, sondern auch für das Kind selbst. Und nun schließt sich eine Reihe von Schöpfungsprozessen an: Das Korn wächst, der Schmied schmiedet Hufeisen und Pflug, der Bäcker backt Brezeln, der Schuster näht Schuhe, die Maurer bauen das Haus. Das Kind kann einerseits erfahren, wie die Erde Arbeit bereit hält: „Im Schweiße deines Angesichts …". Es erlebt andererseits die große Freude beim Tätigwerden mit seinen eigenen Schöpferkräften. Es erlebt, wie gerade durch sie das Leben auf der Erde gelingen kann. „Davon hängt für das ganze Leben des betreffenden Menschen ungeheuer viel ab", sagt Rudolf Steiner. Wird das Kind auf seine eigenen Schaffenskräfte vertrauen können? Wird es eine natürliche Tatkraft entwickeln können? Wird es Freude am Tätigsein erleben? Oder wird es zaghaft, besorgt, ängstlich in der Welt stehen? Wird es sich selbst erst in späteren Jahren, soweit es dann noch möglich ist, zu Selbstvertrauen erziehen müssen?

In der vierten Klasse werden die letzten Kinder 9. Gehen wir davon aus, dass der beschriebene Übergang sich bis um das 10. Jahr fortsetzen kann, geht es auch in dieser Klassenstufe um die Begleitung des bewusster gewordenen Kindes. Die Bewegung „vom Himmel auf die Erde" wird fortgesetzt in der nun unterrichteten Heimatkunde. Was ist mein Ort? Wo stehe ich? Wie stehen wir zur Sonne? Was ist „Heimat"? Erste Geographie- und Geschichtsbilder tauchen als Erzählungen auf. Aber auch die Sprachlehre bietet Möglichkeiten zur weiteren Verankerung: Was war früher? Was wird sein? Was ist jetzt? Vergangenheit, Zukunft und Gegenwart: Die Zeiten werden behandelt. Raum und Zeit werden also mit dem Kind reflektiert.

Auch im Rechnen liegt im Stoff ein Spiegel des aus dem Inneren Bekannten: Wenn gegen Ende der 4. Klasse die „Brüche" eingeführt werden, wird ja das „Zerbrochene", der Bruchteil auf das Unzerbrochene, das Ganze bezogen: Eine halbe Pizza, eine halbe Stunde, ein halber Liter: Die alles umschließende Einheit wird aufgebrochen und erforscht.

Am schönsten kann man aber vielleicht in den Naturkundeepochen sehen, wie dem Kind eine Brücke gebaut wird. Als Beispiel hierzu diene ein Ausschnitt aus der Tierkunde: Teil dieser Epoche kann es sein, dass sich das Kind besinnt, was es vom Tier unterscheidet: Es muss in die Schule gehen und lernen, es kann vieles nicht so gut wie ein bestimmtes

Tier (z. B. klettern wie ein Affe), aber es hat Hände, die es vielseitig nutzen kann. Es kann sich erinnern, es kann sich etwas vornehmen, es kann bedenken, was es getan hat oder was es zu tun gilt. Andererseits wird aber auch geschaut, was uns mit den Tieren verbindet: wir können graben, aber nicht wie ein Maulwurf, wir können klettern, aber nicht wie ein Affe, wir können rennen, aber nicht wie ein Gepard. Man wird finden, wie beim Tier Spezialisierung, beim Menschen dagegen Nicht-Spezialisierung, Offenheit, Vielseitigkeit vorliegt. Der Mensch hat einen Kopf, aber nicht einseitig ausgebildet wie eine Krake, er hat einen Hals, aber nicht wie eine Giraffe, er hat Beine und kann springen, aber nicht wie ein Känguru. So erlebt das Kind sich verbunden mit der Tierwelt, aber nicht als weiteres Glied in ihr, sondern als eine Art Zusammenfassung. Den besonderen Stand des Menschen innerhalb der Schöpfung als einziges Wesen, dem es möglich ist, aus Verantwortung und Einsicht zu handeln, lernt es so kennen. Viele Epochen schließen sich in den folgenden Jahren an. Zum Teil begleiten sie noch den Übergang zwischen dem 9. und 10. Jahr, wie z. B. die Pflanzenkunde und das Bruchrechnen in der 5. Klasse, z. T. begleiten sie das Kind bei den dann in seiner Entwicklung anstehenden Schritten.

Wie der Lehrer im Einzelnen mit diesen Lehrplan-Vorschlägen umgeht, ist seine Aufgabe. Kann der Lehrer „durch eine besondere Liebeentfaltung (der) Tätigkeit, durch eine besondere Zusprache (…) in diesem Momente in ganz besonderer Weise an das Kind herantreten, (dann bringt er) das Kind über eine Klippe hinweg." (GA 307, 136 f.)

Beispiel 2: Testosteron- und Östrogen-Peak im Zuge der Pubertät

Im Normalfall wird die Pubertät bei Mädchen zwischen dem 10. und 18. Lebensjahr und bei Jungen zwischen dem 12. und 21. Lebensjahr durchlaufen. Die Hirnanhangdrüse sendet ein hormonelles Signal an den Körper, damit dieser in bestimmten Organen verstärkt Geschlechtshormone herstellt und in das Blut ausschüttet. Bei Jungen handelt es sich in erster Linie um Testosteron, bei Mädchen um Östrogen.

Was sich bereits während der Pro-Pubertät im Alter von 9-10 Jahren abgespielt hat, kommt nun zu einer Steigerung. Sowohl Eltern als auch Jugendliche berichten, dass sie sich einander nicht mehr so nahe fühlen. Die erheblich verstärkte Urteilsfähigkeit des Kindes führt dazu, dass das Handeln der Eltern in Frage gestellt und kritisiert wird. Sodann verändern sich auch die Rollen der Jugendlichen: sie wollen als Erwachsene behandelt werden und vor allem wollen sie jetzt über ihren Freizeitbereich selbst bestimmen. Wenn die Eltern eine Gegenposition einnehmen, oft weil sie ihre Kinder vor Schaden bewahren wollen, kommt es zu den bekannten Streitereien. Die sind dann mitunter heftig, aber oft auch nur oberflächlich und wenn die emotionalen Beziehungen zu den Erwachsenen vorher stabil und gesund waren, werden sie durch noch so wuchtigen Streit nicht gleich existentiell in Frage gestellt.

Wie früh und wie häufig Heranwachsende sich auf sexuelle Aktivitäten einlassen, ist mit verschiedenen Faktoren verbunden. Jugendliche haben durchschnittlich bei folgenden Faktoren früher Sex, vor allem wenn diese gekoppelt vorliegen:

- früh einsetzende Pubertät
- Scheidung der Eltern/alleinerziehende Elternteile
- wenig oder kein religiöses Engagement
- sexuell aktive Geschwister und Freunde
- schlechte Schulleistungen
- niedrige Bildungsziele
- Tendenz zu normwidrigem Verhalten

Das alles ist bekannt.[53] Umso bemerkenswerter ist, welche enorme Aufgabe Steiner der Pädagogik für diesen Entwicklungsabschnitt stellt – eine Art Gegenentwurf zu einer zu frühen Sexualisierung. Im demselben Zeitraum, in dem der junge Mensch geschlechtsreif wird, *könne er zum ersten Mal seine eigene, ewige Individualität erleben, die durch Geburt und Tod hindurch geht.* Eine große Chance, die nicht versäumt werden dürfe, weil sie einen Menschen durch sein ganzes Leben tragen könne.

Erstaunlich ist zudem, dass Steiner die Art und Weise, wodurch dieses Erlebnis herbeigeführt werden kann, „die schönste Art" nennt, in der man sich in seiner Identität finden könne:

„Die schönste Art, zunächst an die unsterbliche Menschenwesenheit heranzukommen, ist die, nun selber zu erfahren nach der Geschlechtsreife, wie dasjenige, was durch Nachahmung in Bildern sich in die Seele ergossen hat, jetzt der Seele selber sich emanzipiert in den Geist herauf, und zu fühlen, wie es übergeht aus dem zeitlichen Wirken in das ewige Wirken, das dann durch Geburt und Tod geht." (GA 309, 80)

Mit dem etwas rätselhaft klingenden Satz ist eine Umformung des Wissens gemeint. Bis zur Pubertät sollte das Kind die Lerninhalte möglichst nicht auf intellektuelle Weise aufnehmen, sondern in Bildern. Mit der Pubertät aber können die Bilder in klare Gedanken umgewandelt werden. Und im Zuge dieses Umwandlungsprozesses kann dann zum ersten Mal das Erleben der ewigen Individualität herbeigeführt werden, wenn dieser Prozess in der richtigen Weise verläuft und begleitet wird:

„Denn der Mensch muss möglichst so erzogen werden, dass das Intellektuelle, das mit der Geschlechtsreife erwacht, in der eigenen Menschenwesenheit seine Nahrung finden kann. Hat der Mensch

vorher, durch Nachahmung, auf Autorität hin, in der Bildhaftig-
keit einen innerlichen Reichtum aufgenommen, dann wird das, was
er so aufgenommen hat, sich intellektualistisch umwandeln lassen,
wenn er die Geschlechtsreife erlangt hat. Er wird immer davor ste-
hen, dasjenige jetzt zu denken, was er vorher gewollt und gefühlt
hat. Und dass dieses intellektualistische Denken ja nicht zu früh
eintritt, dafür ist eigentlich im Unterricht und in der Erziehung auf
das gründlichste zu sorgen. Denn der Mensch kommt nicht zu einem
Freiheitserlebnis, wenn man es ihm eintrichtern will, sondern nur
dadurch, dass es in ihm selber erwacht. Aber es darf nicht in seelischer
Armut erwachen. Wenn der Mensch nichts vorher durch Nachah-
mung und Nachbildung in sich aufgenommen hat, sodass es herauf
genommen werden kann in das Denken, dann will der Mensch im
geschlechtsreifen Alter im Denken sich entfalten, und die Folge davon
ist, dass er, wenn er nichts aufgenommen hat in Nachahmung und
Bild, (…) ins Leere greift mit dem Denken. Das gibt ihm Haltlo-
sigkeit. (…) Viele versuchen dann, das innere Freiheitserlebnis zu
betäuben." (GA 309, 80)

Aus dieser Perspektive gesehen trägt eine *zu frühe* intellektuelle Erziehung dazu bei, dass das von Steiner anvisierte geistige Individualitätserlebnis und damit ein echtes Freiheitserlebnis ausbleibt. Was das für eine Biographie bedeutet und
auch für eine Gesellschaft insgesamt, ist schwer zu ermessen.

Die Form, in der das Individualitätserlebnis auftritt, kann
sehr unterschiedlich sein und hängt von der Konstitution des
Schülers ab. Eine besonders eindrückliche Form erlebte ich
vor vielen Jahren, als mir ein 8.-Klässler von einem Erlebnis auf der Bühne während eines Klassenspiels berichtete.
Eine Dame, die während der Aufführung neben mir gesessen
hatte, sagte mir beim Herausgehen aus dem Saal: „Haben Sie
bemerkt, was passiert ist?" „Nein." „Was dieser Junge auf die
Bühne gebracht hat --- danach habe ich mein Leben lang als

Schauspielerin gesucht." Dieser irritierende Satz veranlasste mich, bei P., den ich erst in späteren Jahren unterrichtet habe, nachzufragen, und so erzählte er mir sein Erlebnis:

„Unser Lehrer hatte mit uns viel geübt nach einer Methode, die – wie er sagte – von Marie Steiner stammte. Ich hatte mich fast täglich damit beschäftigt. Dann kam die Aufführung. Bevor ich auf der Bühne meinen ersten Satz zu sagen hatte, spürte ich mich selbst plötzlich wie in einem Fahrstuhl. Ich konnte nach oben fahren und war dann wie über meinem Körper. Dort verstand ich und erlebte ich, wie alles in dem Theaterstück sein musste, wenn es perfekt sein sollte. Ich konnte dann mit dem Fahrstuhl wieder herunter fahren und alles genau so ausführen, wie ich es geistig erlebt hatte. Das war ein starkes Erlebnis. Ich erlebte mich als ein geistiges Wesen, das etwas Perfektes in den Körper herunter tragen konnte. Das habe ich dann ständig während der Aufführung gemacht."

Wie das geschilderte Erlebnis vorbereitet werden kann durch Erkenntnisse, die an die Stelle eines bildhaften Reichtums treten, davon berichtet das folgende Kapitel.

7. Die neue Funktion der Lerninhalte

In der Erziehungskunst Rudolf Steiners haben die Lerninhalte eine andere Funktion als in fast allen westlichen Schulsystemen. Es geht nicht um die Frage: „Wie kommt das Erwachsenen-Wissen in die Kindergehirne?", sondern um etwas anderes: „Wie können die Lerninhalte als ein Mittel zur seelischen und körperlichen Förderung der Entwicklung benutzt werden?"

Die antiken Griechen kannten den Begriff der „Katharsis". Aristoteles nennt sie eine Reinigung oder Heilung.[54] Die griechischen Ärzte setzten Tragödien und Komödien ursprünglich in ihren therapeutischen Zentren wie Epidauros ein, um beim Zuschauer starke seelische Wirkungen auszulösen. Dadurch sollte Heilung vorbereitet werden.

Steiner sah für die Zukunft eine noch weiter gehende Möglichkeit: Die Unterrichtsinhalte könnten – richtig eingesetzt – eine stärkende Wirkung sogar auf den Körper ausüben, nicht nur auf die Seele. Also: Nicht nur Katharsis, sondern Salutogenese.

Ein einziges Beispiel mag verdeutlichen, was grundsätzlich gemeint ist.

Vor etlichen Jahren erkundigte ich mich auf dem Pausenhof bei den Schülern meiner damaligen 10. Klasse, welches Fach sie gerade im Hauptunterricht hätten.
„Biologie", antworte Christina M..
„Und was nehmt ihr durch?"
„In den letzten Tagen haben wir das Herz besprochen."
„Was habt ihr gelernt?"
Christina erzählte und sie kam dabei immer mehr in Fahrt.
Die Schüler hatten gehört, dass im Embryonalzustand beim Fötus zuerst der Blutstrom da ist und sich dann erst das Herz bildet. Und dann war ihnen von einem aufregenden Experiment des polnischen Herzchirurgen Manteuffel-Szoege (1904 – 1973) berichtet worden. Manteuffel-Szoege hatte bei einer Reihe von Hunden das Herz durch Curare (ein alkaloides Gift) gelähmt, sodass es nicht mehr schlagen konnte. Dann wartete man. Etwa eine Viertelstunde später wurde Sauerstoff durch einen Tubus in die Luftröhre und in die Lungen eingeleitet. (Zu diesem Zeitpunkt war die Wiederbelebungszeit der inneren Organe noch nicht überschritten.) In den Lungen stieg der Sauerstoffgehalt des arteriellen Blutes auf 85 Prozent des Normalwertes. Und plötzlich setzte

die Blutzirkulation wieder ein – ohne dass das Herz schlug! Das Blut fing wieder an zu strömen, allerdings ohne den Blutdruck, der sonst vom Herzen bewirkt wird. Das Blut strömte zwar nur sehr langsam, aber „während der ganzen Versuchsdauer von 1 bis 2 Stunden war (…) eine mehr oder weniger deutliche Blutströmung festzustellen." (Manteuffel-Szoege, 1977[55]). Was war geschehen? Der Sauerstoffgehalt des Blutes führte dazu, dass die Organe, die unter einem erheblichen Sauerstoffmangel litten, das Blut mit seinem Sauerstoff *ansaugten*."

Christinas Augen leuchteten.

„Und?" fragte, ich, „was bedeutet das?"

„Es bedeutet, dass das Herz keine Pumpe ist. Das Herz nimmt den Druck wahr und reguliert ihn, aber es ist keine Pumpe. Das Blut fließt nicht durch Druck, sondern durch Sog. Es fließt, weil es gebraucht wird. Weil ein Bedarf nach Sauerstoff in den Organen ist."

Und dann erzählte Christina noch vom sogenannten „hydraulischen Widder", der die Funktion des Herzens viel besser wiedergebe als das Bild von einer Pumpe.

„Aber wissen Sie was?", fuhr sie fort. „Als ich verstanden hatte, dass das Herz keine Pumpe ist, da wurde mir unglaublich warm ums Herz. Ich spürte eine große Wärme im Herzen. Meine Hände wurden warm. Meine Füße wurden warm. Ich habe sonst oft kalte Füße und Hände. Aber auf einmal waren meine Hande und Fuße so richtig gut durchblutet."

Dann klingelte es zur nächsten Stunde und Christina ließ einen nachdenklichen Lehrer zurück.

Ja, dachte der, das ist es! Ein Unterricht, der durch seinen Inhalt dem Körper nicht Wärme entzieht, sondern zuführt. Eine Wissensvermittlung, die den Körper stärkt, statt ihn zu schwächen.

Heinrich von Kleist hat in seinem berühmter Aufsatz „Über

das Marionettentheater" auf eine Nuance des biblischen Paradieses-Mythos hingewiesen: Durch das Essen vom Baum der Erkenntnis, so Kleist, verlor die Menschheit nicht nur das Paradies, sondern insbesondere „den Baum des Lebens". Tatsächlich handelt es sich dabei um ein mythologisches Bild für eine biologische Wahrheit: Alles Erkennen und alles Wissen baut Lebenskräfte ab, am meisten im Gehirn und in den Nerven. In dem Erlebnis von Christina M. war es umgekehrt gewesen. Hier bewirkte die Erkenntnis eine *Kräftigung* des Lebens. Für Kleist war das eine romantische Utopie. Was Christina M. erlebt hatte, war eine Sternstunde. Aber es war ein Stern, der die Richtung für eine zukunftsfähige Pädagogik wies: *Alles* Wissen und Erkennen so einsetzen können, dass es die Lebensprozesse in den Schülern stärkt, aufbaut und nicht schwächt. Nicht nur den Blutkreislauf. Nicht nur den Wärmehaushalt. Auch die Atmung, die Verdauung, die Regenerationskraft.

Es gibt unter diesem Blickwinkel für die Pädagogik noch viel zu entdecken. Wie die Ärzte die Substanzen der Mineralien und die Prozesse der Pflanzen untersuchen, um ihre Heilwirkung zu erforschen, so ist der Zukunft der Pädagogen ein weites Feld eröffnet: Sie können erforschen, welche Wirkungen die „seelischen Substanzen" der Unterrichtsinhalte entfalten können. Eine Pionierarbeit par excellence.

B. Die elastische Stabilität der „Big 12"

Erläuterungen zu den Essentials der ersten Dimension
im Licht der Leitsterne des Gesamtprojektes

1. Das Klassenlehrerprinzip

Aller echte erzieherische Erfolg hängt ab von der Arbeit des Erwach-
senen an sich selbst. (Essential 5 der dritten Dimension)

1. Das Klassenlehrerprinzip schafft für diesen Sachverhalt
   ein Organ: Der Klassenlehrer muss sich Jahr für Jahr alle
   Unterrichtsstoffe neu erarbeiten. Er kann kaum je auf
   Routine zurückgreifen. Er ist ein ständig Lernender und
   er lebt dadurch den Kindern das Lernen vor. In den verschiedenen Wandlungsphasen (z. B. der Pubertät) muss
   auch er sich verwandeln und genau das ist erzieherisch
   wirksam und genau das ist gewollt.
2. Durch das Klassenlehrerprinzip wird eine dauerhafte Beziehung geschaffen. Eine stabile, verlässliche Beziehung
   wirkt gesundend bis in die Organe. Dieser Gesichtspunkt
   kann kaum hoch genug eingeschätzt werden. Steiner
   sprach vom „Zerflattern" der Beziehung, das zu vermeiden sei. (GA 300 b, 95)
3. Wenig bekannt: Der Klassenlehrer spricht in den Kindern
   immer wieder Zukünftiges an und er kann später darauf
   zurückgreifen. Er soll in höheren Klassen das in unteren
   Klassen Behandelte aufgreifen. Er kann auf das Bezug
   nehmen, was er gesagt hat, und er kann es weiterführen

und transformieren. In der Pädagogik Steiners handelt es sich um eine der wichtigsten Methoden zur Identitätsfindung und Willensausbildung. (GA 294, 89)

4. Der Klassenlehrer kann kein Spezialist sein, er muss ein „Allrounder" *werden*. Nicht Zersplitterung soll den Kindern vorgelebt werden, sondern Einheit. Nicht ein „Haben" soll ihnen in erster Linie vorgelebt werden, sondern ein „Sein". Und das im Menschen veranlagte „Sein" ist – so paradox es auch klingt – ein „Werden".

Grenzfälle

Wenn zwischen einem Kind oder seinen Eltern und dem Klassenlehrer die Chemie nicht stimmt, können 8 Jahre zu einer Last oder sogar Qual werden. Das sollte nicht passieren, kommt aber vor und jeder Fall ist ein Fall zu viel. In den vergangenen Jahrzehnten hat es immer wieder solche Fälle gegeben, aber sie sind alles in allem nicht die Regel, sondern die Ausnahme, die immer noch tragisch genug ist. Wenn aber die schlechte Chemie oder wenn charakterliche Defizite oder Schwächen der Lehrer die Regel wären und nicht die Ausnahme, wäre das Klassenlehrer-Prinzip längst vom Erdboden verschwunden. Und wenn die schlechte Chemie die Regel *würde*, dann müsste man das Klassenlehrer-Prinzip verabschieden. Insgesamt hat sich das Berechtigte des Prinzips tausendfach bewährt. (Siehe die Barz-Randoll-Studie.)

Der Klassenlehrer kommt zuweilen fachlich an seine Grenzen. Das führt in einigen Fällen für Eltern und Schüler zu einer Güterabwägung. Steiner war der Auffassung, dass jeder zum Lehrer geeignete Erwachsene sich die Lernstoffe bis zur 8. Jahrgangsstufe so aneignen könne, dass er sie bearbeiten und vermitteln kann. Genau darum ging es ihm in erster Linie: Um das aktuelle „selbst erarbeiten". Man brauche – so Steiner – bis zur 8. Klasse keine didaktischen Spezialisten. Zweitens ging er davon aus, dass ein Klassenlehrer in solchen Fächern, die ihm schwer fallen, die Hilfe und den Rat seiner Kollegen bekommt. (Siehe dazu Dimension 4, Essential 5). Einige Schulen haben hier exzellente Musterbeispiele der Zusammenarbeit geschaffen. Fehlt diese Zusammenarbeit, handelt es sich de facto um ein unvollständiges Klassenlehrerprinzip. Drittens ging Steiner davon aus, dass dem Klassenlehrer dafür genügend Zeit zur Vorbereitung gelassen wird. (Dimension 4, Essential 1) Wenn das jedoch nicht der Fall ist, gräbt man dem Klassenlehrerprinzip das Wasser ab und gefährdet es. De facto ist es bis heute die Regel, dass die Klassenlehrer begeistert und dankbar dafür waren und sind, was sie sich alles erarbeiten durften und genau diese Begeisterung ist pädagogisch wirksam.

Auf der anderen Seite hat es immer wieder Klassenlehrer gegeben, bei denen man in manchen Fächern fachlich ins Stirnrunzeln kam. Wenn aber die Situation insgesamt gesund war und die Kinder gerne in die Schule gingen und ihren Lehrer trotz allem mochten (manchmal mehr und manchmal deutlich weniger), dann schmunzelten oder meckerten sie darüber oder sahen liebevoll darüber hinweg, waren aber trotzdem prachtvolle Schüler. Vom üblichen System aus gedacht, bei dem es *primär* um Wissensvermittlung geht, werden hingegen fachliche Defizite schnell zum Problem. Zuweilen werden Klassenlehrer dann von Eltern gewaltig unter Druck gesetzt. Hier hilft nur Aufklärung über das, was die Waldorf-Pädagogik will und warum sie es will und warum sie manches nicht will. Unter Umständen trennen sich dann die Wege, ehe man auf beiden Seiten dauerhaft unglücklich ist.

Doch auch für die Waldorfpädagogik gilt: *Falls* ein Kind oder mehrere Kinder leiden und nicht mehr gerne zur Schule gehen, weil sie sich völlig unterfordert fühlen und – wie sie sagen – „nichts lernen", dann läuft etwas gründlich schief und man hat es mit einem gravierenden Problem zu tun. Und dann? „Love it, or leave it, or change it, or stand it." Mit anderen Worten: Entweder die Schule kann den Missstand abstellen oder man kann sich mit ihm arrangieren und ihn aushalten oder er ist beim besten Willen nicht mehr zum Aushalten und es bleibt den Eltern nichts anderes übrig, als ihr Kind von der Schule zu nehmen, manchmal blutenden Herzens, weil sie insgesamt die Waldorfschule *wollen*. An einigen Schulen funktioniert das Krisenmanagement in solchen Fällen ausgezeichnet, an anderen erweisen sich eine unnötige Schwerfälligkeit oder auch Intransparenz einer kollegialen Schulführung als Brandbeschleuniger.

Müssen es unbedingt 8 Jahre sein? 8 Jahre sind das Ideal, denn sie beinhalten, dass der Lehrer sich mehrfach *verwandeln* muss. Sie beinhalten weiter, dass auch die oben genannten Punkte 2 – 4 umgesetzt werden können. Ehe das scheitert oder zu totaler Überforderung führt, *kann* man davon Abstand nehmen. Begründung: Es macht keinen Sinn, von Menschen etwas zu verlangen, was sie in eine Zwangssituation bringt. Es gibt erfolgreiche Mittelstufenmodelle, wo solche Lehrer ab der 6. oder 7. Klasse eingesetzt werden, die für diese Altersstufe ein besonderes Händchen haben. Das ist besser als pädagogische Verkrampfung. Aber man zahlt immer auch einen Preis: Wer das Prinzip ernst nimmt, dass aller *echte* erzieherische Erfolg von der Arbeit des Lehrers an sich selbst und von *seinen* Verwandlungen abhängt, der wird wissen, dass ein Mittelstufenmodell nicht dem *Ideal* der Waldorf-Pädagogik entspricht, denn man gibt eine wichtige Verwandlungs-Herausforderung auf. Es handelt sich um einen Kompromiss. Das muss nichts Schlechtes sein. Im Gegenteil: Es ist zuweilen die *beste* Lösung angesichts der Umstände. Nicht korrekt wäre es nur, den Kompromiss als Ideal auszugeben. Und schade wäre es, wenn man das Ideal dadurch verhinderte.[56]

2. Unterricht in Epochen

- Der Unterricht sollte insgesamt möglichst rhythmisch und nicht zerstückelt ablaufen. Das Atmen sollte auf diese Weise unterstützt werden. Eine atemlose Hetze von einem Fach zum nächsten sollte vermieden werden. (Essential 2, Dimension 3)
- Steiner sprach von der „Mördergrube Stundenplan", bei der ein x-beliebiges Fach auf ein anderes folgen kann. Steiner wollte das vermeiden. Er wollte den Unterricht konzentrieren und er wollte verhindern, dass ein Eindruck sogleich den vorangegangenen auslöscht. Nicht die Fülle ist entscheidend, sondern die Qualität und die Tiefe. (Essential 7, Dimension 3)
- Von großer Wichtigkeit war sodann, dass das Aufgenommene im Schlaf verarbeitet werden und am nächsten Tag wieder aufgegriffen und vertieft werden kann. (Essential 2, Dimension 3)
- Wie der Mensch insgesamt den Schlaf und das Vergessen braucht, um leben zu können, so brauche auch das Wissen die Möglichkeit, absinken zu können, um wachsen und reifen zu können. Das Vergessen und wieder Erinnern (oft erst nach Monaten) ist also bewusst gewollt. (Feld 3, Dimension 2)
- Das Ideal war, dass pro Tag möglichst nur ein einziges Fach unterrichtet wird, das den Kopf anspricht. Danach sollten diejenigen Fächer

folgen, die das rhythmische System des Menschen adressieren (Musik, Rezitieren, das Sprechen in einer fremden Sprache etc.) und als drittes sollte der Bewegungsmensch angesprochen werden (Gymnastik, Eurythmie, handwerkliche Arbeiten). Auf jeden Fall sollte vermieden werden, dass nach einem Bewegungsunterricht wieder ein theoretisches Fach, das den Kopf anspricht, unterrichtet wird. Das ruiniere auf Dauer den Willen. (Ausführlich dargestellt in „Willenserziehung", Seite 64 ff.) (Feld 3, Dimension 2)

- Alle drei Fachrichtungen wertete Steiner als völlig gleichwertig. Die verschiedenen Bereiche seien sogar aufeinander angewiesen und könnten sich gegenseitig stützen. So spricht Steiner z. B. davon, dass der Gesang förderlich für den Geschichtsunterricht sei. (GA 302, 17)
- Das Ideal (nur 3 Fächer pro Tag) war und ist bis heute nicht umsetzbar unter den Rahmenbedingungen des von Ken Robinson kritisierten Schulsystems, das sich auf eine Fülle von Wissensstoff fokussiert, der verabreicht werden muss. (Essential 7, Dimension 3)
- Der Hauptunterricht heißt so, weil in ihm Fächer unterrichtet werden, die den Kopf ansprechen.
  Die im Englischen übliche Übersetzung „Main-Lessons" beruht auf einem Missverständnis. Es handelt sich nicht um die wichtigsten Fächer. „Head-Lessons" wäre sachlich angemessener. Sprachunterricht als Grammatik-Unterricht ist „Kopf-Unterricht". Sprachunterricht als lebendige Konversation oder in Form von kleinen Spielen, Liedern, Theaterstücken etc. in der Fremdsprache ist rhythmischer Unterricht.
- Fächer, die ein tägliches Üben benötigen wie das Üben auf einem Instrument nahm Steiner vom Epochenunterricht aus, obwohl auch eine Waldstein-Sonate wächst und sich entwickelt, wenn man sie einige Wochen ruhen lässt und dann wieder aufgreift.

3. Zwei Drittel künstlerischer und handwerklicher Unterricht

- Zu viele rein kognitive Fächer betreiben Raubbau an den Lebenskräften und können im Erwachsenenalter zu gesundheitlichen Beeinträchtigungen führen. (Essential 4, Dimension 3)

- Die einseitige Beanspruchung des Gehirns hielt Steiner für ungesund. (Siehe Essential 3, Dimension 3) Der ganze Mensch sollte gleichmäßig entwickelt werden. Die Fächer aus den verschiedenen Bereichen (kognitive Fächer, künstlerische Fächer, Bewegungsfächer) können sich gegenseitig stützen, sodass man mit sehr viel weniger Unterricht auskommen kann. Überfütterung führe zu Überdruss und ineffektivem Lernen. Frische Lebendigkeit erzeuge hingegen einen starken Drang nach Wissen und weiterer Vertiefung.
- Lebenspraktische Fächer verhindern Weltfremdheit und fördern ein geerdetes Denken, das sich nicht in theoretischen Gebilden verliert und den Lebensbezug verliert. (Feld 3, Dimension 2) Die philosophischen Ideen eines Menschen, der sich nicht selbst einen Schuh machen kann, waren Steiner etwas verdächtig. Wer hingegen als Oberstufenschüler einen 4-Takt-Motor komplett zerlegen, verstehen und wieder zusammenbauen und einen Tisch schreinern kann, in Beethovens Chorfantasie mitsingt oder ein Instrument beherrscht, der sei zumindest weniger einseitig und sein Denken sei weniger in Gefahr, theoretische Popanze aufzubauen, die nach viel klingen, aber aus heißer Luft bestehen.

Anmerkung: Die Waldorfschulen haben Beträchtliches geleistet mit ihrem Mut, einen hohen Anteil an künstlerischen und handwerklichen Fächern zu unterrichten. Sie haben demonstriert, dass genau das funktioniert, was Ken Robinson für die Schulsysteme der Welt einfordert. Auf der anderen Seite stehen die Waldorfschulen immer auch unter Druck, die Vorgaben des jeweiligen staatlichen Schulsystems zu erfüllen. Eine missliche Situation, die zuweilen dazu führt, dass der Anteil der künstlerischen und praktischen Fächer zurück geht und man sich dem öffentlichen System angleicht. In der Tat erfordert es eine besondere Ausbildung, wie man die positiven Effekte der künstlerischen und handwerklichen Fächer für die theoretischen Fächer so ausnutzen kann, dass man dort mit viel weniger Zeit auskommt und die staatlich vorgegebene Stofffülle bei den Prüfungen bewältigt.

4. Zwei Fremdsprachen bereits ab der ersten Klasse

- Dass die Fremdsprachen schon ab der ersten Klasse unterrichtet werden, gehört in der Pädagogik Steiners zu den Methoden der Denkerziehung und der Erziehung zur Sozialkompetenz. (Feld 3, Dimension 2) Ein Denken, das früh gelernt hat, sich in mehreren Sprachen auszudrücken, wird beweglicher für Nuancen und unabhängiger vom Medium einer einzigen Sprache.
- Unmittelbar nach dem Ersten Weltkrieg wurde das Erlernen der französischen Sprache in den Dienst der Völkerverständigung gestellt. Es war ein Mittel zur Überwindung von Nationalismus.
- Das Ideal war, eine Fremdsprache nicht intellektuell zu erlernen, sondern so wie ein mehrsprachig aufwachsendes Kind auf natürliche Weise verschiedene Sprachen erlernt.

5. Kein Sitzenbleiben und keine Noten

a) Keine Noten

- Noten spielen eine Rolle, wenn es um das Messen von Wissen geht. Wenn es hingegen darum geht, wer etwas wie tief aufgenommen hat, werden Noten absurd. (Essential 7, Dimension 3)
- Warum muss ein Schüler eine schlechte Note bekommen, weil er sich nicht für alles interessieren konnte? Schlechte Noten sind gar nicht so selten ein Zeugnis für den Lehrer, dem es nicht gelungen ist, die Interessekapazität oder die Denkfähigkeit eines Schülers zu vergrößern. (Feld 3, Dimension 2)
- Trotzdem geht es – auch ohne Noten – um Leistung und sogar um „Höchstleitung".

Anmerkung: Alle Argumente gegen das Notengeben sind mustergültig von Martin Wagenschein dargestellt worden.[57] In Deutschland sind übrigens die Abiturnoten abhängig vom Wohnort.[58]

b) Kein Sitzenbleiben

- Der Lehrplan ist abgestimmt auf die Ausreifung der verschiedenen Organsysteme. (Essential 4, Dimension 3) Sitzenbleiben würde das durchkreuzen.
- Das Unterrichten der verschiedenen Fächer hat eine andere Funktion als das Verabreichen von Wissen. (Essential 7, Dimension 3)

Anmerkung: Dass das Sitzenbleiben ineffektiv und teuer ist, wurde inzwischen von mehren Studien so eindrücklich belegt, dass verschiedene Bundesländer in Deutschland damit begonnen haben, es abzuschaffen.[59]

6. Ein spezieller Lehrplan

- Der Grundansatz besteht darin, den Lehrplan abzulesen aus den Entwicklungsschritten des Kindes, insbesondere aus dem Ausreifungszustand seiner körperlichen Organe und den damit zusammenhängenden seelischen Stadien. (Essential 3,4,7 der dritten Dimension)
- Es gibt Überschneidungen zu den staatlichen Lehrplänen. Sie hängen damit zusammen, dass die Waldorfpädagogik sich immer in einem vorgegebenen Kontext bewegen muss und diesen zu berücksichtigen hat.

7. Eurythmie

Die Einführung der Eurythmie als Unterrichtsfach hängt damit zusammen, dass körperliche Tätigkeiten sich seelisch und geistig auswirken. (Dimension 3, Essential 3)

„Es ist Eurythmie dadurch entstanden, dass – wenn ich den Goetheschen Ausdruck gebrauchen darf – durch sinnlich-übersinnliches Schauen die Bewegungstendenzen des Kehlkopfes, des Gaumens, der Lippen studiert sind, und dass nach dem Goetheschen Metamorphoseprinzip die Bewegung eines Organs übertragen ist auf den ganzen Menschen. Bei Goethe herrschte die Anschauung, dass die ganz Pflanze nur ein kompliziertes Blatt sei. Wir sagen: Alles das, was der

Mensch an Bewegungen nach seinem Willen vollziehen kann, ist ein Nachbil-
den dessen, was nicht die wirklichen Bewegungen, aber die Bewegungstendenzen
sind in den Sprachorganen, sodass immer der ganze Mensch zu einem lebendig
bewegten Kehlkopf wird. Das ist etwas, was ungeheuer selbstverständlich auf die
kindliche Natur wirkt; denn man muss nur bedenken, dass das Sprechen in Lau-
ten ein Lokalisieren der menschlichen Gesamttätigkeit ist. Es fließt zusammen in
dem Sprechen die Vorstellungstätigkeit und die Willenstätigkeit." (GA 301, 94)
Die Bewegungstendenzen, die die Sprachorgane beim Sprechen ausführen, werden vom ganzen Körper (vor allem mit den Armen) *vergrö-*
ßert ausgeführt, allerdings in einem gegenläufigen Zeitstrom. (Bei der
Produktion des Lautes „T" stößt die Zungen von hinten an die Zähne
und schnellt dann, sich öffnend weg. Die eurythmische Geste für das T
verläuft genau umgekehrt: Hier ist das Schießen der Arme (meist auf
dem Kopf) das zeitlich Letzte. Diesen gegenläufigen Zeitstrom nannte
Steiner den „Ätherstrom". Über seine Wirkung sagte er den damaligen
Lehrern:

„Sie können sich das an einem einfachen Beispiel klarmachen. Nehmen Sie den
Fall, das Kind eurythmisiert oder singt. Da ist der physische Leib des Kindes
selber in Betätigung, und dieser physische Leib und der Ätherleib, die in Betä-
tigung sind, drängen dem astralischen Leib und dem Ich dasjenige auf, was in
ihrer Tätigkeit liegt. Astralischer Leib und Ich müssen dasjenige mitmachen, was
Tätigkeit ist des physischen Leibes und des Ätherleibes. Das Weitere ist, dass sich
astralischer Leib und Ich eigentlich wehren gegen dieses Mitmachen, sie haben
eigentlich andere Kräfte in sich. Die müssen in einer gewissen Weise überwunden
werden. Sie wehren sich, sie müssen sich dem anbequemen, was ihnen da von au-
ßen beigebracht wird durch ihre eigene Leiblichkeit – beim Eurythmisieren mehr
durch den physischen Leib, beim Anhören von Instrumental- Musikalischem
durch den Ätherleib. Nun kommen Ich und astralischer Leib in die Welt, die der
Mensch zwischen dem Einschlafen und dem Aufwachen durchlebt; da vibriert al-
les dasjenige nach, was dem astralischen Leib und dem Ich aufgedrängt worden ist.
Da machen in der Weise, die eben vom astralischen Leib und Ich durchlebt wird,
also in einer viel ausgebreiteteren und vergeistigten Weise der astralische Leib und
das Ich nach, was sie da eurythmisiert und nachher musikalisch erlebt haben; sie
machen das alles nach. Was sie da erlebt haben zwischen Einschlafen und Aufwa-
chen, das bringen die Kinder am Morgen wiederum mit, wenn sie in die Schule
kommen; das haben sie in ihren physischen und ihren Ätherleib hineingetragen,
und wir haben damit zu rechnen."

Die pädagogischen Einsatzbereiche der Eurythmie sind vielfältig. In Steiners Erziehungskunst kann die Eurythmie u. a. eingesetzt werden als Erziehungsmittel zur Wahrhaftigkeit:

„Man kann zwar mit Worten lügen, und das bloße Sprechen bietet viele Anhaltspunkte, um die Kinder über das Lügen hinwegzubringen, man kann aber das Eurythmische in der richtigen Weise gerade bei einem solchen kindlichen Schaden wie dem Lügen, benützen. Dann macht sich das stark geltend, dass, wenn man die Worte ausströmen lässt in die körperlichen Bewegungen, man eurythmisch, sichtbar sprechend, nicht lügen kann. Es hört auf die Möglichkeit zu lügen, wenn man das Gefühl bekommt, was alles dabei ist, wenn man die Seelenäußerung offenbar werden lassen muss durch das, was in den ganzen Leib hinein geht. Daher wird man sehen, dass die Eigenschaft des menschlichen Willens, die ethisch von so großer Bedeutung ist, die Wahrhaftigkeit, sich besonders herausbilden kann aus dem richtigen eurythmischen Üben." (GA 304a, 57 f.)

8. Schularzt und Therapeuten

- Der Schularzt unterstützt die Lehrerinnen und Lehrer bei ihrer Arbeit, die körperlichen und seelischen Entwicklungsschritte der Kinder zu beobachten, zu verstehen und zu berücksichtigen.
  (Essential 3,4,6,7 der dritten Dimension sowie Feld 2, Dimension 2)
- Alles Lernen baut Lebensprozesse ab und ist insofern tatsächlich „krankmachend". Die Erziehung der Zukunft soll heilend sein. Dazu wurde die Kooperation mit Ärzten und Therapeuten eingesetzt.
- Zusammen mit den Therapeuten wird versucht, verschiedene körperlich bedingte Hemmnisse zu überwinden. (Feld 2, Dimension 2) Die allermeisten Lernschwierigkeiten haben körperliche Ursachen, die ein Arzt besser diagnostizieren kann als ein Pädagoge.
- Die Arbeit des Schularztes und der Therapeuten setzt eine gute, vertrauensvolle Zusammenarbeit mit den Eltern notwendig voraus. Sonst ist sie nicht oder nur sehr begrenzt durchführbar.

9. Architektur und Ambiente

Steiner knüpft an Goethe an: Farben und Formen haben eine psychologische (sinnlich-sittliche) Wirkung, zum Beispiel dadurch, dass die Gegenfarbe erzeugt wird.

Ähnliches gilt für die Architektur. Sie wird über die Sinne aufgenommen und wirkt dadurch bis in die Organe des Menschen hinein. Eine Architektur, die die verschiedenen statischen Kräfte zugleich in den Formen sichtbar macht, erzeugt eine Übereinstimmung von Sein und Schein. Das hätte – so Steiner –andere Auswirkungen auf die Kinder als eine Architektur, bei der Sein und Schein auseinander klaffen. (Essential 3, Dimension 3)

10. Feste und Feiern

- Die Feste in den Waldorfschulen sind zum Teil entstanden, um ein Mit-Erleben des Jahreslaufes zu intensivieren. (Siehe Dimension 4, Essential 7). Zum Teil sind sie spontan entstanden: Die Monatsfeiern wurden von den Lehrern der ersten Schule eingerichtet, weil damals das Ministerium angeordnet hatte, dass jeden ersten Montag im Monat schulfrei sein sollte. Die Lehrer fanden es zu schade, die Schule ausfallen zu lassen. Die Feiern wurden genutzt, damit die Schüler sich wechselseitig zeigen, was sie sich erarbeitet haben. Es handelt sich dabei um eine Methode zur Entwicklung von Sozialkompetenz. Die Schüler sollten lernen, sich wechselseitig wahrzunehmen. (Dimension 2, Feld 3) Es funktioniert nur, wenn es gezielt gewollt und vorbereitet wird.

- Eine „Wiederkehr" bestimmter Werke muss nicht automatisch schlecht sein. Es hängt davon ab, ob die Beiträge *frisch* sind. Eine „Waldstein-Sonate" kann auch nach 20 Malen noch frisch sein, wenn es dem Lehrer gelingt, die nachgewachsenen Schüler immer wieder neu für sie zu begeistern. Das gilt genauso für Gedichte und kleine Spiele. Wiederholung in Rhythmen ist nichts Schlechtes, im Gegenteil: Viele Oberstufenschüler freuen sich, wenn sie das, was sie vor Jahren selbst aufgeführt haben, wieder sehen dürfen. Diese Freude ist die seelisch gesunde Reaktion. Wenn eine Arbeit nicht frisch ist, spielt es keine Rolle, ob es sich um eine „Erstaufführung" handelt.

11. Elternarbeit

- Die Elternarbeit ist eingerichtet worden, um in einer Erziehungspartnerschaft zusammenarbeiten zu können. Das beinhaltet vor allem Austausch und Information. Vor allem über die Waldorfpädagogik ist zu informieren.
- Das freie Verabreden von Hausbesuchen hängt ursprünglich damit zusammen, dass die Lehrer sehen können, was die Kinder über die Eltern und Geschwister nachgeahmt haben. Unter Umständen kann man dann Einseitigkeiten etwas in der Schule ausgleichen. Voraussetzung ist, dass das mit den Eltern offen und einvernehmlich verabredet wird. Es geht darum, wahrzunehmen, was beim Kind von den Eltern kommt und was das Kind selbst mitbringt. Wenn ein Kind zum Beispiel übermäßig scheu ist, kann es sein, dass es diese Haltung von einem Elternteil nachgeahmt hat. Das ist etwas anderes als wenn die Scheuheit aus ihm selbst kommt oder das Ergebnis einer Traumatisierung ist. Die pädagogischen Konsequenzen sind jeweils andere.

12. Kollegiale Schulführung

Die kollegiale Schulführung ist – entgegen einer weit verbreiteten Auffassung – kein Dogma, sondern an Voraussetzungen geknüpft. Abgeleitet wurde sie ursprünglich aus Dimension 3, Essential 4: Entscheidend ist der Lehrer als Vorbild. Wenn man Kinder zu Verantwortung erziehen will, sollte der Lehrer ihnen volle Verantwortung vorleben. Wird das durch die kollegiale Schulführung konterkariert, verkehrt sich der Effekt in sein Gegenteil. Abgeleitet wurde die kollegiale Form zudem aus Dimension 4, Essential 5, also aus dem interkollegialen Bezug der Lehrer zur Hierarchie der Engel. (Siehe dort.)

*

Die Big 12 werden zuweilen überschätzt, nämlich dann, wenn man glaubt, sie seien die ganze Waldorfpädagogik. Die Big 12 werden zuweilen unterschätzt, nämlich dann, wenn man glaubt, es gäbe viel Bedeutungsvolleres. Sie zu erfinden und einzurichten war eine kühne geistige Leistung. Sie zu entfernen, ohne ihre Begründungen zu kennen, ist leicht. Ihren Quellcode zu verstehen und sie aus dem lebendigen Quellcode angemessen weiter zu entwickeln bleibt eine Herausforderung für die Zukunft. Die Big 12 sind nicht unantastbar. Im Sinne der Waldorf-Pädagogik kann man Settings immer dann sinnvoll verändern, wenn man aus guten Gründen die angestrebten Effekte mit anderen Mitteln besser erreichen kann. Mit anderen Worten: Will man einzelne Elemente verändern, sollte das mit Kenntnis der ursprünglichen Motive geschehen und nicht so, als ob man in das Cockpit einer 747 geht, nicht weiß, was all die Instrumente sollen, sie rausreißt und dann fliegen will.

C. Wer hat Angst vor lebendigem Geist?

Erläuterungen zum geistig-spirituellen Kern

1. Waldorfschule und Gesellschaft

Der Kulturauftrag der Waldorfschule

Am Ende des ersten Schuljahres fand am Samstag, den 24. Juli 1920 eine Abschlusskonferenz der Stuttgarter Lehrerinnen und Lehrer statt. Rudolf Steiner konnte anwesend sein und sprach zum Kollegium – anknüpfend an die Begründung der Schule – über die Kulturmission der Waldorfschule. Die Worte Steiners klingen hundert Jahre später für viele Ohren befremdlich, aber die Eindringlichkeit, mit der Steiner sprach, lässt noch heute erleben, in welchen Dimensionen Steiner dachte und wie ernst es ihm dabei war. Aus seiner Perspektive als spiritueller Meister sah Steiner eine bedrohliche Entwicklung für das menschliche Denken heraufziehen. Die Konsequenzen eines Denkens, das nur noch an das Gehirn gebunden ist, seien fatal, und die Waldorf-Pädagogik sei der Versuch, sich dem entgegenzustellen:

„Der Materialismus bewirkt, dass der Mensch ein Denkautomat wird, dass der Mensch ein Wesen wird, das als physisches Wesen denkt, fühlt und will. (…) Die Menschheit steht dadurch in der Gefahr (…) das Seelische-Geistige zu verlieren. (…) Wir leben in einer Zeit, in der die Menschen die Gefahr vor sich haben, durch den materialistischen Impuls die Seele zu verlieren. Dies ist eine ernste Sache.“ (GA 300 a, 164)

Hundert Jahre später wird deutlich, was Steiner gemeint hat, wenn er vom „Verlust der Seele" gesprochen hat. Man lese nach in dem Buch „Ego. Das Spiel des Lebens", von Frank Schirrmacher, dem 2014 verstorbenen Mitherausgeber der FAZ, und man erhält einen Einblick in die Realität des zum Denkautomaten werdenden Menschen, dessen eigener Geist verloren geht: Mehr als 70 Prozent des US-amerikanischen Börsenhandels werden inzwischen von Algorithmen gesteuert, die sich selbst optimieren und auf die ihre Erfinder keinen Einfluss mehr haben. Und nicht nur das. Auch unzählige wirtschaftliche und politische Entscheidungen werden längst von spieltheoretischen Algorithmen vorgegeben, denen sich Politiker kaum widersetzen können. „Die Märkte verlangen dies", heißt es dann im Politiker-Sprech. „Die Märkte" – das sind computergesteuerte Systeme, die im Millisekundenbereich mit Kursschwankungen arbeiten und die darüber entscheiden, was mit ganzen Volkswirtschaften passiert: gegen welche Währungen man spekuliert und auf welche man setzt. Die realen Auswirkungen auf Abermillionen von Menschen spielen dabei eine untergeordnete Rolle. Während eine Aktie ursprünglich jahrelang gehalten wurde, sind es heute durchschnittlich nur noch 13 Sekunden. Das heißt: Nicht der Mensch entscheidet. Sein Geist spielt bei diesen Prozessen kaum noch eine Rolle. Sein Geist geht – wie Steiner formulierte – verloren. Und das ist nur *ein* Beispiel. (Weitere Ausführungen in Teil 4, Kapitel 3.) Umso erstaunlicher ist, dass Rudolf Steiner bereits 1919 die Waldorfschule unter dieser Perspektive einrichtete. Sie solle eine Kultur ermöglichen, in der Seele und Geist des Menschen *nicht* verloren gehen. Aus diesem Grund „*sind solche Dinge entstanden wie die Didaktik und Pädagogik der Waldorfschule. (…) (Man könne noch vieles retten), wenn das, was wir hier an Waldorfschulgeist haben, weiter in der Welt verbreitet werden könnte.*" Dann folgt allerdings eine nachdrückliche Konsequenz: „*Wir müssen selbstverständlich die*

Waldorfschule behüten vor jedem Scheinwesen." (GA 300a, 165)
Gemeint ist, dass die Waldorfschule keine „Phrase" werden
dürfe, wenn sie ihrem Kulturauftrag wirklich gerecht werden
wolle. Sie müsse ihren eigenen Kulturauftrag ernst nehmen:

*„Es handelt sich darum, die ganze Pädagogik und die ganze Di-
daktik in ein elementares Gefühl zusammenzufassen, sodass Sie
gewissermaßen in Ihrer Seele die ganze Schwere und Wucht der
Aufgabe empfinden: Menschen hineinzustellen in diese Welt* (mit
ihrer Tendenz, den Intellekt ins Unermessliche zu steigern
durch eine Symbiose mit Maschinen und dadurch den *Geist*
des Menschen zu verlieren. V.W.) *Ohne das wird unsere Waldorfschule nur eine Phrase bleiben. Wir werden alles Schöne sagen
über die Waldorfschule, aber wir werden auf einem durchlöcherten
Boden stehen, bis solche Löcher so groß sein werden, dass wir gar
keinen Boden mehr haben, auf dem wir herumgehen können. Wir
müssen die Sache innerlich wahrmachen. (…) Für mich selbst wird
diese Waldorfschule ein wahrhaftiges Sorgenkind sein. Und ich werde
immer wieder und wiederum mit meinen Gedanken sorgend auf diese
Waldorfschule zurückkommen müssen.*" GA 302, 95)
Neben dieser übergeordneten Perspektive eines Kulturauftra-
ges der Waldorfschule gab es 1919 noch einen Zusammenhang
zwischen der Waldorfschule und dem gesellschaftspolitischen
Engagement Steiners, der sogenannten „Dreigliederungsbewegung". 1918 hatte Steiner sein Buch „Kernpunkte der
sozialen Frage" veröffentlicht. Es beschreibt, aus welchen
Gesichtspunkten heraus ein Groß-Organismus (im Unterschied zum Einzelorganismus) *gesund* gestaltet werden muss
und wie seine verschiedenen Organe auf gesunde Weise zusammenwirken können. Gesichtspunkte, die heute aktueller
sind denn je. Die Menschheit ist *ein* Groß-Organismus. Das
beginnt man erst seit 100 Jahren zu begreifen. Und wie es für
den Körper des Menschen nicht gesund ist, wenn einzelne
Organe hypertroph werden, während andere Organe mit

Sauerstoff unterversorgt sind und verkümmern, so rächt sich das auch im Großorganismus. Es hilft dem Körper wenig, wenn das Gehirn oder die Lunge ins Riesenhafte wachsen und die Leber oder der Darm funktional gestört sind. Ein nicht funktionierender Darm kann den gesamten Organismus ruinieren, dem seine große Lunge dann wenig nützt. Im Groß-Organismus „Menschheit" sind de facto riesige Bevölkerungsgruppen durch eine fehlgeleitete Weltwirtschaft systematisch unterversorgt. Ein *Gefühl* dafür zu bekommen, dass dadurch letztlich der *gesamte* Organismus leidet, hielt Steiner für eine der wichtigsten Zukunftsaufgaben. Man müsse lernen, den Schmerz, den ein Organ des Groß-Organismus „Menschheit" empfindet, als den eigenen Schmerz zu empfinden.

Neu war damals Steiners Ansatz, die Gesellschaft als Groß-*Organismus* zu begreifen. Neu war auch, dass dafür der Blick erst geschult werden muss. Er wird geschult durch ein gründliches Verständnis des menschlichen Einzelorganismus und des Zusammenwirkens seiner Organe. Man könne dann – so Steiner – zwar nicht die einzelnen Organe des Körpers eins-zu-eins auf einen Groß-Organismus übertragen, aber man erhalte insgesamt eine sachlich angemessenere Sichtweise. (Ein Beispiel findet sich in dem Exkurs über die Rolle des Geldes in der Waldorfschule.)

Die auf diese Weise entwickelten Ideen wurden im letzten Kriegsjahr 1918 in zahlreichen Vorträgen Steiners und seiner Mitarbeiter öffentlich vorgetragen und fanden in weiten Kreisen des Kulturlebens große Verbreitung. Es muss sich um eine gewaltige Aufbruchsstimmung und eine große Hoffnung gehandelt haben.[60] Bis in höchste politische Kreise hinein wurden Steiners Ideen diskutiert. Involviert war insbesondere der Prinz Max von Baden (1867 – 1929) (Max von Baden war von Oktober bis November 1918 der letzte

Reichskanzler des Deutschen Kaiserreiches.[61]) Steiner setzte einige Hoffnungen auf ihn. Als in der Regierungserklärung des Prinzen dann aber doch nichts über Dreigliederung gesagt wurde, war – so berichten es Zeugen – Steiner so erschüttert, wie sie ihn noch nie gesehen hatten. Steiner sah – insbesondere nach Versailles – die gesamte weitere Katastrophe voraus. Die sogenannte „Dreigliederungsbewegung" war gescheitert. Man kämpfte zwar noch heroisch weiter und gründete zum Beispiel wirtschaftliche Musterbetriebe und Assoziationen, aber im Grunde war der Kampf längst verloren. Steiner war Realist genug, um das zu sehen. Er stoppte schließlich alle weiteren Aktionen. Es würden mindestens hundert Jahre vergehen, so soll er gesagt haben, bis eine erneute Chance bestehe.[62]

Die erste Waldorfschule war ein letzter Rest der viel größeren „Dreigliederungsbewegung". Sie war im Grunde sogar nur ein Rest des Restes und ein Tropfen auf einen heißen Stein. In Steiners großem Gesamtwurf ging es um eine Neuorganisation des Wirtschaftslebens, des staatlichen Lebens und des Kulturlebens. Es ging vor allem um ein sachgemäßes Zusammenwirken der drei Groß-Organsysteme und darum, wie sie *nicht* zusammenwirken sollten. Unter anderem ging es darum, dass das Kulturleben und insbesondere das Bildungswesen in keiner Weise einer politischen und wirtschaftlichen Einflussnahme ausgesetzt sind. Als Gesamtwurf war das gescheitert. Das Schulwesen wurde in der Weimarer Republik genauso wie im Kaiserreich vom Staat organisiert. Und so ist es bis heute. Das prägt die Denkgewohnheiten so sehr, dass es außerordentlich schwer ist, sich von ihnen zu befreien. Ein Leser-Test kann das verdeutlichen. Im Folgenden werden vier Forderungen Steiners für ein wirklich „*freies* Bildungswesen" aufgelistet. Man kann sicher sein, dass heute eine große Mehrheit Steiners Forderungen absurd finden wird:

1. Rudolf Steiner forderte, dass die Verwaltung und Organisation aller Bildungseinrichtungen aus den Händen des Staates genommen wird und alle Bildungseinrichtungen sich selbst verwalten. Konsequenz: Keine Bildungsministerien mehr, keine Kultusminister mehr, keine Schulämter mehr, keine Schulgesetze mehr. Stattdessen nicht etwa Anarchie, sondern freie Selbstverwaltung aller Bildungseinrichtungen – intern und untereinander.
Das klingt für heutige Ohren völlig abwegig. Erst recht die nächste Forderung:

2. Rudolf Steiner forderte die Abschaffung der Schulpflicht.
Wirklich? Ja. Schulpflicht ist Zwang. Lernen aus Zwang ruiniert das Lernen. Etwas zu lernen, weil es der Lehrer hören will, ist eine Korrumpierung des Lernens. Und wenn der Lehrer etwas hören will, weil eine Prüfungsordnung das vorschreibt, ist es Korrumpierung in zweiter Potenz.
(Es bleibt der Forschung künftiger Jahrhunderte überlassen, die Schäden zu untersuchen, die durch diese widernatürliche Form des Lernens den einzelnen Menschen und der Gesellschaft als ganzer zugefügt wurden.)
Aber, so wurde schon 1918 eingewandt: was wird aus dem Lebensstandard unserer Gesellschaft, wenn Abertausende nicht zur Schule gehen, da sie nicht mehr per Schulpflicht gezwungen werden?
Antwort: Jedes Kind *will* lernen. Man muss ihm erst durch unsere Lernformen und vor allem durch unsere Forderungen, *was* das Kind alles lernen *muss*, das Lernen so verleiden, dass es zum Lernen gezwungen werden muss. Ein gesundes Bildungssystem kennt deshalb nicht eine Schul-Pflicht, sondern ein *Recht* der Kinder auf Schulbildung. Ein gesundes Bildungssystem findet die richtigen Formen für den natürlichen Lernwillen des Kindes, ohne dass man durch seelische Zwangsernährung die Lernsituation erst ruiniert, um dann zu ihr zwingen zu müssen. – Mit „Laissez faire" oder „Lernvermeidung" hat das bei Steiner nichts zu tun und erst recht nicht mit der weit verbreiteten Ansicht, dass alles immer „Spaß" machen müsse und harte Arbeit und Frustration zu vermeiden seien. Aber Steiners Überlegungen setzen ein gründliches Umdenken voraus und auch eine andere Lehrer-Ausbildung und noch weitaus mehr. Aus der Perspektive des bestehenden Systems ist die Abschaffung der Schulpflicht

undenkbar. Dieses System ist auf den Zwang und den Notendruck angewiesen. Es funktioniert nicht ohne Zwang so wie ein Elektromagnet nicht ohne Strom funktioniert. Stellte man den Zwang ab, bräche die Funktion ein.[63]

Indes, die nächste Forderung Steiners dürfte genauso großes Befremden auslösen:

3. Steiner forderte die Abschaffung des Sachverhaltes, dass der Staat darüber entscheidet, wer Lehrer sein darf und wer nicht.
Wenn nicht der Staat, wer dann?
Die Fachleute: Die Pädagogen.
(Wer erlebt hat, wie manche Quereinsteiger begeisternde Lehrer sein konnten und wie umgekehrt manche mit Abschlüssen hochdekorierte Lehrer pädagogisch völlig überfordert waren, der wird – wenigstens im Ansatz – verstehen, dass Steiners Forderung nicht völlig aus der Luft gegriffen war.)

4. Rudolf Steiner forderte die Abschaffung der Steuerfinanzierung für Lehrer und Erzieher.
War er verrückt geworden?
Nein. Im Gegenteil: Niemand sollte gezwungen werden, etwas zu bezahlen, das er persönlich gar nicht kennt. Steiner betrachte die Bezahlung der Lehrergehälter aus Steuergeldern als „Zwangsschenkungen". (GA 341, 176 und 181) Stattdessen: Schulen der Zivilgesellschaft, bei denen die Wirtschaft direkt (ohne staatliche Vermittlung und *ohne Einflussnahme auf die Schule*) für den angemessenen Lebensunterhalt der Lehrer sorgt, wie umgekehrt die Wirtschaft auf die Arbeit der Lehrer hochgradig angewiesen ist. Gegenüber der Abhängigkeit der freien Schulen von staatlichen Zuschüssen war Steiner äußerst skeptisch: Je höher die Zuschüsse, desto größer die Einflussnahme und desto geringer die Freiheit.[64]
Die Stuttgarter Schule wurde bis zu ihrer Schließung im „Hitler-Deutschland" durch Patenschaften und Spenden – in der Mehrzahl durch Außenstehende – finanziert.[65] Der Schulgründer Emil Molt gab große Teile seines Privatvermögens.

Nichts von den Forderungen eines „freien", das heißt *freien* Geisteslebens konnte 1919 *gesamtgesellschaftlich* umgesetzt werden. Was als Rest vom Rest blieb, war mit der „Waldorf-schule" eine Schule, der es erlaubt war, ihre pädagogischen Gesichtspunkte und Methoden selbst zu bestimmen. Doch auch das nur unter Einschränkungen: Steiner musste in den Verhandlungen mit dem Schulamt in den Kompromiss ein-willigen, dass alle drei Jahre die Kinder der Waldorfschule auf dem gleichen Leistungs- und Wissensstand sind wie die der staatlichen Schulen. (GA 307, 262)

Einige Lehrer der ersten Stuttgarter Schule waren aktive Mitstreiter im Kampf für die Dreigliederung gewesen. Sie kannten die Ideen der Dreigliederung gut. Sie kannten den Kulturauftrag der Waldorfschule und sie wussten, dass ein Be-wusstsein vom ursprünglichen Gesamtwurf aufrecht erhalten werden sollte, auch wenn man wenig machen konnte. Das führte dazu, dass sie einige Elemente in der Schule pionier-haft umsetzten. Dazu gehörten vor allem Versuche zur Ent-koppelung von Arbeit und Bezahlung. (Vgl. den Exkurs zum Geld in Teil 4 Kapitel 2.)

Steiner selbst war skeptisch, ob es auf Dauer möglich sein würde, einzelne Waldorfschulen zu betreiben in einem welt-weiten System, in dem das Schulwesen von staatlichen Ein-richtungen organisiert wird. Er hielt es für notwendig, sich weltweit für eine Trennung von Staat und Bildungswesen einzusetzen:

„Wenn diejenigen, die schwärmen für die Ideen der Waldorfschule, (…) nicht auch den Mut dazu bekommen, die Loslösung der Schule vom Staat anzustreben, dann ist die ganze Waldorfschulbewegung für die Katz, denn sie hat nur einen Sinn, wenn sie hineinwächst in ein freies Geistesleben." „Denn nicht darauf kann es ankommen, innerhalb des gegenwärtigen Systems Schulen zu gründen, indem (…) man einfach glaubt, den Kurs befolgen zu können, den ich

angegeben habe, sondern darauf kommt es an, dass man das Prinzip verfolgt auf diesem Gebiet: Freiheit im Geistesleben. Dann ist mit einer solchen Schule (wie der Stuttgarter Waldorfschule, V.W.) ein Anfang der Dreigliederung gemacht." (GA 337 b, 248)

Später hat sich Steiner in diesem Punkte in das Scheitern fügen müssen. Steiner brach die Dreigliederungsbewegung ab, nachdem er erkannt hatte, dass sie für lange Zeit keine realistische Chance haben würde. Aber er brach *nicht* die Waldorfschulbewegung ab, obwohl er sich anfangs drastisch genug ausgedrückt hatte: Waldorfschulbewegung ohne Befreiung des Bildungswesens vom Staat sei *„für die Katz"*. Nach dem Abbruch der Dreigliederungsbewegung hat Steiner vielmehr unermüdlich am Ausbau der noch jungen Pädagogik weiter gearbeitet und die Lehrerinnen und Lehrer in ihrer Arbeit unterstützt. Denn wenn man schon nicht am ganz großen Rad drehen konnte, so war es doch möglich, im kleinen Rahmen die neue Pädagogik zu erüben, auch wenn sie sich dauerhaft nicht durchsetzen, sondern ersticken würde. Völlig *„für die Katz"* konnte es also nicht sein. Der einzelne Lehrer und ein Kollegium hatten immerhin eine kleine Chance, etwas Neues zu lernen – in dem Maße, in welchem sie diese Chance nutzen wollten. Das war besser als gar nichts, aber es war weit weniger als was gewollt war. Statt die Welt zu umsegeln und ihr Bildungswesen zu befreien, hatte man „nur" einen neuen Kontinent der Pädagogik erreicht. Den zu erschließen blieb in bescheidenem Maße möglich.

2. Der zweite Lehrer im ersten

Die Waldorfpädagogik zeichnet sich durch eine Fülle von Methoden aus, die alle aus einer spirituellen Anthropologie entwickelt wurden. Sie bilden in ihrer Summe die zweite Dimension der Waldorfpädagogik. Darüber hinaus aber gibt es eine Zentral-Methode. Es ist die Methode, wie man neue Methoden erfindet. Alle anderen Methoden können angewendet werden wie Rezepte, auch wenn viele von ihnen aufwändig sind und sich nicht schnell erlernen lassen. Die Zentral-Methode zeigt demgegenüber etwas anders: Mit ihr zeigt Steiner der Lehrerin oder dem Lehrer, wie man vom Anwender von Methoden zum eigenständigen und individuellen Erfinder von Methoden wird. Wie ein Komponist neue Melodien erfindet, so kann auch ein Pädagoge neue und einzigartige Methoden erfinden. Dann wird er im Sinne Steiners zum Künstler auf pädagogischem Feld.

1920 erklärte Steiner den damaligen Stuttgarter Lehrerinnen und Lehrern, worin diese Zentral-Methode zur Erfindung neuer Methoden besteht: Die Pädagogen sollen sich – möglichst täglich – ein Motiv aus der Menschenkunde auswählen und sich gedanklich mit ihm beschäftigen. Die gedankliche Beschäftigung kann dann übergehen in ein „Erwärmen des menschenkundlichen Gedankens im Herzen". Und je länger das Bewusstsein auf einem im Herzen erwärmten menschenkundlichen Zusammenhang verweilt und in ihm lebt, desto mehr geht das *Nachdenken* über Menschenkunde in ein *Meditieren* von Menschenkunde über. Die Folge sei, dass man am Folgetag vor dem Unterricht oder sogar während des Unterrichts Ideen oder pädagogische Intuitionen bekommt, wie man diesem oder jenem Schüler besser helfen kann. Man finde – so Steiner – pädagogische Methoden *für den einzelnen Fall,* so wie einem Komponisten neue Melodien einfallen.

Steiners Ausführungen im Wortlaut:

„Die Betrachtungen, die eine geisteswissenschaftliche Pädagogik so anstellt, wie wir sie angestellt haben, gehen alle darauf aus, den

Menschen intimer kennenzulernen. Aber wenn Sie dann über diese Dinge meditierend nachdenken, so können Sie gar nicht anders als bewirken, dass diese Dinge in Ihnen weiterwirken. – Sehen Sie, wenn Sie zum Beispiel ein Butterbrot essen, so haben Sie es zunächst mit einem bewussten Vorgang zu tun; aber was dann weiter geschieht, wenn das Butterbrot den komplizierten Verdauungsprozess durchmacht, so ist das etwas, worauf Sie nicht viel wirken können; aber dieser Prozess geht vor sich, und Ihr allgemeines Leben hängt damit stark zusammen. Wenn Sie nun Menschenkunde studieren, wie wir es getan haben, so erleben Sie das zunächst bewusst; **meditieren** *Sie nachher darüber, so geht ein innerer geistig-seelischer Verdauungsprozess in Ihnen vor sich, und der macht Sie zum Erzieher und Unterrichter. Geradeso, wie Sie der Stoffwechsel zum sonst lebenden Menschen macht,* **so macht Sie dieses meditierende Verdauen einer wahren Menschenkunde zum Erzieher.** *Sie stehen eben einfach dem Kinde als Erzieher ganz anders gegenüber, wenn Sie das durchgemacht haben, was eben erst folgt aus einer wirklichen anthroposophischen Menschenkunde. Das, was wird aus uns, was in uns wirkt, wodurch wir Erzieher* **werden,** *das geht im meditierenden Erarbeiten einer solchen Menschenkunde vor sich. Und solche Betrachtungen (wie zum Beispiel zum Zusammenhang von Nervenprozess und Atmung; V.W.), wenn wir sie immer wieder und wieder in uns erwecken, wenn wir auch nur 5 Minuten am Tage darauf zurückkommen, sie bringen alles innere Seelenleben in Bewegung. Wir werden innerlich so gedanken- und empfindungsfruchtbare Menschen, dass alles nur so aus uns heraussprudelt. Abends meditieren Sie über Menschenkunde (zum Beispiel über die Menschenkunde des Atmens; V.W.), und morgens quillt Ihnen heraus: Ja, mit dem Hans Müller musst du jetzt dies oder jenes machen – oder: Bei diesem Mädchen fehlt es an dem und dem und so weiter. Kurz,* **Sie wissen, was Sie für den speziellen Fall anwenden müssen.** *(...)*

Wenn Sie einmal dafür Force bekommen haben, dann können Sie innerlich in drei Sekunden erarbeiten, was Sie dann in der Sprache oft, wenn Sie es auf die Erziehung anwenden, für einen ganzen Tag versorgt. (…)

*So können Sie jetzt durch ein solches meditierendes Sich-Hinein-leben in die anthroposophische Menschenkunde es dahin bringen, dass Sie, wenn Sie im 40. oder 45. Jahre sind, in fünf Minuten die ganze Umwandlung des inneren Menschen haben, die Sie für Ihren Unterricht brauchen, und die Sie dann im äußeren Leben **zu etwas ganz anderem macht,** als Sie früher gewesen sind. (…)*

(Der Lehrer) muss Menschenkunde aufnehmen, Menschenkunde verstehen durch Meditieren, an Menschenkunde sich erinnern: da wird das Erinnern lebendiges Leben. Es ist nicht bloß ein Erinnern wie sonst, sondern ein Erinnern, welches neue innere Impulse aus sich heraustreibt.

Da kommt die Erinnerung quellend aus dem geistigen Leben, und da überträgt sich in unser äußeres Arbeiten dasjenige, was als dritte Etappe kommt: Nach dem meditierenden Verstehen kommt das schaffende, das schöpferische Sich-Erinnern, das zugleich ein Auf-nehmen aus der geistigen Welt ist. So also haben wir: Zuerst ein Aufnehmen oder Wahrnehmen der Menschenkunde, dann ein Ver-stehen, dann ein meditierendes Verstehen dieser Menschenkunde, in-dem wir in uns immer mehr hineingehen, innerlich hineingehen, wo die Menschenkunde empfangen wird von unserem ganzen rhythmi-schen System, und dann haben wir ein Erinnern der Menschenkunde aus dem Geistigen heraus. Das heißt: aus dem Geiste heraus päd-agogisch schaffen, pädagogische Kunst werden." GA 302 a, 51 ff.)

Mehrere Punkte seien hervorgehoben:

1. Steiner unterscheidet vier Stufen des Umgangs mit der spirituellen Menschenkunde:

• Das Aufnehmen von Menschenkunde
• Die gedankliche Beschäftigung mit menschenkundlichen Themen

- Die meditative Versenkung in ein frei gewähltes menschenkundliches Thema
- Das „Herausprudeln" neuer pädagogischer Erfindungen für den Einzelfall

2. Es geht Steiner darum, dass die Lehrerin oder der Lehrer selbst *schöpferisch* werden und zwar *auf menschenkundlicher Basis*. (Tatsächlich kann man mit einiger Übung und Erfahrung auf diesem Gebiet recht genau unterscheiden, aus welcher Quelle pädagogische Einfälle stammen, nämlich ob sie aus Menschenkunde „geboren" wurden, oder ob sie aus persönlichen Vorlieben stammen, für die man anschließend eine menschenkundliche Rechtfertigung gefunden hat.)

3. Auch in einer großen Klasse geht es um das einzelne Kind. Die angegebene Zentral-methode gibt an, auf welche Weise man auch in einer großen Klasse dem einzelnen Kind gerecht werden kann. (Das ist kein Plädoyer für große Klassen, aber ein Hinweis auf das von Steiner gegebene Werkzeug, wie man mit großen Klassen zurecht kommt.)

4. Der Effekt, dass man *sehr* erfindungsreich auf dem Gebiet neuer Methoden für den individuellen Fall wird (dass die pädagogischen Ideen nur so „herausprudeln"), stellt sich erst nach ca. 7 Jahren des täglichen Übens ein. Die merkwürdige Altersangabe „wenn Sie im 40. oder 45. Jahr sind" bezog sich auf die damaligen Lehrerinnen und Lehrer. 1919 war das Durchschnittsalter des ersten Kollegiums 30,5 Jahre. Die Formulierung „wenn Sie im 40. oder 45. Jahr sind" hieß also für Herbert Hahn oder Karl Stockmeyer: „Wenn Sie das Meditieren von Menschenkunde etwa 7 Jahre lang geübt und durchgehalten haben, dann stellt sich der Effekt ein, dass Sie sich vor pädagogischen Ideen kaum noch retten können so wie Franz Schubert

sich vor neuen musikalischen Einfällen kaum zu retten wusste." (Tatsächlich zeigt die Erfahrung, dass die von Steiner gemeinte Erfindungsgabe viel früher eintritt, in der Regel schon nach wenigen Wochen, aber dann noch nicht in der gleichsam überschäumenden Fülle, von der Steiner spricht.)

5. Bemerkenswert sind die Formulierungen: „Das *macht* Sie zum Erzieher." Oder: „Dadurch *werden* Sie Erzieher." Selbstverständlich ist man bereits Erzieher, wenn man in einer Schule oder in einem Kindergarten oder Hort pädagogisch arbeitet. Gemeint ist aber: Dadurch werden Sie Erzieher in einem neuen und vertieften Sinn. Sie werden „Erzieher aus Menschenkunde". – Es gibt mithin *zwei* Lehrer in jedem Pädagogen: Einen „alten", bereits „mitgebrachten" und einen „neuen", der erst der Anlage nach vorhanden ist und den man erst entwickeln muss. Der „alte" Lehrer besteht aus den mitgebrachten Begabungen und Unbegabungen. (Pädagogische Begabung kann ein Segen sein, aber auch ein „süßes Gift", nämlich dann, wenn die Begabungen einen darin hindert, sich Neues zu erringen, weil man sich auf seine Begabungen verlassen kann. Umgekehrt kann mangelnde Begabung zwar eine Last sein, aber auch eine Chance, sich alles erarbeiten zu müssen.) Der „neue Lehrer", der *pädagogische Inspirationen aus Menschenkunde* gewinnt, ist erst als der Keim eines künftigen Lehrers vorhanden. Es ist der zweite Lehrer im ersten. In diesem Sinn kann man „Waldorflehrer" nicht *sein*, sondern nur *werden*. Man kann Lehrer *an* einer Waldorfschule sein. Waldorflehrer im Steinerschen Sinn kann man nur werden, wenn man den skizzierten Weg einschlägt.[66]

6. Bei dem skizzierten Prozess handelt es sich um eine Anwendung dessen, was Steiner bereits in seinem philosophischen Hauptwerk „Philosophie der Freiheit" ausgeführt

hat. Dort schrieb Steiner, wie sich an jede „Erkenntnis-Intuition" eine sogenannte „moralische Intuition", näm-lich eine Handlungs-Intuition, anschließend kann. Die „pädagogischen Intuitionen" sind eine Variante oder ein Anwendungsbeispiel der „moralischen Intuitionen" der „Philosophie der Freiheit". (GA 4, 158) Wer zum Beispiel menschenkundlich verstanden hat, warum es ein Schü-ler mit bestimmten Aufgaben ungewöhnlich schwer hat („Erkenntnis-Intuition"), der kann daran anschließend auf eine Idee kommen, wie er diesem Kind helfen kann und durch welche Maßnahmen es möglich wird. („Hand-lungs-Intuition"). Steiner zeigte, auf welchem Weg dies möglich ist. –

Im Hinblick auf viele Komponisten von Vivaldi bis John Lennon kann man die Frage haben, woher sie die Über-fülle musikalischer Einfälle hatten. Steiner zeigte, wie man auf dem Gebiet der Pädagogik eine entsprechende Begabung langsam aufbauen kann. Er zeigte einen neuen Weg zum „Inspiriert-sein" – auch für diejenigen, die we-nig pädagogische Begabung mitbringen.

7. Wer nach pädagogischen Ideen oder Inspirationen sucht, wie er diesen oder jenen Schüler (oder eine Klasse) unter-stützen kann, der wird gewissermaßen zu einem „Bettler um Geist", genauer: zu einem Bettler um pädagogisch fruchtbare Ideen für den konkreten Fall. Zu den schöns-ten Erfahrungen des Lehrerberufs gehört es, mit Kolle-ginnen und Kollegen zusammenarbeiten zu dürfen, die in der gleichen Weise „Bettler um pädagogischen Geist" sind. Wenn man nämlich erlebt, wie ein Kollege oder eine Kollegin völlig andere Ideen gefunden hat, die man selbst nie hätte finden können, dann ist das eine Freude, die mit nichts zu vergleichen ist. Man erlebt, dass die pädagogi-sche Idee des anderen aus derselben menschenkundlichen Inspirationsquelle kommt, aber durch eine andere Persön-

lichkeit auf eine Weise individualisiert wurde, in der man
es selbst nicht gekonnt hätte. Man erlebt damit zweierlei
zugleich: die Freude an der gemeinsamen Verbundenheit
und die Liebe zur Unterschiedlichkeit. Es klingt altmo-
disch, trifft es aber ganz gut: Man erlebt Seligkeit darin,
Mit-Bettler um pädagogischen Geist gefunden zu haben,
die völlig anders sind als man selbst.

8. Bei dem geschilderten Projekt befindet man sich im Zentrum der Waldorf-Pädagogik. Ihre geistige DNA besteht
in der Erfindung neuer Methoden aus Menschenkunde.
In diesem Sinne gilt, was in der Einleitung nur als plakatives Schlagwort formuliert werden konnte: Die Praxis
einer Waldorf-Pädagogik, die nicht zu neuen Erfindungen
aus Menschenkunde führt, ist noch nicht zum Kern dieser
Pädagogik vorgedrungen.

3. Das Verhältnis zur Anthroposophie

Am Anfang war es eine Selbstverständlichkeit: Waldorfpädagogik war *anthroposophische* Pädagogik.
Rudolf Steiner gebrauchte die Ausdrücke: „Waldorfpädagogik"
und „Anthroposophische Pädagogik" synonym. Der Grund:
Die Waldorfpädagogik ging aus der Anthroposophie hervor.
Keine Selbstverständlichkeit ist hingegen ein angemessenes
Verständnis von dem, was Anthroposophie ist. Es gibt darüber ungezählte Meinungen. Statt ihnen eine weitere Sichtweise hinzuzufügen, kommt im Anhang Rudolf Steiner
selbst zu Wort. Völlig unabhängig von allen Meinungen, was
denn nun Anthroposophie sei, war die Waldorfpädagogik
ein Anwendungsgebiet der Anthroposophie. Darüber hinaus
war Rudolf Steiner nicht nur der Begründer der Waldorfpädagogik, er war auch zugleich der Leiter der ersten Schule:

Er entwarf sämtliche Essentials und stellte seine Mitarbeiter ein oder entließ sie. Und so empfanden sich auch die ersten Lehrer: Als Mitarbeiter Rudolf Steiners. So sehr Steiner ihre pädagogische Selbstständigkeit forderte und förderte und auf Weiterentwicklung der Waldorfpädagogik durch seine Mitarbeiter bedacht war, so sehr achte Steiner doch darauf, dass alle neuen Erfindungen der einzelnen Lehrer im Sinne des Ganzen waren und nicht gegen den Geist der neuen Pädagogik verstießen. Genauso wenig ein Bio- oder Demeter-Landwirt es zulassen könnte, dass in seinem Betrieb Insektizide eingesetzt werden, die den Bio- oder Demeter-Richtlinien widersprechen, genauso wenig konnte Steiner es zulassen, dass in der Waldorfschule ohne Not pädagogische Mittel eingesetzt wurden, die den Richtlinien der Waldorfpädagogik widersprachen. Kam es trotzdem vor, so griff Steiner als Schulleiter mit deutlichen Worten ein. Er tat das aus der gleichen inneren Verpflichtung der Sache gegenüber, mit der ein verantwortlicher Demeter-Landwirt eingreifen müsste, wenn ein Mitarbeiter unerlaubte Düngemittel einsetzen würde. Die persönliche Freiheit des Mitarbeiters lag für Steiner deshalb nicht in einem „Anything goes", sondern sie lag in der Entscheidung des Mitarbeiters, ob er an dem Projekt der neuen Pädagogik lernend teilnehmen wollte oder nicht. *Wenn* man sich dafür entschieden hatte, betrachtete er es als widersinnig, seine Forderungen als Eingriffe in die persönliche Freiheit zu werten.

So klar die geschilderten Sachverhalte in den Gründerjahren der ersten Waldorfschule lagen, so wurde trotzdem bereits damals die Frage aufgeworfen: „Muss man für die Waldorfpädagogik Anthroposoph sein?" Steiners Antwort war konsequent: „Wir müssen auch innerlich, dem Gemüte nach, tatsächlich Anthroposophen sein im tiefsten Sinne des Wortes als Waldorflehrer." (GA 300a, 167)

Eine bemerkenswerte Formulierung, denn Steiner sagte nicht: Man müsse die gesamte Anthroposophie als Lehrinhalt auswendig im Kopf haben. Genauso wenig sagte er, man müsse sie als Glaubensinhalt in allen ihren Elementen unterschreiben. Derartige Entstellungen waren Steiner zuwider und er verwahrte sich wiederholt gegen sie. Steiner verstand unter der Anthroposophie eine „gründlichere Wissenschaft".[67] Auf dem Gebiet der Pädagogik bedeutete das für ihn, dass man viel gründlicher als gewöhnlich die Natur des Kindes verstehen müsse, um adäquate pädagogische Leitlinien zu gewinnen.

Versteht man unter „Waldorfpädagogik" vornehmlich die „Big 12" (die Essentials der ersten Dimension), so ist es eine triviale Selbstverständlichkeit, dass man die Essentials der ersten Dimension anwenden kann ohne jeden Bezug zur Anthroposophie. Falls im öffentlichen Schulsystem flächendeckend das „Sitzenbleiben" abgeschafft würde oder falls das Unterrichten in Epochen eingeführt würde oder falls der Anteil künstlerisch-handwerklicher Fächer drastisch erhöht würde, benötigt man dazu keine Anthroposophie, genauso wenig wie für den Lehrplan, den man dann anwenden kann wie ein Kochrezept: In der Tierkunde in Klasse 4 Tintenfisch, Maus und Kuh, in der Geschichte der 10. Klasse Frühgeschichte. Einige der „Big-12- Settings" werden längst an öffentlichen Schulen praktiziert. Aber auch umgekehrt: Einige Waldorfschulen haben sich längst von dem einen oder anderen Essential der ersten Dimension verabschiedet.

Anders wird das im Hinblick auf die Essentials der *zweiten* Kategorie, nämlich die *Methoden*. Kann man die Methoden abkoppeln von der Anthroposophie? Es ist möglich, aber es wird heikel. Beispiel „Willenserziehung". Steiner hat mehr als 50 Angaben zur Willenserziehung gemacht, aus denen man 8 bis 10 methodische Leitlinien für dieses Gebiet ableiten kann. Eine der wichtigsten Methoden der Willenserziehung besteht darin, gerade den willensschwachen Kindern mit viel bewusst aufgebrachter, aktiver Sympathie zu begegnen. – Selbstverständlich kann man diese Leitlinie auch ohne Anthroposophie verfolgen. Nur: wenn man das tut, mit welcher Begründung? Weil man die Methode intuitiv ansprechend findet?

Die entscheidende Frage ist, ob man eine Methode anwendet, ohne ihre Begründung zu kennen. Tatsächlich aber kommt die Begründung der benannten Methode ausschließlich aus einer anthroposophischen Erforschung der tieferen Natur des Willens.

Noch größer wird der Widerspruch auf dem Gebiet derjenigen Methoden, in denen es um einen Ausgleich auffälliger Einseitigkeiten bei einzelnen Kindern geht (wie zum Beispiel Gedächtnisarmut oder überbordende Fantasie oder mangelnde Konzentrationsfähigkeit). Die anthroposophische Pädagogik stellt hier eine Fülle von Hilfsmitteln zur Verfügung. Aber alle diese Hilfsmittel stammen aus einer anthroposophischen Erforschung der Natur des Kindes. Sie anzuwenden, ohne ihre Begründung zu kennen und für berechtigt zu halten, ist zumindest heikel.[68]

Wenn also die waldorfpädagogischen *Methoden* zur Waldorfpädagogik dazugehören, dann wird die Frage, ob man die Waldorfpädagogik von der Anthroposophie abkoppeln kann, schwieriger als man ahnt. Reduziert man „Waldorfpädagogik" auf die Anwendung des Lehrplans und auf weitere *Settings*, dann ist Waldorfpädagogik ohne Anthroposophie möglich. Man operiert dann allerdings mit einem restringierten Bild von „Waldorfpädagogik" und könnte von einer „Waldorfpädagogik der ersten Dimension" sprechen. Zählen hingegen auch die pädagogischen Methoden sowie die Essentials der dritten Dimension (die menschenkundlichen Motive) zur Waldorfpädagogik hinzu, dann ist ein Abkoppeln von der Anthroposophie kaum möglich.

„Waldorfpädagogik" als Gesamtkonzept in allen Dimensionen ist ohne die Anthroposophie ein Widerspruch in sich. Und doch muss man auch hier differenzieren.

Polarität und Steigerung in einem heterogenen Kollegium

Historisch verhielt es sich so, dass die Waldorfpädagogik gerade die Fruchtbarkeit der Anthroposophie unter Beweis stellen sollte. Am Schluss des Begründungskurses von 1919 sagte Steiner: „Diese Waldorfschule muss gelingen! Dass sie gelinge, davon wird viel abhängen! Mit ihrem Gelingen wird für manches in der Geistesentwickelung, das wir vertreten müssen, eine Art Beweis erbracht sein." (GA 294, 195)

Steiners Haltung war hier von der denkbar stärksten Authentizität: Den Mitgliedern der anthroposophischen Gesellschaft sagte er 1924, dass es verlogen wäre, wenn man anthroposophische Impulse (Steiner nennt stellvertretend die anthroposophische Medizin) in die Kultur hineinbrächte, aber dabei Anthroposophie im Hintergrund halten würde, sodass die Menschen erst die Waldorfpädagogik kennenlernten würden, von ihr dann – vielleicht – positiv angetan wären, und man ihnen erst dann erklären würde, dass hinter der Waldorfpädagogik die Anthroposophie stünde. Steiner wörtlich: „Wir müssen den Mut haben, solch ein Vorgehen verlogen zu finden." (GA 233, 156 f.)

Andererseits: So eindeutig der sachliche Zusammenhang von Anthroposophie und Waldorfpädagogik auch ist, so anders stellt sich die Frage im einzelnen konkreten Lebenszusammenhang:

1924 veröffentlichte Steiner einmal wöchentlich „Leitsätze" zur Anthroposophie – eine Zusammenfassung der Anthroposophie auf engstem Raum. Gleich im ersten Abschnitt formulierte er einen entscheidenden Sachverhalt:

„Anthroposophie tritt im Menschen als Herzens- und Gefühlsbedürfnis auf. Sie muss ihre Rechtfertigung dadurch finden, dass sie diesem Bedürfnisse Befriedigung gewähren kann. Anerkennen kann Anthroposophie nur derjenige, der in ihr findet, was er aus seinem Gemüte heraus suchen muss. Anthroposophen können daher nur Menschen sein, die gewisse Fragen über das Wesen des Menschen und die Welt so als Lebensnotwendigkeiten empfinden, wie man Hunger und Durst empfindet." (GA 26, 14)

Ein erstaunlicher Satz: Zutiefst *anerkannt* wird Anthroposophie nur, wenn sie ein seelisches Bedürfnis befriedigt. Und umgekehrt: Wer in gar keiner Weise bestimmte Fragen nach dem Wesen des Menschen und der Welt hat, der kann mit der Anthroposophie nichts anfangen.

Im Kern kann man die Steinerschen Sätze durchaus auf die Waldorfpädagogik ummünzen:

„Waldorfpädagogik tritt im Menschen als Herzens- und Gefühlsbedürfnis auf. Sie muss ihre Rechtfertigung dadurch finden, dass sie diesem Bedürfnis Befriedigung gewähren kann. In allen fünf Dimensionen anerkennen kann Waldorfpädagogik nur derjenige, der in ihr findet, was er aus seinem Gemüte heraus suchen muss. Waldorflehrer (im Sinne aller fünf Dimensionen) können daher nur Menschen Schritt für Schritt werden, die im Lauf der Zeit gewisse Fragen über die Entwicklung des Kindes so als Lebensnotwendigkeiten empfinden, wie man Hunger und Durst empfindet."

Vor diesem Hintergrund gab es bereits seit der Gründung weiterer Schulen in den Jahren von 1922 bis 1924 zwei Gruppen von Lehrern: solche, die dieses Bedürfnis von Anfang an hatten und die eine Art „Resonanzphänomen" in der eigenen Seele erlebten: „Ja, die Waldorfpädagogik ist genau das, was ich in den Tiefen meiner Seele gesucht habe". Und auf der anderen Seite gab es diejenigen Lehrerinnen und Lehrer, für die dieses Resonanzphänomen nicht sogleich vorlag. *Beide* Gruppen waren von Beginn an aufeinander angewiesen. Mehr noch: Die Waldorfschulbewegung war essentiell auf das Zusammenwirken dieser beiden Gruppen ausgerichtet und je stärker sich die Waldorfbewegung ausweitete, desto mehr ging es um das Gelingen dieses Zusammenwirkens.

Gelingen konnte dies immer dann, wenn es eine tiefe wechselseitige Anerkennung gab: Die „Resonanzler" mussten die „Neuen" anerkennen und wertschätzen und umgekehrt. Wenn hingegen die gegenseitige Wertschätzung nicht als Basis vorhanden war, war der Prozess des Zusammenwirkens gefährdet oder zum Scheitern verurteilt. Immer wenn er gelang und wenn die zwei Polaritäten in ein fruchtbares Wechselspiel kamen, konnten beide Seiten dadurch eine *Steigerung* ihrer Potentiale erleben. Voraussetzung dafür war, dass die „Neuen" bereit waren, sich auf die Anthroposophie als berechtigte Erweiterung der Wissenschaft einzulassen und sie nicht abzulehnen. Voraussetzung war aber auch, dass die „Resonanzler" sich nicht für etwas Besseres hielten, sondern mit Weitherzigkeit und dankbarem Blick für die oft enormen pädagogischen Fähigkeiten den „Neuen" die Tore öffneten und nicht etwa verschlossen. Und Voraussetzung war schließlich auch, dass die jeweils neu gegründeten Schulen es so eingerichtet hatten, dass die Anthroposophie tatsächlich gemeinsam gründlich studiert wurde.

Musste man also als „Neuer" die Anthroposophie in Bausch und Bogen unterschreiben? Nein, aber man musste sie *für etwas Berechtigtes halten* und bereit sein, die zuweilen mühevolle Arbeit auf sich zu nehmen, sie kennenzulernen. Dann erst konnte sich zeigen, ob die Anthroposophie ein seelisches Bedürfnis auch bei denjenigen Lehrerinnen und Lehrern befriedigen konnte, die dies nicht sogleich erlebten.

Ist die Waldorfschule eine Weltanschauungsschule?

Im Folgenden ein Ausriss aus einem Schulheft eines 6. Klässlers eines *staatlichen* Gymnasiums.

Niemand wird bestreiten wollen, dass die Schülerinnen und Schüler, die so unterrichtet werden, eine Weltanschauung vermittelt bekommen: Die Weltsicht der modernen Naturwissenschaften. Mit anderen Worten: *Jedes* Schulsystem der Welt ist – ob es will oder nicht – von der Weltsicht seiner Protagonisten geprägt. Und es beeinflusst entsprechend seine

Schülerinnen und Schüler. In diesem Sinne sind *alle* Schulen „Weltanschauungsschulen". Wenn man die staatlichen Schulen von sogenannten „Weltanschauungsschulen" unterscheidet und glaubt, die staatlichen Schulen seien weltanschauungsfrei, dann liegt ein blinder Fleck vor. Er kommt dadurch zustande, dass es sich bei der naturwissenschaftlichen Weltsicht um die Weltsicht der Mehrheit handelt. Staatliche Schulen sind Mehrheits-Weltanschauungsschulen. In der Wissenschaftstheorie gilt dieser Sachverhalt als trivial, auch wenn er im Alltagsbewusstsein der Mehrheit noch nicht angekommen ist. Weil man alles ständig durch die Brille der modernen Naturwissenschaften sieht, vergisst man, dass man immer noch eine Brille trägt. Aber eine Brille bleibt eine Brille, auch wenn man sie aus Gewohnheit nicht mehr bemerkt.

Auf der anderen Seite sind mit dem Begriff „Weltanschauungsschulen" „religiöse Bekenntnisschulen" gemeint und zwar zur Abgrenzung von Schulen, deren Weltanschauung auf der Basis der Naturwissenschaften aufruht. Aber Anthroposophie ist kein religiöses Bekenntnis und auch nicht ein quasi-religiöses Bekenntnis. Anthroposophie tritt auf mit dem Anspruch der Wissenschaftlichkeit und damit auch mit dem Anspruch der empirischen, intersubjektiven Überprüfbarkeit.[69]

Umso befremdlicher ist die Praxis der vorgeblich weltanschauungsfreien Schulsysteme: Obwohl die Weltsicht der modernen Naturwissenschaften in ihrem Quellcode auf intersubjektiv überprüfbarer Einsicht beruht, operiert man in der Pädagogik oft schlechterdings mit purem *Glauben*: Der Schüler, der seinen Text über den Urknall ins Heft eingetragen hat, kann das, was er geschrieben hat, tatsächlich nur *glauben*. Wirklich *wissen* kann er es nicht. Obwohl er anschließend felsenfest glaubt, es selbst zu wissen. Sogar seine Lehrerin oder sein Lehrer sind meist in der gleichen Lage: Sie *glauben* vertrauensvoll an die Institution der modernen Wissenschaft und ihre Ergebnisse – so wie man im Mittelalter an die Institution der Kirche und ihre Verlautbarungen geglaubt hat. Der ideologische Gegensatz zwischen beiden Institutionen ist denkbar groß. Sie unterscheiden sich erheblich, aber die ihnen entgegengebrachte „Glaubensmenge" wohl kaum: Könnte man die in heutigen Schulen gegenüber der Institution „Wissenschaft" aufgebrachte „Glaubensmenge" in Bits, Bytes und Gigabytes messen, sie stünde der im Mittelalter aufgebrachten Glaubenssumme kaum nach.

Im Unterschied dazu versucht man in der Waldorfpädagogik im entsprechenden Alter (ab 12 Jahren), die Jugendlichen ausschließlich *selbst* beobachten und selbst darüber nachdenken zu lassen, was sie beobachten können. Da sich der Urknall nicht beobachten lässt (und die der Theorie zugrundeliegenden Beobachtungen und Schlussfolgerungen hoch komplex sind) erfahren die Schülerinnen und Schüler davon erst viel später. *Dann* aber bearbeiten auch sie den möglichst aktuellen Lehrstoff der modernen Naturwissenschaften. Aber im Alter von 12 Jahren die Theorie vom Urknall zu lernen, könnte genau dazu beitragen, was Sir Ken Robinson dem dominanten Schulsystem vorwirft: Es erzieht nicht zu eigenständiger Kreativität.

An dieser Stelle sei auf den Physiker und genialen Pädagogen Martin Wagenschein (1896 – 1988) verwiesen. Seine Überlegungen zu theoriefreier Beobachtung und zu eigenständiger Erkenntnisfindung konvergieren – bezüglich der benannten Altersstufe – mit den Anliegen der Waldorfpädagogik. Wagenschein hat in seinem Werk etliche Musterbeispiele dafür geliefert, wie Schülerinnen und Schüler ausschließlich durch eigene Beobachtungen und kluges Nachdenken zu selbst gefundenen Antworten auf naturwissenschaftliche Fragen gelangen können, bis hin zur Berechnung der Entfernung des Mondes von der Erde oder zum selbständigen Auffinden des euklidischen Beweises für die Unendlichkeit der Primzahlen. Nachschlagen kann man beides schnell. Selbst Beobachten und Nachdenken dauert Wochen und manchmal Monate. Im ersten Fall erhält man Information, im zweiten Kreativität.[70]

4. Das Verhältnis zu Rudolf Steiner

Verehrung I

„Ich will nicht verehrt werden, sondern verstanden." Obwohl Steiner das mehrfach ausgesprochen hat, konnte er nicht verhindern, dass Menschen ihn tief verehrten. Steiner musste das ertragen. Abstellen konnte er es nicht.

Wenn Steiner das Verständnis der Verehrung entschieden vorzog, dann aus gutem Grund. In den modernen Gesellschaften spielt es zu Recht eine Rolle, welche Menschen man verehrt und welche besser nicht. Sportler und Künstler zu verehren und sich vor ihnen gemeinsam mit Millionen anderen zu verneigen, wird als Selbstverständlichkeit akzeptiert. Politiker zu verehren ist schon heikler (erst nach deren Tod wird ein größeres Maß an Verehrung gesellschaftlich akzeptiert) und wer lebende Philosophen oder geistige Lehrer zu verehren wagt, der muss mit heftigem Widerstand rechnen. Er hat sich das falsche Objekt der Verehrung ausgesucht. Sportler oder Künstler wäre unverfänglicher gewesen. Das hängt mit der Bedeutung des Gegenstandes der Verehrung zusammen: Sport ist – mit den Worten des Fußballtrainers Guardiola – „nur ein Spiel". Unterhaltung ist nur Unterhaltung. Aber dort, wo es um Wesentliches geht, ist mit der Verehrung gegenüber Menschen nicht zu spaßen. Denn hier droht die Gefahr, dass die Verehrung eine der wichtigsten Errungenschaften des modernen Menschen untergräbt: die besonnene, kritische und vor allem auch selbstkritische Vernunft. Insofern verwundert es nicht, wenn

Steiner sagte: „Ich will nicht verehrt, ich will verstanden werden."

Wenn es also im Rahmen einer historischen Darstellung der spirituellen Dimension der Waldorfpädagogik um das Verhältnis der Lehrerinnen und Lehrer zu Rudolf Steiner geht, dann handelt es sich weder um das Thema „Steiner-Verehrung" noch um eine unkritische Steiner-Kanonisierung, sondern um etwas anderes.

Steiners Versprechen an die Lehrerinnen und Lehrer

Rudolf Steiner bot als Leiter der ersten Waldorfschule den damaligen Lehrerinnen und Lehrern seine persönliche Hilfe an. Er sagte ihnen sinngemäß: „Wenn Sie Hilfe brauchen, können Sie sich jeder Zeit an mich wenden."

Da aber Steiner – folgt man hier den Berichten seiner Mitarbeiter – nicht nur ein sogenannter „Eingeweihter", sondern ein „Spiritueller Meister" war, nahm die Hilfe durchaus besondere Züge an.[71] Steiner erklärte den ersten Lehrerinnen und Lehrern, dass sie ihn auch „rein geistig" um Hilfe und Rat bitten könnten – ohne direktes Gespräch, sondern in einer Art „innerem Gespräch". Das klingt heute verständlicher Weise für den einen oder anderen obskur, aber ganz so ungewöhnlich ist es dann doch nicht. Der Mathematiker, Logiker und Philosoph Bertrand Russell (1872 – 1970) berichtet, dass er bei der Verfassung seines Hauptwerkes, der „Principia Mathematica" (3 Bde. 1910 – 13) immer wieder in einem inneren Dialog dem Mathematiker Leibniz (1646 – 1716) seine Fragen vorlegte: „Was würden Sie zu diesem Problem sagen? Wären Sie mit dieser Lösung einverstanden?" Vermutlich hat sich Russell im inneren Dialog selbst sagen können, wie Leibniz geantwortet hätte oder antworten würde. Man kann davon ausgehen, dass es für die ersten Waldorflehrer ähnlich war: In pädagogischen Angelegenheiten konnten sie in ihren inneren Dialogen Steiner Fragen vorlegen und sich selbst beantworten.[72]

Wie auch immer man als Außenstehender darüber denken mag, die subjektive Bedeutung der persönlichen Beziehung zu Rudolf Steiner war für die Lehrerinnen und Lehrer von 1919 groß. Vieles von dem, was sie geleistet haben, verdankten sie – ihrer eigenen Einschätzung nach – dieser Beziehung zu Rudolf Steiner.

Die ersten Lehrerinnen und Lehrer empfanden es als eine Art Verspechen, was ihnen Rudolf Steiner in der dritten gemeinsamen Konferenz gesagt hatte. Es war Freitag, der 26. September 1919, nachmittags zwischen 16 und 18 Uhr. In dieser Konferenz wies Steiner die jungen Kolleginnen und Kollegen zunächst darauf hin, wie wichtig ein guter Kontakt zwischen ihnen und den Schülern sei: *„Das wichtigste ist, dass immer Kontakt da ist, dass der Lehrer mit den Schülern eine richtige Einheit bildet."* Und nach allem, was Steiner am Vormittag sowie am vorangegangenen Donnerstag in der Schule hatte wahrnehmen können, war er in dieser Hinsicht zufrieden: *„Dieser Kontakt ist im Grund genommen fast durch alle Klassen hindurch in sehr schöner, erfreulicher Weise vorhanden gewesen. Ich war sehr erfreut über die Sache."* (GA 300 a, 111) Aber gleich im Anschluss an diesen Zuspruch wies Steiner die Lehrerinnen und Lehrer auch auf die enorme Verantwortung hin, die sie mit dem Aufbau der Waldorfschule übernommen hätten:
„Ich kann Ihnen sagen, ich werde viel, auch wenn ich nicht da bin, an diese Schule hindenken. Denn nicht wahr, wir müssen ja alle durchdrungen sein: Erstens von dem Ernst der Sache. Es ist eine ungeheuer wichtige Sache für uns gerade. Zweitens müssen wir durchdrungen sein von der Verantwortung, die wir tragen, sowohl der Anthroposophie gegenüber wie der Kulturbewegung gegenüber, der sozialen Frage gegenüber. Und dann drittens das, was wir als

Anthroposophen besonders uns vorhalten müssen: die Verantwortung gegenüber den Göttern. (…) Empfinden Sie diese Würde, diesen Ernst und diese Verantwortung." (GA 300a, 111)

Und dann folgte Steiners Zusage oder sein *Versprechen* an die Lehrerinnen und Lehrer:

„Ich werde Ihnen mit solchen Gedanken entgegenkommen. Wir werden uns mit solchen Gedanken begegnen. *Das wollen wir heut noch als unsere Empfindung aufnehmen und in diesem Sinne eine Weile auseinandergehen,* **und dann uns immer wiederum geistig treffen,** *um die Kraft zu bekommen für dieses wirklich große Werk.*" (Hervorhebung von V.W.) (GA 300a, 111)

*

Die Beziehung eines Waldorfschul-Kollegiums zu Rudolf Steiner wird heute kaum noch thematisiert, und wenn, dann kontrovers: Auf der einen Seite gibt es auch heute noch Lehrerinnen und Lehrer, die in dem Bewusstsein arbeiten, dass dieses Versprechen Steiners *immer noch* gilt. Sie sind der Überzeugung, dass die Zusage Rudolf Steiners auch für kommende Lehrergenerationen Gültigkeit besitzt, denn für sie ist es erlebte Realität, dass ihnen durch die innere Zwiesprache und die geistige Begegnung mit Rudolf Steiner in manchen schwierigen Situationen tatsächlich Hilfe zuteil wird.

Auf der anderen Seite hält wohl die Mehrheit der heutigen Kolleginnen und Kollegen an den gegenwärtigen Waldorfschulen eine Beziehung eines Kollegiums zu Rudolf Steiner für irrelevant oder illusionär. Sie vertreten die Auffassung, dass die Beziehung eines Kollegiums zu Rudolf Steiner nur für das Kollegium der ersten Schule gegolten habe, aber darüber hinaus keine Bedeutung besitze.

Beides – die bewusst gesuchte geistige Beziehung und die Nicht-Beziehung – ist heute völlig legitim. Nicht legitim war und ist es allerdings, die inneren Erlebnisse in kontroversen Debatten als Argumentationsersatz zu benutzen. Äußerungen wie „Rudolf Steiner ist mir im Traum erschienen und hat mir gesagt, wir sollten es so und so machen" – können noch so gut und hilfreich gemeint sein, sie stehen immer in Gefahr, manipulativ und gedanklich vernebelnd zu wirken, ganz abgesehen von der spirituellen Entblößung, die in derartigen Äußerungen liegen kann. Die Art und Weise, unter welchen Bedingungen man einen Gedanken entwickelt hat, sollte bei seiner Prüfung und bei der interkollegialen Diskussion nicht ins Feld geführt werden. All dies kam in der Vergangenheit durchaus vor, war und ist aber in sachlichen Auseinandersetzungen selten zielführend. (Auf der anderen Seite ist der argumentative Missbrauch einer spirituellen Beziehung kein prinzipielles Argument gegen die spirituelle Beziehung als solche.)

Verehrung II

Von dem Philosophen Platon (428 – 348 v. Chr.) stammt der Satz: „Am Anfang der Philosophie steht das Staunen." Wer über einen Sachverhalt staunen kann, wird dadurch angeregt, über den Sachverhalt nachzudenken, um ihn zu verstehen. Wer nicht staunt, wird kaum je aus eigenem Antrieb eine Frage bis in ihre tiefsten Tiefen verfolgen. Von Einstein stammt der ergänzende zweite Satz: „Wer sich nicht mehr wundern und in Ehrfurcht verlieren kann, ist seelisch bereits tot." Je tiefer man einen bedeutsamen Sachverhalt nach langem Erkenntnisbemühen versteht, desto mehr Ehrfurcht kann der Mensch empfinden. Und diese Ehrfurcht kann die Seele weiten und sie innere Ruhe finden lassen im Erleben des Erhabenen.[73] Ganz fraglos hat Bertrand Russell für Leibniz große Verehrung empfunden. Russell konnte die mathematischen und philosophischen Leistungen von Leibniz ermessen, beurteilen und deshalb auch verehren. Und diese Verehrung hat eine andere Qualität als die Verehrung gegenüber den Stars aus der Welt des Sports und der Unterhaltung. Denn das Gefühl der Verehrung kennt nicht nur die Dimension der Intensität, sondern auch der Tiefe. Emotional starke Verehrung kann auch sehr flach sein. *Tiefe* Verehrung auf der Basis gründlicher Erkenntnis ist etwas anderes als eine Verehrung, die die Erkenntnis verdrängt. Die erste ist berechtigt, die zweite problematisch. Wenn also Rudolf Steiner das Verständnis der Verehrung vorzog, so hat er sich damit nicht gegen das Gefühl der Verehrung als solches gewendet. Im Gegenteil: Die Fähigkeit, verehren zu können sei – so Steiner – für die emotionale Entwicklung eines Menschen von eminenter Bedeutung. Dies gelte insbesondere für Menschen, die sich auf einen Weg bewusster spiritueller Entwicklung begeben. Steiner hatte dies in seinem Buch „Wie erlangt man Erkenntnisse höherer Welten" (GA 10) bereits 1904 dargestellt. Dort hat er ausgeführt, wie wichtig gerade für eine spirituelle Entwicklung die Fähigkeit zur Verehrung ist bei gleichzeitiger Aufrechterhaltung einer kritischen Besonnenheit. *Verehrung ohne kritische Besonnenheit macht labil. Kritische Besonnenheit ohne die Fähigkeit aufschauen zu können macht blind.* Für die ersten Lehrerinnen und Lehrer spielten diese Gedanken im Hintergrund eine wichtige Rolle und noch eine weitere und wesentliche Dimension kam für sie hinzu.

Die Lehrerinnen und Lehrer von 1919 als Schüler

Steiner wies die ersten Waldorflehrer in der Konferenz vom 26. September 1919 darauf hin, wie wichtig der gute Kontakt zwischen Lehrern und Schülern sei. „*Das wichtigste ist, dass immer Kontakt da ist, dass der Lehrer mit den Schülern eine richtige*

Einheit bildet." (GA 300a, 111) Nun war Rudolf Steiner als Leiter der Schule zugleich auch der Lehrer der ersten Kolleginnen und Kollegen: Er war ihr Lehrer auf dem Gebiet der neuen Pädagogik. Wenn er ihnen also versprach, dass er für sie da sein werde, sagte er ihnen damit, dass er – von seiner Seite aus – diesen Kontakt herstellen werde, über Raum und Zeit hinweg. In diesem Sinne konnten sich die ersten Lehrerinnen und Lehrer von Rudolf Steiner – bei aller professionellen Distanz – geliebt und angenommen fühlen. Und in der Tat: Rudolf Steiner liebte seine an der Waldorfschule arbeitenden Lehrer. Sie waren seine Schüler und er liebte sie. Er lebte ihnen auf diese Weise vor, was auch sie gegenüber *ihren* Schülern herstellen sollten: Die Schülerinnen und Schüler der Schule sollten sich von *ihren* Lehrern geliebt und angenommen fühlen.[74] So war Rudolf Steiner für seine Mitarbeiter nicht nur ein Lehrer der neuen Pädagogik. Er war für sie auch ein Lehrer der Liebe.

Wie auch immer man sich heute zu der liebevollen Beziehung zwischen Rudolf Steiner und seinen Lehrern an der ersten Waldorfschule positionieren mag[75], diese wechselseitige Liebe ist eine historische Tatsache. Mehr noch: sie gehört zu den *wesentlichen* Tatsachen. Sie ist darüber hinaus im wörtlichen Sinne eine *fundamentale* Tatsache für die Waldorfpädagogik, und zwar sowohl in systematischer als auch in historischer Hinsicht:
Wenn die Schüler von ihren Lehrern lernen sollen und *wenn* die Lehrer den Schülern im Lernen selbst ein Vorbild sein sollen, dann brauchen auch die Lehrer ihre Lehrer. Und wenn die „gute Chemie" oder – in einem demütigen Sinn – die „Liebe" zwischen Schüler und Lehrer von entscheidender Bedeutung für den Lernprozess ist, dann muss diese gute Chemie oder Liebe auch im Vorbild vorhanden sein, nämlich im Verhältnis der Lehrer zu *ihren* Lehrern.

Mit anderen Worten: Das liebende Verhältnis zwischen Rudolf Steiner und seinen Mitarbeitern hatte auch eine *pädagogische Auswirkung* für die Schülerinnen und Schüler der Schule.

Historisch handelt es sich bei dem Verhältnis der Lehrerinnen und Lehrer zu Rudolf Steiner um eine *fundamentale* Tatsache, weil alle heutigen Schulen, ob man sich dessen bewusst ist oder nicht, letztlich auf dem damaligen Fundament aufruhen. Die meisten der heutigen Schulen würden schlechterdings nicht existieren, wenn die erste Schule nicht lebenskräftig gewesen wäre, sondern gescheitert wäre wie andere Impulse aus der „Zeit der Dreigliederung". Lebenskräftig aber war sie in entscheidendem Maße auch dadurch, dass zwischen dem Kollegium und Rudolf Steiner der Kontakt da war. Denn das ist das Wichtigste, *dass immer Kontakt da ist, dass der Lehrer mit den Schülern eine richtige Einheit bildet.*

Heute ist dieses Essential der vierten Dimension der Waldorfpädagogik mehr oder weniger in Vergessenheit geraten.[76] Zum Teil durch einen unbewussten Prozess, zum Teil bewusst und aktiv propagiert („Verabschiedet euch endlich von Rudolf Steiner") und positiv begrüßt („Steiner ist heute kein Evangelium mehr", d. h. kein „Eu-Angelium", also keine „gute Botschaft") oder man will „Steiner auf Augenhöhe begegnen". Selbstverständlich ist eine solche Stoßrichtung legitim. Jeder hat das Recht, die Waldorfpädagogik zu dem zu formen, was er für richtig hält. Wenn dazu die Abkoppelung von ursprünglichen Essentials gehört, wie die ursprünglich angestrebte enge Beziehung und Einheit zwischen Kollegium und Rudolf Steiner, dann liegt das voll und ganz in der Freiheit derjenigen Menschen, die dies wollen.

Alles in allem handelt es sich um ein historisches Experiment: es bleibt abzuwarten, wie sich die Abkoppelung dieses ursprünglich fundamentalen Essentials langfristig auf die Waldorfschulen auswirken wird, und zwar auf ihre pädagogische Praxis sowie auf ihre interkollegiale Arbeit. Die einen sind zuversichtlich: „Die Verabschiedung von Steiner ist notwendig. Die Folgen werden positiv sein." Die anderen sind sorgenvoll: „Wie wird sich der Geist Rudolf Steiners zu einer Schule stellen, wenn diese ihn zurückweist, während er die Zusammenarbeit angeboten hat."

Nicht spekulative Diskussion, sondern die Zukunft wird dies zeigen und jedem steht es frei, sich für seine Überzeugung einzusetzen.

5. Das Verhältnis zur dritten Hierarchie

Engel? Hierarchien? Dritte Hierarchie?

Bei Wikipedia findet man im Artikel „Engel" folgende Information:

„Engel (lat. *angelus*, gotisch *aggilus* von altgriechisch ἄγγελος *ángelos* „Bote", „Abgesandter", Übersetzung von hebr. מלאך *mal'ach* „Bote") sind Geistwesen, die in den Lehren der monotheistischen abrahamitischen Religionen des Judentums, Christentums und Islams von Gott erschaffen wurden und ihm untergeordnet sind.

Das religiöse Verständnis von Engeln und ihrer Funktion und Ordnung ist weitgehend den alten religiösen Texten des Tanach, dem Alten und Neuen Testament sowie dem Koran entnommen. Neben den kanonischen Schriften treten als Quellen für die Vorstellungen von Engeln spätantike und mittelalterliche Heiligenlegenden, Homilien, Wundergeschichten und volkstümliches Erzählgut wie Sagen und Märchen auf."

Und:

„Verbreitet sind auch die zahlreichen Engelvorstellungen der Esoterik."

Im weiteren Verlauf des Artikels findet sich dann der Abschnitt *„Art und Ordnung der Engel"*. Dort heißt es:

„Die Bibel erwähnt verschiedene Arten von Engeln. Sie stehen dort ohne eine klare Hierarchie, jedoch entwickelten Anhänger aller drei abrahamitischen Religionen Varianten von Engelhierarchien. (…) Im Mittelalter verbreitete sich ab dem sechsten Jahrhundert die Engellehre (Angelologie) des Pseudo-Dionysius Areopagita. Sie wird unter anderem von Thomas von Aquin in seiner „Summa theologica" aufgegriffen. Nach Pseudo-Dionysius lassen sich verschiedene Arten von Engeln unterscheiden, die in insgesamt neun Chöre untergliedert sind. Die Engelschöre sind zu Triaden (Dreiergruppen) zusammengefasst, die zusammen drei Hierarchien bilden.

Erste Hierarchie: Seraphim, Cherubim, Thronoi
Zweite Hierarchie: Kyriotetes, Dynameis, Exusiai
Dritte Hierarchie: Archai, Archangeloi (Erzengel), Angeloi (Engel)"

Übernimmt Steiner in der Anthroposophie eine theologische „Angelologie" des Pseudo-Dionysos oder des Thomas von Aquin? Oder ist Steiner ein Exempel für „Engelsvorstellungen in der Esoterik?" Innerhalb der anthroposophischen Diskussion gibt es seit einiger Zeit eine auf höchstem Niveau geführt Debatte darüber, wie man die Darstellungen Steiners zu geistigen Wesenheiten verstehen soll. Auslöser der Debatte ist der an der Brigham Young University in Provo (Utah) Lehrende Cristian Clement. Clement ist Herausgeber der ersten „Kritischen Ausgabe" der Werke Rudolf Steiners (SKA).[77] In ausführlichen Einleitungen und Textkommentaren formuliert Clement seinen Verständnisansatz. Er kommt in Sätzen wie den folgenden zum Ausdruck: „Die steinersche Esoterik kann als eine zum Zweck der Anschaulichkeit vorgenommene ideelle Umstülpung seiner Philosophie verstanden werden, in welcher dasjenige, was zuvor Inneres war, als Äußeres angeschaut wird, und umgekehrt." Oder: „In der *Geheimwissenschaft* von 1910 (führt) Steiner in seiner Schilderung der Kosmogenese unter Rückgriff auf christliche und theosophische Hierarchienmodelle *ein ganzes System geistiger Wesen* (ein), mit deren Hilfe er die am evolutiven Geschehen im Kosmos beteiligten Kräfte und Prozesse zu konkret-greifbaren Vorstellungen verdichtet."

Mit anderen Worten: In der Lesart von Clement ist die Welt der Hierarchien nichts als eine *Veranschaulichung* von Vorgängen, die der Mensch in sich selbst finden, philosophisch erkennen und zum Ausdruck bringen kann. „Engel" – das sind unter diesem Blickwinkel Verbildlichungen, Visualisierungen, Veranschaulichungen von geistigen Vorgängen im Menschen selbst. Engel sind nicht vom Menschen unabhängige Daseinsformen oder Geistwesen, sondern *Projektionen* des Menschen, der nicht bemerkt, dass es seine Projektionen sind.

Dieser Sichtweise wurde von anderer Seite, u.a. von Lorenzo Ravagli, widersprochen. Es wurde darauf hingewiesen, dass Steiner den Sachverhalt umgekehrt dargestellt habe. So schrieb Steiner 1907 an den Dichter Eduard Schuré über die „Einleitungen in Goethes naturwissenschaftliche Schriften": „Wer diese Einführungen liest, wird darin schon die theosophischen Ideen in dem Gewande eines philosophischen Idealismus finden können." (GA 262, 8) Mit anderen Worten: Steiner hat zwischen 1884 und 1899 versucht, spirituelle Erfahrungen und Sachverhalte in eine philosophische Form zu kleiden.

Konträrer könnten Auffassungsunterschiede kaum sein: In der einen Lesart sind „Engel" *Visualisierungen* von geistigen Erfahrungen im Menschen. (In der radikalsten Form dieser Denkweise existieren Engel nicht unabhängig vom Bewusstsein des Menschen.) Für das entgegengesetzte Verständnis handelt es sich bei der Erkenntnis von Engeln um rein geistige Erfahrungen, die der Mensch auf derselben Stufe machen kann, auf der er als allererstes die Intuitions-Erfahrung seiner Ich-Wesenheit machen kann. Die geistige Ich-Erfahrung (nicht zu verwechseln mit dem gewöhnlichen Ich-Bewusstsein) ist gewissermaßen das Nadelöhr, durch das man hindurch gehen muss, um weitere geistige Erfahrungen machen zu können.[78] Im zweiten Zusatz zur Neuausgabe der »Philosophie der Freiheit« hatte Steiner 1918 geschrieben:

»Was als Wahrnehmung auftritt, das muss der Mensch auf seinem Lebenswege schlechterdings erwarten. Er könnte sich nur fragen: darf aus dem Gesichtspunkte, der sich bloß aus dem intuitiv erlebten Denken ergibt, berechtigt erwartet werden, dass der Mensch außer dem Sinnlichen auch Geistiges wahrnehmen könne? Dies darf erwartet werden. Denn, wenn auch einerseits das intuitiv erlebte Denken ein im Menschengeiste sich vollziehender tätiger Vorgang ist, so ist es andererseits zugleich eine geistige, ohne sinnliches Organ erfasste Wahrnehmung. Es ist eine Wahrnehmung, in der der Wahrnehmende selbst tätig ist, und es ist eine Selbstbetätigung, die zugleich wahrgenommen wird. Im intuitiv erlebten Denken ist der Mensch in eine geistige Welt auch als Wahrnehmender versetzt. Was ihm innerhalb dieser Welt als Wahrnehmung so entgegentritt wie die geistige Welt seines eigenen Denkens, das erkennt der Mensch als geistige Wahrnehmungswelt. Zu dem Denken hätte diese Wahrnehmungswelt dasselbe Verhältnis wie nach der Sinnenseite hin die sinnliche Wahrnehmungswelt. Die geistige Wahrnehmungswelt kann dem Menschen, sobald er sie erlebt, nichts Fremdes sein, weil er im intuitiven Denken schon ein Erlebnis hat, das rein geistigen Charakter

trägt. Von einer solchen geistigen Wahrnehmungswelt sprechen eine
Anzahl der von mir nach diesem Buche veröffentlichten Schriften.«
(GA 4, 256)

In seinem letzten Werk, „Anthroposophische Leitsätze"
1924/25, konnte Steiner deshalb über die dritte Hierarchie
schreiben:
„Eine unbefangene Betrachtung des Denkens zeigt, dass die Gedan-
ken des gewöhnlichen Bewusstseins kein eigenes Dasein haben, dass
sie nur wie Spiegelbilder von etwas auftreten. Aber der Mensch fühlt
sich als lebendig in den Gedanken. Die Gedanken leben nicht; er
aber lebt in den Gedanken. Dieses Leben urständet in Geist-Wesen,
die man (im Sinne meiner „Geheimwissenschaft") als die der dritten
Hierarchie, als eines Geist-Reiches, ansprechen kann." (GA 26, 41)
Für die Lehrerinnen und Lehrer von 1919 bis 1924 spielten
derartige Gedanken zur Natur der Engelerfahrung nur eine
untergeordnete Rolle. Entscheidend war für sie, was Steiner
gleich zu Beginn der Grundlegung der Waldorfpädagogik
und zur Begründung der ersten Schule über das Verhältnis
der Lehrerinnen und Lehrer zu den Wesen der dritten Hierarchie gesagt hatte: Hinter jedem einzelnen Lehrer – so
Steiner – kann der „geistig schauende Blick" dessen Engel
„sehen". Man könne – so Steiner – geistig schauen, wie der
Engel die einzelne Lehrerin und den einzelnen Lehrer darin
unterstützt, die rechten „Imaginationen" für die pädagogische Arbeit mit den Kindern zu finden.
Was Steiner für die Lehrer als geistigen Sachverhalt beschreibt,
unterliegt allerdings der grundsätzlichen Natur „imaginati-
ver Schilderungen": Die geschilderten Sachverhalte sind – in
der Terminologie der Scholastik – Sachverhalte im Seinsmo-
dus der „*Potentialiät*". Sie werden *Wirklichkeit*, wenn sie vom
Menschen *verwirklicht* werden.[79] Für den einzelnen Lehrer
heißt das: „Ich *will* mir hinter der Kollegin oder dem Kollegen dessen Engel vorstellen. Ich *will* mir vorstellen, wie

bei jedem Mitglied des Kollegiums der jeweilige Engel die besten Potentiale in ihm zur Geltung kommen lassen will." Völlig unabhängig davon, ob der Engel eine Projektion oder eine vom Menschen unabhängige Geistwesenheit ist, ist die skizzierte Grundeinstellung eines Lehrers gegenüber seinen Kolleginnen und Kollegen von eminenter Bedeutung. Sie verhindert, dass man nach einiger Zeit im anderen Lehrer mit großer Schärfe vorrangig dessen Einseitigkeiten und Schwächen in den Blick nimmt. Sie sieht in erster Linie das beste Potential, das sich verwirklichen will. Sie sieht auf das Neue und das Werdende. Sie richtet den Blick nicht auf den „Schatten", sondern auf den „Engel", was immer man auch darunter versteht.

Die interkollegiale Bedeutung einer solchen Einstellung kann gar nicht hoch genug eingeschätzt werden. Sie erzeugt ein Grundklima des Wohlwollens und der gemeinsamen Pionierarbeit und sie ist notwendige Voraussetzung für ein *dauerhaftes* Gelingen einer kollegialen Schulführung.

Die imaginative Schilderung Steiners gab aus *seiner* Perspektive eine Tatsache wieder. Für alle anderen galt: Sie hatten – durch ihre Einstellung – diese Tatsache gewissermaßen täglich neu zu schaffen: „Ich *will* hinter dem Anderen dessen Engel sehen, der den Anderen mit den nötigen Imaginationen für die Pädagogik ‚begaben' will."

In gleicher Weise galt dies für das, was Steiner den damaligen Lehrerinnen und Lehrern über *das Zusammenwirken der Engel* sowie über weitere Stufen spiritueller Realität gesagt hat.

Von besonderer pädagogischer Bedeutung war für die Kolleginnen und Kollegen bis in die 1990er Jahre ein Vortrag, den Steiner in Zürich am 9. 10. 1918 unter dem Titel: „Was tut der Engel an unserem Astralleib?" gehalten hatte. (GA 182, 138)

6. Das Verhältnis zum Michael-Impuls

Neben den bereits in der Übersicht benannten Gesichtspunkten sprach Steiner im Herbst 1923 in drei Vorträgen zu den Stuttgarter Lehrerinnen und Lehrern über den Michael-Impuls in der Waldorfpädagogik. (GA 302 a, 107 – 146) Steiner verwies darauf, dass die antiken Griechen – im Unterschied zur modernen Pädagogik – in erster Linie über die *Bewegung* erzogen. Sie erzogen vorrangig durch Gymnastik. Die alten Römer erzogen vornehmlich über die Sprache, insbesondere durch die Rhetorik. Seit der Neuzeit sei dann das gelehrte *Wissen* das hauptsächliche Erziehungsmittel geworden. Man erziehe seit der Neuzeit vornehmlich durch die Akkumulation von Wissen. Aber vieles von dem, was heute an Wissen an die Kinder herangetragen werde, sei – so Steiner – für die Kinder langweilig und dann schädige es die Kinder. Eine Lösung liege nicht darin, dass man das Wissen „aufhübsche" oder „aufpeppe", wie man heute sagen würde. Eine Lösung liege nur darin, dass der Lehrer selbst zu einem innerlich lebendigen Wissen, zum Beispiel von den Naturvorgängen gelange. Steiner gab den damaligen Lehrerinnen und Lehrern deshalb zwei Muster-Beispiele, wie man zu einem *lebendigen* Naturverständnis kommen könne. Er schilderte ihnen, wie man sich in die Metamorphose des Schmetterlings und in die Metamorphose der Frösche vertiefen und diese verstehen könne. Beide Beispiele sind auf den ersten Blick erschreckend unspektakulär. Sie entfalten ihre beträchtliche Wirksamkeit erst dann, wenn man sich über mehrere Monate hindurch mit ihnen befasst hat. Dann aber kann man die Unterrichtsstunden kaum zählen, die durch ein derart verlebendigtes Wissen bereichert und belebt werde.

Steiner zählte die Verlebendigung des Wissens und die daraus sich ergebende künstlerische Umgestaltung zu den Hauptaufgaben der Pädagogik. Totes Wissen symbolisierte er in den genannten Vorträgen für die Lehrerinnen und Lehrer im imaginativen Symbol des Drachens. Den Kampf gegen eine ertötende Intellektualität bezeichnete er als den Kampf Michaels gegen den Drachen auf dem Feld der Pädagogik. Die Intelligenz als solche ist *nicht* ertötend. Darauf wies Steiner vor allem in seinen Briefen an die Mitglieder der Anthroposophischen Gesellschaft immer wieder hin. Sie *wird* ertötend, wenn sie sich aus allen Zusammenhängen mehr und mehr herauslöst. In der Schule ist deshalb alles Intelligente in eine solche Form zu bringen, in der man erstens lernt in Zusammenhängen vom Ganzen her zu denken und zu fühlen. Zweitens muss es für die Lehrer eine zentrale Aufgabe sein, allen Wissensstoff so zu gestalten, dass er *belebend* auf die Kinder wirkt und nicht ermüdend. Das seien pädagogische Herausforderungen im Sinne derjenigen kosmischen Kraft, die „Michael" genannt wird:

„Der Drache hat die verschiedenste Gestalt; (…) Die von den menschlichen Emotionen kommenden sind schädlich genug, aber die sind nicht so schädlich wie diejenige Gestalt, die der Drache von dem toten, von dem ertötenden Wissen der Gegenwart bekommt." (GA 302 a, 145)

Die Lehrerinnen und Lehrer gaben ihr Bestes.[80] Tatsächlich handelt es sich um lebenslange Auseinandersetzungen mit kleinen Teilerfolgen und etlichen Niederlagen. Der Kampf Michaels mit dem Drachen ist in diesem Verständnis nicht ein einmaliges Ereignis. Es ist ein langer Prozess. Ob irgendwann ein dauerhafter Erfolg errungen werden kann, ist völlig offen. Deshalb könne – so Steiner – vorerst zu Michaeli im Grunde kein Fest gefeiert werden: Es gebe noch nichts, was gefeiert werden könnte. (GA 302a, 146) Wohl aber könne man sich auf die Aufgabe besinnen. Daraus entstehen dann auch die Ideen, wie man mit den Kindern in angemessener und altersspezifischer Weise die Michaeli-Zeit gestaltet.

7. Das Verhältnis zum Christus-Impuls

Steiner hat – folgt man hier seinen Darstellungen – mit esoterischen, okkulten Forschungsmethoden die Ereignisse von Geburt, Leben, Tod und Auferstehung Christi erforscht. Geradezu erschütternd ist seine Aussage, dass er auf rein geistige Weise *zuerst* in der sogenannten Akasha-Chronik die Ereignisse der Zeitenwende in Palästina erforscht habe und erst anschließend die überlieferten historischen Quellen des Christentums (die Evangelien, die Apokalypse des Johannes, die Paulusbriefe und die sogenannten apostolischen Briefe). In seiner Autobiographie „Mein Lebensgang" schildert Steiner als zentrale Erfahrung seines Lebens, den Tod und die Auferstehung Christi, das „Mysterium von Golgatha", real-geistig zutiefst erkannt zu haben. (GA 28, 366)

Was das bedeutet, wird wohl in *vollem* Umfang nur von solchen Menschen zu ermessen sein, die die gleiche Erfahrung gemacht haben.[81]

Seine Erkenntnisse hat Steiner in einer Fülle von Vortragsreihen („Vortragszyklen", wie man damals sagte) vor Mitgliedern der Anthroposophischen Gesellschaft dargestellt. Angemessen beurteilen kann man sie nur, wenn man sie sorgfältig durchgearbeitet hat. Bricht man aus ihnen einzelne Elemente heraus, sind sie unzähligen Missverständnissen ausgesetzt. Schon das Wort „Christus" bezeichnet in der Steinerschen

Geistesforschung nicht einfach Jesus von Nazareth, sondern den *kosmischen Logos*, der sich bei der Taufe im Jordan in dem Menschen Jesus von Nazareth inkarniert hat (oder wie es im katholischen Kontext heißt, in ihm „Fleisch geworden" ist). Auch die grundlegende Unterscheidung zwischen dem „Christus-*Impuls*" einerseits und der Religion des „Christentums" andererseits ist von entscheidender Bedeutung, um gravierende Missverständnisse zu vermeiden. (Das historische „Christentum" ist eine Religion unter anderen. Der „Christus-Impuls" ist im Unterschied dazu *jenseits* von Religion ein objektives Ereignis. Eine ausgezeichnete Erläuterung des Unterschiedes findet sich bei Pietro Archiati.[82])

Für die Waldorfpädagogik und ihre Praxis hatten (und haben vereinzelt noch heute) etliche Elemente aus den sogenannten „Christologischen Vorträgen" Steiners eine erhebliche Bedeutung. Dazu gehört – und das ist wenig bekannt – all das, was Steiner über das Christuswirken im Jahreslauf dargestellt hat.

Das Christuswirken im Jahreslauf

In dem Vortragszyklus „Das Miterleben des Jahreslaufes in vier kosmischen Imaginationen" vom Oktober 1923 (GA 229) sprach Steiner über das Christuswirken im Jahreslauf. Vor diesem Hintergrund haben die Lehrerinnen und Lehrer seit 1919 versucht, mit den Kindern das Leben mit den Jahreszeiten zu pflegen. Das spiegelt sich in sogenannten „Jahreszeiten-Tischen" im Klassenzimmer, im wechselnden Bilderschmuck sowie – in einigen Schulen – in freskenartigen Wandmalereien oder Skulpturen. Ungezählte Lehrerinnen und Lehrer haben die kleinen Sprüche, Lieder und Gedichte, die sie mit den Kindern gesprochen, rezitiert und gesungen haben, an den Jahreszeiten ausgerichtet. Das Miterleben des

Jahreslaufes soll den Kindern ein tiefes Gefühl für ein größeres, lebendig und rhythmisch sich wandelndes Ganzes geben, in das sie eingebunden sind. Die Seelenstimmungen in ihrer Resonanz zu den Naturstimmungen der Jahreszeiten zu pflegen, war und ist ein Lebenselement der Waldorfpädagogik.

Die Lehrerinnen und Lehrer befassten sich darüber hinaus seit 1925 mit den sogenannten „Jahreszeiten-Imaginationen". Es handelt sich um geisteswissenschaftliche Darstellungen Steiners zu den Vorgängen in Erde und Kosmos an den markanten Punkten des Jahreslaufes (Äquinoctica und Wendepunkte). An einigen Schulen entstanden daraus regelrechte Traditionen, zu Weihnachten, zu Ostern, zu Johanni und zu Michaeli die „Jahreszeiten-Imaginationen" gemeinsam zu lesen oder sie in der einen oder anderen Form zu bearbeiten. Für die Gemeinschaftsbildung einer Schule spielte das eine wichtige Rolle. Darüberhinaus leiteten nicht wenige Lehrerinnen und Lehrer daraus ihre eigenen Versuche ab, wie sie die Jahreszeiten-Feste mit den Kindern gestalten wollten. Hier liegt historisch die geistige Wurzel für Essential Nr. 10 der Big 12: Das Feiern von Festen.

Auch recht früh entstand eine weitere Praxis, seelische Stimmungen in ihrem Bezug zu den Naturstimmungen des Jahreslaufes zu pflegen: Viele Lehrerinnen und Lehrer trafen / treffen sich Tag für Tag vor dem Unterricht im Lehrerzimmer und lasen / hörten die sogenannten „Wochensprüche" aus dem Seelenkalender Rudolf Steiners (GA 40, 23 ff.).[83] Es waren wenige, kurze Momente, durch die man gemeinsam dem Tagesgeschäft enthoben war, gerade um für dieses Tagesgeschäft Kraft zu sammeln. Kleinodien der Seele.

Vom 4. bis zum 14. Oktober 1911 hielt Steiner in Karlsruhe elf Vorträge unter dem Titel „Von Jesus zu Christus". (GA 131) In diesem Vortragszyklus stellte Steiner dar, worin das physisch-geistige Geschehen auf Golgatha bestand. In großer Nähe zu den Ausführungen des Apostels Paulus entwickelte Steiner von Vortrag zu Vortrag und mit größter Behutsamkeit und Sorgfalt den Begriff des „Auferstehungsleibes". Für die damals Anwesenden – und für ungezählte spätere Leser – wurde dadurch zum ersten Mal *gedanklich* verständlich, was bis dahin für sie jenseits des Verstehens im Gebiet des Glaubens lag.

Es wäre widersinnig, die Ausführungen Steiners auf wenige Sätze herunterzubrechen. An kaum einer Stelle ist es in so hohem Maß entscheidend, dem originalen Gedankenweg Schritt für Schritt zu folgen. (Darüber hinaus gibt es seit Jahren eine Reihe von tiefgründigen Verständnishilfen.) Im vorliegenden Zusammenhang eines Überblicks über alle Dimensionen der Waldorfpädagogik muss es genügen auf die Quellentexte und die Kommentare zu verweisen.[84]

Die ersten Waldorflehrer waren *nicht* unter den wenigen damaligen Zuhörern in Karlsruhe, aber einige von ihnen kannten die aus Stenogrammen erstellte Druckfassung. Die Darstellungen Steiners hatten für sie die denkbar größte Bedeutung. Vor allem die Ausführungen Steiners, dass in jedem Menschen der Welt – völlig unabhängig von seiner religiösen und ethnischen Zugehörigkeit – durch die Ereignisse von Golgatha der Zukunftskeim des „Auferstehungsleibes" veranlagt ist, war für sie ein Zentralpunkt ihres Geisteslebens und ihres Lehrerseins. Zusammen mit einer weiteren Angabe Steiners über den *Prozess der Sinneswahrnehmung* entstanden daraus wichtige Leitlinien der pädagogischen Praxis. Steiner hatte ausgeführt (GA 145, 114), dass von allen Sinneswahrnehmungen jeweils das Edelste, das in ihnen enthalten ist, wie eine kostbare Substanz im Gehirn gebündelt wird und von dort aus in den Körper des Menschen ausstrahlt und den unsichtbaren Aufbau des „Auferstehungsleibes" unterstützt.

Die damaligen Lehrer nahmen solche Ausführungen mit großer Ehrfurcht, mit großem Vertrauen und mit großem Verantwortungsgefühl auf. Daraus entstand in der pädagogischen Praxis das Bemühen, auf die Qualität der Sinnesempfindungen, die ein Kind erhält, zu achten. Grobe oder gar brutale Sinnesempfindungen wurden – so gut es eben ging – vermieden. Feine, schöne, edle Sinneswahrnehmungen wurden wertgeschätzt und gepflegt.
Wenn später der Jahrhundert-Geiger Yehudi Menuhin in ganz anderem Zusammenhang berichtete, wie er von der Bühne aus sehen konnte, wie die große Musik einen edlen Glanz auf die Gesichter der Zuhörer zauberte, dann konnten sich die Waldorflehrer in ihrem Anliegen bestärkt fühlen. Um diesen Keim des Edlen, der in jedem Menschen veranlagt ist, ging es und geht es. Auch wenn er oft tief verschüttet ist. Ihn zu pflegen war innerstes Bedürfnis der ersten Lehrerinnen und Lehrer – und ungezählter Nachfolger. Die Eurythmie nahm dabei einen zentralen Platz ein.

D. Den Tod integrieren für ein stärkeres Leben

Erläuterungen zu den Essentials der fünften Dimension

„Obwohl der Mensch besonders für das Vergessen dieser Sache angelegt ist: Ein Kämpfer um das Spirituelle muss der Mensch sein in der gegenwärtigen Kulturepoche. Erleben muss er, dass seine Kräfte erschlaffen, wenn er sie nicht fortwährend im Zaume hält für die Eroberung der spirituellen Welt. Würden die Kräfte des Menschen erschlaffen, so könnte alles zum Schlimmen ausfallen."

Rudolf Steiner, 19. 11. 1917 (GA 178, 205)

Rückblicke verklären. Das ist ein unwillkürlicher Reflex. Tatsächlich aber war in der Stuttgarter Waldorfschule von 1919 längst nicht alles Gold, was im Rückblick glänzt. Damals war es noch üblich, dass die Arbeiterkinder nach der 8. Klasse die Schule verließen, eine Ausbildung begannen und dadurch eine Klasse radikal ausdünnten (bis zu 25 Abgänge in einer 8. Klasse). Trotzdem wuchs die Schule dramatisch von 252 Schülern bei Schulgründung 1919 auf bereits über 1000 Schüler im Jahr 1926. Es gab in den ersten beiden Jahren erhebliche Wirrnisse in Personalfragen. Die personelle Fluktuation war enorm, bevor sie sich stabilisierte. Lehrerinnen wurden schwanger und gingen, anderen Lehrern wurde gekündigt und einer kam bereits nach wenigen Monaten vollends abhanden und blieb spurlos verschwunden.[85] Es gab enorme finanzielle Schwierigkeiten. Man vergisst leicht: 1919 war für Deutschland noch ein Hungerjahr. 1923 kam es zu einer monströsen Inflation mit einer totalen Geldentwertung. Es gab jedes Jahr Putschversuche von links und von rechts. Und unter den Lehrern der Stuttgarter Schule kam es hin und wieder zu Streit und auch zu Misstrauen. Streit war für Rudolf Steiner in Ordnung, wenn er mit offenem Visier ausgetragen wurde und man sich trotzdem – wie er sagte – „gern hatte". Verdecktes Misstrauen tolerierte er hingegen nicht. Er fuhr dann als Schulleiter mit dem Kollegium Schlitten in einer schneidenden Kälte, die einen noch beim Nachlesen das Blut in den Adern gefrieren lässt. (GA 300b, 240-250) Steiner klagte über „unerhörte Schlamperei" bei Zeugnissen, die Fehler enthielten (GA 300b, 110), und über lieblos geschriebene Zeugnisse, die man dann lieber ganz bleiben lassen und besser durch Notenzeugnisse ersetzen könne (300c, 168). Und ihm riss fast der Geduldsfaden, als eine krank geschriebene Lehrerin abends in der Schule auftauchte, weil sie einen Vortrag von ihm hören wollte. (GA 300c, 25) Steiner monierte Unpünktlichkeit von Lehrern (GA 300c, 142) und empfahl für sie die gleichen Konsequenzen wie für die Schüler --- wenn es denn solche gab! Denn das war auch noch zu beklagen: Kein einheitlicher Stil, kein einheitliches, mit einander abgesprochenes Vorgehen. (GA 300c, 56) Der eine ließ den Schülern alles durchgehen, der andere bemühte sich um eine korrekte Form. Kurz: das ganze Programm der Missstände, die fast jede Schule kennt. Die erste Schule war eine Inaugurationstat, aber sie war als Schule keine „Heilige".

Am meisten aber beklagte Steiner den nachlassenden Enthusiasmus und Ermüdungserscheinungen. Wie tröstlich. Alles, worüber man heute Klagen hört, gab es damals schon – und nicht zu knapp. Als 1922 ein Lehrer Steiner fragte, ob sein Unterricht schlechter geworden sei, sagte ihm Steiner klipp und klar: *„Sie sind lässig geworden und schlapp, und so ermüden Sie die Kinder. (…) Sie beschäftigen die Kinder nicht mehr mit dem nötigen Enthusiasmus. (…) Sie sind nicht dümmer geworden, als sie dazumal waren. (…) Daher wäre es Ihre Aufgabe, es besser zu* *machen und nicht zu sagen, ich muss hinausgeschmissen werden."* (GA 300 b, 143)

Steiner beklagte mangelndes Feuer, Gleichgültigkeit, mangelndes Interesse.

Und dann kam es noch heftiger. Der Schulrat besichtigte Schule und Unterrichte und teilte Steiner seine Eindrücke mit. Steiner referierte vor den eigenen Lehrern das Fazit des Schulrates. Der hatte wohl gesagt, dass eine staatliche Schule aufgrund ihrer Methoden auch mittelmäßige Lehrer verkraften könne, aber die Waldorf-Methodik nicht. Die Waldorf-Methodik brauche im Grunde lauter Lehrer-Genies. Steiners sibyllinischer Kommentar vor dem damaligen Kollegium: Das stimme so natürlich nicht, was der Schulrat gesagt habe, aber es sei doch etwas dran:

„Der Schulrat hat gesagt: Mit unseren (staatlichen) Lehrmethoden können wir mittelmäßige Leute vielleicht haben, aber mit Ihrer Methode brauchen Sie lauter Genies als Lehrer. – Ich will nicht behaupten, dass er Recht hat. Aber etwas ist dran. Es kommt (bei uns) furchtbar viel auf die Individualität des Lehrers an." (GA 300 b, 179)

Mit anderen Worten: Der Schulrat hatte gesagt, Waldorf-Methoden funktionieren nur mit Spitzen-Pädagogen. Sonst nicht. Steiner rückte das etwas zurecht: Waldorf-Methoden brauchen nicht unbedingt Top-Pädagogen, aber sie brauchen Enthusiasmus. Ohne den Enthusiasmus der Lehrer ginge es tatsächlich nicht. Und diesbezüglich war Steiner schonungslos selbstkritisch der eigenen Schule gegenüber: Die Waldorfschule lebe vom Enthusiasmus der Lehrer für die neuen Methoden. Wenn der fehle, könne die Waldorfschule durchaus unter das Niveau der anderen Schulen herunter sinken.

Das zu lesen, ist nicht sonderlich erhebend. „Du lieber Himmel", sagt so mancher, „man hat Stress genug und jetzt auch noch den Leistungsdruck einer Verpflichtung zum Dauer-

Enthusiasmus? Ist Waldorf-Pädagogik denn ein Synonym für einen 365-Ganztages-Flow? Geht es nicht auch ein bisschen normaler? Kann nicht auch eine Waldorfschule ihren ruhigen Gang nehmen, ohne dass man gleich mit der Keule eines niederschmetternden Niveauverlustes droht? Braucht man zum Waldorflehrer eine Schilddrüsen-Überfunktion um den Enthusiasmus stets über 12 000 Umdrehungen pro Minute zu halten? Oder führt das nicht zu einer geheuchelten Begeisterungsfassade, hinter der sich tatsächliche Erschöpfung nur mühsam verbirgt? Braucht man zum Waldorfpädagogen ein Aktionismus-Gen, das einen dazu befähigt, das Familien- und Privatleben auf dem Altar der Schule zu opfern und die eigenen Knochen in ihr zu vergraben? Nein danke, mir fehlt der Appetit auf eine Schule, die mich zur Auto-Endorphin-Ausschüttung nötigt. Wenn das Bedingung ist --- es tut mir leid, das kann ich nicht. Das will ich nicht. Dann ist was faul im Staate ‚Waldorf'. Ich habe weder den Anspruch ein Spitzenpädagoge oder ein pädagogisches Genie zu sein, noch kann ich ein Gelübde zu lebenslangem Enthusiasmus ablegen – ganz zu schweigen von Armut, Keuschheit und Gehorsam. Wenn das verlangt ist – ich tauge nicht für ein System, in dem die mittelalterlichen Klöster ein verkapptes Revival feiern. War das gemeint mit Waldorfschule? Herr Dr. Steiner, auf ein Wort, was sagen Sie dazu?"

„Ich will mich bemühen. Verkennen Sie nur nicht, dass die Frage vorzugsweise eine Sache des Interesses an den Kindern und den jugendlichen Leuten ist und eine Sache des Enthusiasmus. Es ist nicht umsonst, dass ich bei jeder Gelegenheit betone, dass wir auf allen Gebieten nicht vorwärtskommen ohne Enthusiasmus, ohne innere Beweglichkeit. (…) Aber diesen Enthusiasmus, den sehe ich nicht; ich kann nicht finden, dass Mühe gegeben wird, ihn wirklich hervorzuzaubern. Sehen Sie, wenn ich so alles ausführen könnte, was sich mir aufdrängt, so würde ich zum Beispiel nach einer Lehrer-

konferenz untersuchen, auf wie vielen Stühlen Pech klebt, wenn die Lehrerkonferenz zuende ist. Es kommt mir vor, Sie kleben auf Ihren Stühlen. Sie sind müde. Ein Mensch kann doch nicht müde sein, wenn er im Geiste leben soll. Müde sein ist doch eine Sache der Interesselosigkeit. (…) Wir brauchen nicht vornehme Überlegenheit und spitzfindiges Nachdenken. Wir müssen auf uns selbst die Methode anwenden, nicht müde zu sein." (GA 300 c, 190)

Und wie? Wie „zaubert man" den Enthusiasmus hervor? Wie überwindet man die Müdigkeit?

Im Grunde ging es um eine Quadratur des Kreises: Einerseits *muss* sich jede Organisation stabilisieren und zur Ruhe kommen. Es muss Routine geben oder – wie Steiner formulierte: „Bestimmte Dinge müssen (…) auf einem strikten, mechanischen Gang (beruhen), sodass ein Fehler unmöglich ist." (GA 300 b, 110) Andererseits muss es tatsächlich einen dauerhaft lebendigen Enthusiasmus geben. Mit anderen Worten: Es ging um das Prinzip, den Tod zu integrieren, um ein Mehr an Leben zu erzeugen. Es ging also um das „Baum-Prinzip". Der Baum integriert mit der Verholzung den Tod ins Leben. Und genau dadurch ermöglicht er ein Mehr an Leben. Die einjährige Pflanze stirbt, wenn sie geblüht hat. Die Blüte bringt ihr unweigerlich den Tod. Der Baum lebt länger. Er integriert mit dem Holz den Tod und überwindet ihn dadurch: Er kann Jahr für Jahr blühen, ohne dadurch sofort zu sterben. Alles, was abstirbt, was verholzt am Baum, wird integriert und zum Träger weiteren Lebens.

Ein Lebensalter vor dem Toyota-Produktions-System (TPS) formulierte Steiner bereits in der ersten Waldorfschule das Poka-Yoke-Prinzip, das später Shingo Shigeo entwickelte: Fehler müssen vermieden werden, indem Prozesse standardisiert so ablaufen, dass der Fehler gar nicht passieren kann. Wenn eine Schraube rechts oder links eingeschraubt werden kann und sie links einzuschrauben falsch ist, dann müssen die Ingenieure die Schraube so konstruieren, dass man sie links erst gar nicht einschrauben kann. Steiner: *„Bestimmte Dinge müssen (…) auf einem strikten, mechanischen Gang (beruhen), sodass ein Fehler unmöglich ist."* Es muss also in einer Waldorfschule nicht alles immer wie in einer Pioniersituation ständig improvisiert werden. Man braucht klare Strukturen, Prozessabläufe, mechanische Regeln und Kontrollmechanismen, die Fehler ausschließen oder auf ein Minimum reduzieren. Das heißt *den Tod zu integrieren.* Es entlastet. Es schafft Stabilität und Sicherheit, Gelassenheit und Ruhe. Es schafft zugleich die Basis für ein ausdauerndes Leben wie bei einem Baum. Ein Leben, das Jahr für Jahr zum Blühen führt ohne sich dabei zu verbrennen. Die Angst vor mechanischen Regeln und kontrollierten Abläufen ist immer auch die Angst vor der Integration des Toten. Bei fortlaufendem Wachstum führt sie dazu, dass im Organismus das unstrukturierte Leben hypertroph wird und der Organismus darunter leidet. Viele Waldorfschulen sind heute nicht frei von dieser Tendenz. Unzählige Abläufe sind unklar und man lebt sozusagen auf der Kulturstufe des „Brauchtums". Das mag seinen Charme und seine Poesie haben, aber auf Dauer stabilisiert es nicht, sondern führt zu Energieverschwendung und schließlich zur Ermüdung.

Den Tod integrieren und gleichzeitig den Quellpunkt ständigen Lebens finden – das war die Quadratur des Kreises, um die es Steiner ging.

Es bleibt die Frage, wie? Es bleibt die Frage, welche Angaben er machte, um einen stets lebendigen Enthusiasmus „hervorzuzaubern", der nicht in einem Dauer-Aktionismus besteht. Seine Antwort: Interesse. Interesse für die Schüler. Interesse für die Menschenkunde und ihre Methoden. Interesse für die Kolleginnen und Kollegen. Mehr nicht. Das reicht.

Müdigkeit – so Steiner – sei immer das Ergebnis von fehlendem Interesse: „Müde sein ist doch eine Sache der Interesselosigkeit." (GA 300 c, 190) Aber damit das Interesse für die Schüler und für die Menschenkunde und die Methoden stabil und unaufgeregt-verlässlich bleibt, empfahl er auch hier die Integration des Todes, nämlich die Einführung fester Regeln: Interesse für die Schüler in *jeder* Konferenz. Interesse für die Menschenkunde in regelmäßigen Abständen. Diese starre Regelmäßigkeit ist fast so etwas wie „Poka-Yoke" in der Generierung von Interesse. Denn wer glaubt, dass er auf das Interesse warten müsse, bis es ihn wie ein Fieber überfällt, der irrt. Echtes Interesse ist immer freiwillig. Aber es gibt verschiedene Freiheitsgrade: die Freiwilligkeit als Lust auf Interesse, wenn einen diese Lust überkommt, ist etwas anderes als der freiwillige Entschluss zu einem *dauerhaften* Interesse. Im ersten Fall ist man zwar frei, aber zugleich abhängig von Stimmung, Lust und Laune. Im zweiten Fall folgt man – in den Worten der „Philosophie der Freiheit" – „der Liebe zur auszuführenden Handlung". Die erste Variante führt in aller Regel zum Versanden. Das hat man tausendfach bewiesen. Der Enthusiasmus des Herzens wird dauerhaft nur aus dem *stabilen* Interesse geboren durch eine Integration des Todes und durch Knospenbildung. Wer es ausprobiert hat, weiß, dass sich nach einigen Jahren zwei erstaunliche Effekte einstellen. Der erste: Man bleibt frisch. Man bleibt initiativ. Mit zunehmendem Alter sogar immer mehr. Der zweite: Man lernt die Schwierigkeiten *lieben*, die schwierigen Klassen, die schwierigen Fälle. Warum? Man liebt die pädagogischen Erfindungen. Man freut sich über neue. Man bleibt ein Pionier, obwohl der Rahmen längst „gesettelt" ist. Der Tod ist integriert und stiftet einen festen Boden, auf dem das Leben wächst und Jahr für Jahr erblüht.

E. Der Gesamtorganismus

Die fünf Dimensionen der Waldorfpädagogik in ihrem Zusammenhang

Die spirituelle Dimension der Waldorfpädagogik war ihr Ausgangspunkt. Aus der Anthroposophie ist die Waldorfpädagogik entstanden. Bereits in seinem ersten pädagogischen Werk, *„Die Erziehung des Kindes vom Gesichtspunkt der Geisteswissenschaft"*, wollte Steiner darstellen, was die Anthroposophie zum Erziehungs- und Bildungswesen beizutragen hat. Die vierte Dimension zeigt damit den *Geist* Waldorfpädagogik.

Die Dritte Dimension ist gleichsam die *Seele* der Waldorfpädagogik. Hier sind die Motive und Leitsterne dieser Pädagogik zu finden, die aus dem Geist der Anthroposophie entstanden sind.

Die zweite Dimension umfasst mit den Methoden das *Leben* der Waldorf-Pädagogik. Sie verwirklicht sich vor allem in ihren Methoden. Sie will keine Weltanschauungs-Pädagogik sein – auch wenn ihr eine Weltanschauung zugrunde liegt. Sie will eine Methoden-Schule sein.

Die erste Dimension bildet mit den Settings der Big 12 den Rahmen oder den Körper der Waldorf-Pädagogik, in dem ihr Leben, ihre Seele und ihr Geist wirken können.

Die fünfte Dimension, der Enthusiasmus des Herzens, ist die „Quinta Essentia" der Waldorfpädagogik: wörtlich ihr „fünftes Seiendes". Im Weltbild des Aristoteles gab es neben den vier Elementen Erde, Wasser, Luft und Feuer noch den Äther als unveränderliche, ewige Substanz jenseits der Mondsphäre – unwandelbar und zeitlos.[86] *Unzerstörbarer Enthusiasmus des Herzens* für eine Zeiten-Wende der Pädagogik ist das, was die anderen Dimensionen der Waldorf-Pädagogik umspannt und durchdringt.

TEIL 4

Veränderungen

„Wir kommen nicht vorwärts auf einem gedeihlichen Wege, wenn nicht von der Vergangenheit gelernt wird. Das allein macht es nicht aus, dass das Allernächste ins Auge gefasst wird, sondern das macht es aus, dass man den Willen hat, in die Untergründe, die hinter den bloßen Symptomen liegen, hineinzuschauen. Und man kann nicht hineinschauen, wenn man nicht einen gesunden Menschenverstand entwickelt für die Auffassung der Symptome, wenn man sich nicht aneignet den Willen, die Symptome wirklich zu taxieren."

Rudolf Steiner, 24. 11. 1918 (GA 185 a, 224)

Das Verhältnis der Waldorfschulen zur Waldorfpädagogik im Wandel der Geschichte

1. 1933 und sein langer Schatten

Schon vor 1933 wurde die Waldorfschulbewegung empfindlich geschwächt durch einen Riss, der mitten durch die damaligen Kollegien hindurchging. Am 30. März 1925 war Rudolf Steiner im Alter von nur 64 Jahren gestorben. Nach seinem Tod spaltete sich die anthroposophische Gesellschaft. Der Konflikt entzündete sich u. a. an der Frage, wie es nach Steiners Tod weiter gehen sollte. Steiner selbst konnte aus seinem Freiheitsverständnis heraus gar nicht anders handeln, als die Beantwortung dieser Frage den Menschen selbst zu überlassen. Es wäre nicht freilassend gewesen, wenn Steiner festgelegt hätte, wie es weiter gehen sollte. Die Freiheit des anderen Menschen war für ihn ein höheres Gut als die Konfliktvermeidung durch eine festgeschriebene Nachfolgeregelung. (Das galt auch für die Stuttgarter Schule, deren Leitung Steiner bis zu seinem Tod innehatte.) Der tragische Preis der Freiheit: Gegensätzliche Auffassungen prallten im Vorstand unvermittelt aufeinander. Die holländische Ärztin Ita Wegmann war sich sicher, dass man nach dem Tod Rudolf Steiners „jetzt erst Recht" die Arbeit aus einer Verbundenheit mit dem Geiste Rudolf Steiners voranbringen könne. So schrieb Ita Wegmann die „Anthroposophischen Leitsätze" weiter, die Steiner bis kurz vor seinem Tod wöchentlich veröffentlicht hatte. Die Witwe Marie Steiner hielt das – und vor allem den Duktus, in dem Wegmann vorging – für eine unbegreifliche Anmaßung.

Ein weiterer Konflikt entstand über der Frage, wem der Nachlass Steiners gehöre – der Anthroposophischen Gesellschaft oder der Witwe? Es wurde erbittert gestritten und vor Gericht prozessiert. Ein Abgrund ging durch die anthroposophische Gesellschaft und zerriss auch die Kollegien der Waldorfschulen. Es wurden gegenseitig Verletzungen zugefügt, von deren Tiefe man sich aus der historischen Distanz kaum eine angemessene Vorstellung bildet. Viele Wunden blieben bis weit nach dem Krieg offen und vernarbten nur langsam oder auch gar nicht.

Zum Zeitpunkt der Machtübernahme der Nationalsozialisten am 30. Januar 1933 war die Waldorfschulbewegung bereits empfindlich geschwächt. Ressourcen, die man für die Weiterentwicklung der Pädagogik gebraucht hätte, waren absorbiert gewesen durch die internen Zerwürfnisse.

Mit der veränderten politischen Lage in Deutschland ab 1933 war die Waldorfschulbewegung einem äußerst harten Angriff ausgesetzt. Es gab damals 9 Waldorfschulen in Deutschland (Stuttgart, Hamburg-Wandsbek, Essen, Hannover, Berlin, Breslau, Dresden, Kassel, Hamburg-Altona). Zwischen 1934 und 1936 wurde es diesen Schulen per Erlass verboten, weitere erste Klassen zu eröffnen. (In Stuttgart und Hamburg gab es ein nervenaufreibendes Hin und Her und Her und Hin zwischen Aufnahmeverbot und dessen Aufhebung.) Aufgrund der Rassegesetzgebung der Nazis mussten „nicht-arische" Lehrer die Schulen verlassen.[87] 1935 wurde die Anthroposophische Gesellschaft verboten. Die Stadt Stuttgart forderte für ein 1927 gegebenes zinsfreies Darlehen über 105 000 RM plötzlich jährliche Zinsen in Höhe von 5000 RM. In Breslau wurde der Eurythmie-Unterricht verboten. Die Waldorfschulen waren in einer extrem schwierigen Lage: Wie sollte man sich verhalten? Lavieren oder gar kooperieren, um den Fortbestand einer Schule für die Kinder zu sichern? (Auch die eigene wirtschaftliche Existenz vieler Lehrer war schließlich bedroht.) Oder schied jedes Lavieren von vorne herein aus Gewissensgründen aus? Die Schulen kämpften um ihr Leben. Aus heutiger Sicht mag es naiv erscheinen, wie sie sich verhielten bei ihren Versuchen, die Nazis zur Duldung zu bewegen. Es gab nicht nur etliche Bemühungen, den Nazis gegenüber die Harmlosigkeit der Waldorfschule zu beteuern. Es gab eben auch etliche verblendete Unternehmungen, den Nazis eine Duldung der Waldorfschulen deshalb nahezulegen, weil es angeblich eine Schnittmenge gemeinsamer Überzeugungen gebe. Heute lesen sich derartige Äußerungen namhafter Lehrer und Schulvorstände nur peinlich und man wünschte sich im Nachhinein ein politisch klareres und vorausschauendes Bewusstsein der Beteiligten. Ein verständlicher, aber auch wohlfeiler Wunsch, bei dem man vergisst, dass man selbst im Glashaus sitzt mit der eigenen Tatenlosigkeit angesichts moderner Freiheitsbeschränkungen, mit den eigenen Verleugnungen und fragwürdigen Allianzen des guten Geldes wegen. Mimikry scheint nicht nur ein biologisches, sondern auch ein psychologisches Programm zu sein, das bei Verlust der Komfort-Zone und erst recht in einer existenzbedrohenden Situation auf „Autopilot" schaltet.

Alles in allem ließen sich die Nazis nichts vormachen. „Die auf der Pädagogik des Gründers Steiner aufgebauten und in den heute noch bestehenden anthroposophischen Schulen angewandten Unterrichtsmethoden verfolgen eine individualistische, nach dem Einzelmenschen ausgerichtete Erziehung, die nichts mit den nationalsozialistischen Erziehungsgrundsätzen gemein hat." So der Leiter des Reichssicherheitshauptamtes Reinhard Heydrich (1904 – 1942) in einem Dekret des Sicherheitsdienstes.[88]

Der Druck auf die Schulen wuchs an allen Fronten. Nationalsozialistische Eltern übten Druck aus. Die nationalsozialistischen Behörden machten Druck. Die finanziellen Einbußen durch den verordneten Aufnahmestopp waren beträchtlich. Letztlich war es ein chancenloser Überlebenskampf. Angesichts der aussichtslosen Lage wählten 6 Schulen den Weg der

Selbstschließung. (Hamburg-Altona 1936, Hannover 1937, Berlin 1937, Kassel 1938, Breslau 1939, Hamburg-Wandsbek 1940) Einige kämpften anschließend weiter, um wenigstens eine Übergangsgenehmigung zu erhalten oder den Status einer staatlichen „Versuchsschule", nicht ohne sich dabei zum „neuen Staat" und zur „Volksgemeinschaft" zu bekennen. Die drei anderen wurden geschlossen (Essen 1936, Stuttgart 1939, Dresden 1941).

Das ganze Elend dieser bitteren Geschichte ist in mehreren Studien aufgearbeitet und kann dort kenntnis- und detailreich nachgelesen werden.[89] In unseren Zusammenhang – es geht um das Verhältnis der Waldorf-Schulen zu den fünf Dimensionen der Waldorf-Pädagogik – sind zwei Symptome bemerkenswert.

Zum ersten Mal wurde nach dem Verbot der Anthroposophischen Gesellschaft 1935 ein Stuttgarter Waldorflehrer, Hermann von Baravalle (1898 – 1973), von nationalsozialistisch eingestellten Eltern angegriffen, weil man sein Verhältnis zur anthroposophischen Gesellschaft für zu eng hielt. Ein Vorfall, der bis 1925 völlig undenkbar gewesen wäre. Es kam innerhalb des Kollegiums bis in den Vorstand der Schule zu schwierigen Debatten um die richtige Strategie angesichts eines solchen Angriffs. Interne Zerwürfnisse waren die Folge und so wurde ein Keil zwischen „Waldorfschule" und „Anthroposophie" getrieben. Dieser Keil war damals nicht sonderlich erfolgreich, aber er markierte eine Stoßrichtung.[90]

Das zweite Symptom liegt auf der gleichen Linie. Der an der Dresdner Schule tätigen Lehrerin Elisabeth Klein (1901 – 1983) war es gelungen, Kontakte zu Nazigrößen herzustellen, um die Schulen zu schützen. Unter anderem erreichte sie, dass sich Rudolf Heß (1894 – 1987) für die Waldorfschule interessiert. Auch zu dem berühmten Nazipädagogen Alfred Bäumler (1887 – 1968) hatte sie einen Kontakt hergestellt. Ergebnis: Beide waren von der Waldorfschule in Teilen durchaus angetan. Heß hielt bis zu seinem England-Flug eine schützende Hand über die Schule in Dresden, Bäumler schrieb sein berühmtes „Gutachten über die Waldorfschulen". Die Waldorfschulen waren für beide ein in manchen Punkten interessanter Ansatz, wenn da nur nicht die Anthroposophie gewesen wäre. Mit anderen Worten: Der Apfel war gut, der Apfelbaum nicht. Ein Beurteilungsmuster, das sich nach dem Krieg unzählige Male vervielfältigte und in anderen Varianten völlig normal wurde. Zwischen 1933 und 1945 passte der Baum nicht zur Nazi-Ideologie. Ein halbes Jahrhundert später passte er immer wieder nicht zur Wissenschafts-Ideologie oder zu den persönlichen Lebenseinstellungen der Menschen. Das Muster aber bleibt das gleiche: „Netter Apfel, inakzeptabler Baum". Was für Steiner essentiell gewesen war – die Waldorfschule sollte die Wirksamkeit der Anthroposophie unter Beweis stellen – wurde dadurch in Abrede gestellt. Die Nazis gehörten nur zu den ersten, die so dachten.

*

Das Verbot der Waldorfschulen bedeutete für die noch junge Pädagogik, dass sie in Deutschland in die innere Emigration gedrängt wurde. Anthroposophische Bücher kamen auf den Index und wurden konfisziert. Mehr als ein Jahrsiebt war verloren für das Erproben einer neuen Pädagogik. Ein Flammenwerfer war über die junge Pflanze hinweggefegt. Sie hat zwar überlebt, aber sie war nach dem Krieg eine andere. Das Verbot der Schulen war eine Traumatisierung, die dem Traumatisierten als solche gar nicht bewusst wurde, die aber Folgen hatte.

Unmittelbar nach dem Krieg wurden die Schulen unter den harten Umständen eines ausgebombten Landes wieder aufgebaut. Lehrer kamen aus ihrer inneren Emigration wieder zum Vorschein, aus ihren Verstecken hervor oder aus Gefangenschaft zurück. Manche allerdings fehlten schmerzlich, und andere, die vielleicht hätten kommen können, waren tot. Neue Menschen stießen hinzu, die unter abenteuerlichen Umständen die Anthroposophie und die Waldorfpädagogik mitten im Krieg kennengelernt hatten. Vor allem aber packte man an. Trümmer wurden weggeräumt, unter einfachsten Bedingungen wurde gelebt und gearbeitet und mit der Erlaubnis der jeweiligen Stadtkommandanten der Alliierten fing man an, die Schulen wieder zu eröffnen und andere neu zu gründen. Bereits im November 1945 hatten 6 Schulen mit 1.474 Schülern die Arbeit wieder aufgenommen. 1949 waren es bereits 22. Aber unter der Oberfläche blieb ein Trauma: Man war verboten worden. Die Folge war eine *unwillkürliche* Geste des Verschließens und Versteckens und zwar des inneren Kerns; eine Geste, die nach Traumatisierungen nichts Ungewöhnliches ist: Wer misshandelt wurde, zeigt nicht sein Inneres, er versteckt es. Die anthroposophische Dimension der Waldorfpädagogik war intern zwar immer noch eine Selbstverständlichkeit, aber sie wurde in einem unbewussten Reflex nicht mehr in der intensiven Weise nach außen vertreten, wie das vor dem Krieg und vor allem unter der Leitung von Rudolf Steiner noch der Fall gewesen war. Die Elemente der vierten Dimension der Waldorfpädagogik waren noch immer die Corporate Identity der Schulen, aber die Kolleginnen und Kollegen haben sie nicht mehr in der Weise *schriftlich unterzeichnet* und sich als Kollegium in dieser Form öffentlich dazu bekannt wie 1921.[91] Der ursprüngliche Impuls, dass die Waldorfpädagogik die Wirksamkeit der Anthroposophie unter Beweis stellen sollte, trat zurück.

Der Nationalsozialismus hatte die Schulen nicht nur verboten, er hat ihrem inneren Kern eine Erschütterung zugefügt. Während unter der Schulleitung von Steiner aller Welt klar war, dass es sich bei der Waldorfschule um eine anthroposophische Einrichtung handelte, auch wenn dort nicht Anthroposophie gelehrt wurde, so kehrte man diese Seite nach 1945 weniger offensiv nach außen. Anthroposophie wurde – im Vergleich zu 1919 – zu einem zwar nicht verschwiegenen, aber zuweilen fast schamhaft versteckten geheimen Kern, als ob es peinlich wäre, ihn nach außen zu vertreten. An seine Stelle trat etwas anderes.

Von der als Kind sexuell misshandelten Marilyn Monroe (1926 – 1962) ist bekannt, dass sie als junge Frau zur Verdrängung ihres Traumas in eine Art Sucht nach Anerkennung hineingetrieben wurde.[92] Nun ist eine Einzelperson etwas anderes als eine Institution und ein Vergleich hinkt deshalb, aber bei der Institution „Waldorfschule" gab es nichtsdestotrotz einen vergleichbaren Pendelschlag: Die Nazis hatten die Schulen verboten. In der Folge fingen die Schulen nach dem Krieg mehr und mehr an, nach Anerkennung zu *suchen*: nach Anerkennung durch die Politik und nach Anerkennung von Seiten der Wissenschaft. Es ging dabei auch um Geld. Die Stuttgarter Schule erhielt Anerkennung in Form von staatlichen Zuschüssen. Nicht viel im Vergleich zu heute: 14 % im Vergleich zu heutigen 70 %+. Das war nicht im Mindesten etwas Verwerfliches, aber eben doch eine Veränderung. Verständlich und heikel zugleich.

Wer Anerkennung *sucht*, steht immer in Gefahr, sich anders zu geben als er ist. Er steht in der Gefahr, wichtige Seiten von sich selbst um der Anerkennung willen zu verleugnen. Wer Anerkennung *sucht*, verliert in gleichem Maße etwas von seiner Souveränität. Mit den Worten Friedrich Schillers:

> „O, der ist noch nicht König, der der Welt
> gefallen muss. Nur der ist's, der bei seinem Tun
> nach keines Menschen Beifall braucht zu fragen."[93]

Unter Steiners persönlichen Schulleitung wurde genau das berücksichtigt. Steiner schwor das junge Kollegium darauf ein, als Erziehungskünstler nicht nach Anerkennung durch die Welt zu suchen, sondern nach methodischer Authentizität, so wie es für jeden Künstler eine Selbstverständlichkeit ist, nur seinem eigenen Impuls zu folgen, was auch die Welt darüber denken mag. Mehr noch: Steiner erklärte den damaligen Lehrern, dass Anerkennung von außen sogar ein schlechtes Zeichen sei. Vermutlich habe man dann in der Schule etwas falsch gemacht. Denn das, was die Waldorfpädagogik wolle, sei so gravierend neu und anders, dass dafür noch gar keine Anerkennung von außen kommen könne – und wenn, dann aufgrund von Missverständnissen oder internen Fehlern:

„Jede Zustimmung, die von irgendwelcher pädagogischen Seite von heute kommt, zu dem, was in der Waldorfschule geschieht, (könnte) uns eher traurig stimmen (…) als heiter. Wenn solche Leute, die im heutigen pädagogischen Leben drinnen stehen, uns loben, da müssen wir denken: ‚Da muss etwas bei uns nicht stimmen.‘ (…) Wir müssen uns klar sein, dass wir sorgfältig untersuchen, was wir nicht richtig machen, wenn wir gelobt werden." (Aus der Konferenz vom 24. Juli 1920 am Schluss des ersten Schuljahres.) (GA 300a, 166)

Das war die Haltung von 1920. Sie verschwand nach dem Krieg mehr und mehr und irgendwann völlig. Und so bleibt es insgesamt eine Folge des Nationalsozialismus für die Waldorfschulbewegung in Deutschland, dass durch eine Traumatisierung ein ursprünglicher Ansatz verloren ging: Man gab den Anspruch auf, mit einer völlig neuen Pädagogik eine Art Pionierabteilung der Anthroposophie zu sein. Das geschah nicht bewusst, nicht willentlich und nicht auf einen Schlag. Es handelte sich gleichsam um kleine Haarrisse in den geistigen Tragflächen.

2. Im Resonanzraum von Kulturrevolution und Gleichheitsideal

Der Weg der Waldorfbewegung nach 1970

1966 kam es zu einem bipolaren historischen Impuls, der die Welt einschneidend verändert hat. Der eine Pol lag in Kalifornien, der andere in China. In China begann 1966 die sogenannte „Kulturrevolution". Im Effekt lief sie darauf hinaus, möglichst alle alten Traditionen Chinas zu zerstören. Das waren zum einen die religiösen und spirituellen Traditionen. Hunderttausende alter Altäre wurden von den roten Garden landesweit vernichtet. Zum anderen waren es jüngere kulturelle Traditionen. Die klassische europäische Musik von Bach bis Brahms galt als bürgerlich und damit als Kunst des Klassenfeindes. Sie hatte aus der Sicht der maoistischen Kulturpolitiker in China nichts mehr zu suchen. Tausenden von Musikern wurden buchstäblich die Handknochen gebrochen. Das alles lief unter der Flagge der Befreiung. Geschaffen werden sollte ein Neuer Mensch: Der „Homo Communisticus".[94] Dieser Neue Mensch sollte befreit sein von jeder ihn bindenden Vergangenheit.[95]

In Kalifornien begann ein Befreiungsprozess gegenläufiger Art: Das menschliche Bewusstsein sollte entgrenzt werden. Bewusstseinserweiternde Drogen waren das offen propagierte Mittel.[96]

Beide Revolutionen hatten ihr Epizentrum weit weg von Europa, aber sie infiltrierten die gesamte westliche Welt. Dabei nahm die Kulturzerstörung in Europa andere Formen an: An die Stelle explosionsartiger, brutaler Zerstörung trat ein Prozess, der sich über zwei bis drei Jahrzehnte hinzog. Die Folgen waren ähnlich: Die klassische europäische Kultur verlor schleichend an gesellschaftlicher Bedeutung. In China wurde die Vergangenheit schlechterdings ausgelöscht. Das war in

Europa nicht so. Hier schrumpfte nur der Stellenwert, den die Blüte der mitteleuropäischen Kultur in der Gesellschaft noch vor 1966 hatte. 30 Jahre später war diese Tradition reduziert auf ein Nischendasein in einem Hochglanz-Reservat ohne großen gesellschaftlichen Einfluss. Kaum etwas unterstreicht den Tiefenerfolg dieses Sachverhaltes mehr als das achselzuckende „Na und?", mit dem er quittiert wird.

Der weltweite Befreiungsimpuls erschien in Europa 1968 in modifizierter Gestalt: In Paris inthronisierten die Studenten die Phantasie. In Berlin wandte sich die Studentenbewegung gegen den 1000-jährigen Muff unter den Talaren. Sie wandte sich gegen das Schah-Regime im Iran, gegen den Vietnamkrieg und insbesondere gegen die nicht aufgearbeitete Nazivergangenheit. Im Prager Frühling ging es um einen „Sozialismus mit menschlichem Antlitz". In Deutschland kam dann 1969 im Zuge des geänderten Zeitgeistes mit Willy Brandt zum ersten Mal ein ehemaliger Widerstandskämpfer an die Regierungsmacht. Sein innenpolitisches Programm „Mehr Demokratie wagen" bildete einen wichtigen *Resonanzraum* auch für das, was in den Waldorfschulen in den Folgejahren geschah.

Steiners Pluralismus

Rückblende: Steiner selbst verfolgte bei der Anwendung der Waldorf-Pädagogik unterschiedliche Varianten:

- Zum einen begrüßte er es ausdrücklich, wenn einzelne Elemente der Waldorfpädagogik an staatlichen Schulen eingesetzt werden konnten. Er hielt in dieser Hinsicht die Rahmenbedingungen in der Schweiz für günstig und er förderte diese Bewegung durch spezielle Vorträge.
- Die andere Variante waren die Waldorfschulen. Ihnen gab Steiner eine viel speziellere Aufgabe: In ihnen sollte

die Gesamtheit *aller* Dimensionen der Waldorfpädagogik umgesetzt werden. Die Waldorfschulen sollten die Wirksamkeit und Fruchtbarkeit der Anthroposophie auf dem Gebiet der Pädagogik unter Beweis stellen. Schulen, in denen nicht der Geist der Anthroposophie lebte, untersagte Steiner deshalb das Label „Waldorfschule". Als Menschen bereits 1920 angefragt hatten, eine Waldorfschule in Paris zu gründen, sagte Steiner: Die Gründer müssten *„ausdrücklich erklären, dass die Schule aus demselben Geist hervorgegangen ist. Sonst würde ich es strikt ablehnen, dass so etwas wie eine Nachfolgeschaft vorliegt."* (GA 300 a, 165)

- Eine dritte Variante waren private Schulen, die einzelne Elemente aus der Waldorfpädagogik übernahmen, ohne sich insgesamt als Waldorfschulen zu verstehen.
- Eine vierte Variante war die Anwendung der anthroposophischen Pädagogik in einem außerschulischen Rahmen, zum Beispiel im „Home-Schooling". (So fing für Steiner selbst alles an, als er in Wien Privatlehrer der Kinder des Baumwollhändlers Ladislaus Specht war. Etliche Kernelemente der späteren Waldorfpädagogik hatten hier ihre Geburtsstunde.)[97]

Der Steinersche Varianten-Pluralismus bot einen großen Freiraum. Die Waldorf-*Pädagogik* war in seinen Augen nicht ausschließlich an die Waldorfschulen gebunden, denn sie war auch eine Art „Open Source": Jeder konnte und durfte sich bedienen. Jeder Interessent konnte sich entscheiden, welche Variante für ihn angemessen war.

Verantwortung übernahm Steiner allerdings nur für Variante 2 mit ihrer präzise definierten Aufgabe: Das *ganze* Programm aller fünf Dimensionen und nicht nur Ausschnitte.

Steiner erwartete deshalb, dass seine Nachfolger genauso für die „Corporate Identity" der Waldorfpädagogik innerhalb der einzelnen Waldorfschulen die Verantwortung übernahmen. Diese Erwartung war im Grunde eine Selbstverständlichkeit. In jeder Organisation der Welt besteht die zentrale Führungsaufgabe darin, die Umsetzung der „Organisationsmission" von Jahr zu Jahr zu steigern. Ein Unternehmen „leiten" heißt, die Verantwortung für die Umsetzung der „Mission" zu übernehmen. Für Mitarbeiter ohne Leitungsfunktion gilt das indes nicht. In jedem Unternehmen gibt es Menschen – und es muss sie geben dürfen –, die keine starke Beziehung zur Corporate Identity haben. Sie betrachten ihre Arbeit als bloßen „Job". Das nicht als legitim anzusehen, wäre abwegig. Nur: Leitungsfunktion erhalten *diese* Mitarbeiter in den meisten Unternehmen nicht, denn „Leiten" heißt, die Umsetzung der Organisationsidee zu *verstärken*.

So selbstverständlich dieser Sachverhalt ist, so sehr rückte er in den Waldorfschulen nach 1969 in den Hintergrund. Man nahm aufgrund des Prinzips der „Kollegialen Schulführung" mehr oder weniger *alle* Mitarbeiter in die Schulleitung auf, auch wenn sie nur Ausschnitte des gesamten pädagogischen Organismus kannten und wertschätzten. Warum?

Der Weg der Waldorfbewegung in die Ausweitung

Mit der Babyboomer-Zeit entstanden in Deutschland insgesamt mehr Schulen. Die Schülerzahlen wuchsen um mehr als 50% von 6,4 Millionen im Jahr 1960 auf einen Spitzenwert von über 10 Millionen im Jahr 1975. Die Waldorfschulen schwammen auf dieser Welle mit. Ab Mitte der 1970er Jahre nahmen die Waldorfschul-Gründungen zu. Aber während in der BRD nach 1976 die Schülerzahlen wieder bis auf 7 Mio. im Jahr 1988 zurückgingen, stiegen die Gründungen der Waldorfschulen weiter an. Der Marktanteil wuchs zwar nur um einen halben Prozentpunkt, aber in absoluten Zahlen verdoppelten sich die Waldorfschulen zwei Mal: von 50 auf 100 und von 100 auf über 200. Diese Ausweitung brachte sie an ihre Grenzen. Man konnte trotz größter Anstrengungen nicht genügend Lehrerinnen und Lehrer ausbilden. Etliche Schulen waren in zunehmendem Maße auch auf Quereinsteiger angewiesen.

Intern war die Ausweitung im „Bund der Waldorfschulen" umstritten. Einige plädierten für einen Gründungsstopp, andere für die Expansion.[98] Rückblickend wird man sagen dürfen, dass die Anstrengungen, die in der Lehrerbildung erbracht wurden, um den dramatisch gestiegenen Bedarf zu decken, gigantisch waren. Man wird nur schwer ausreichend würdigen können, was hier geleistet worden ist. Auf einen folgenreichen Sachverhalt war man allerdings wenig vorbereitet: auf den Mentalitätswandel, der seit Willy Brandts „Mehr Demokratie wagen" mit der Demokratisierung der Gesellschaft einher ging.

Die Demokratie-Bewegung traf in der Waldorfschule auf ein bereitetes Feld: Die kollegiale Schulführung. Das politisch linke „Kursbuch" fand damals für diesen Matching-Point einen netten Vergleich: Den 68ern habe es in den Ohren geklungen wie im Märchen vom Igel und vom Hasen. Der Waldorf-Igel konnte rufen: „Ik bin schon da. Kollegiale Schulführung – das haben wir längst."[99]

Aufgrund des Prinzips der „Kollegialen Schulführung" wurden im Laufe der Zeit auch viele der Quereinsteiger nach einigen Jahren in die kollegiale *Leitung* der Schule mit hineingenommen. Dabei war für etliche Quereinsteiger – wenn auch längst nicht für alle – „Waldorf" zunächst nur eine sympathische pädagogische Reformbewegung. Die tatsächlichen Ziele kannte man nur fragmentarisch oder teilte sie nicht. So fand im Laufe der Zeit ein gravierender Veränderungsprozess statt: aus Rücksichtnahme auf die „Neuen" versuchte man innerhalb der Waldorfschulen die spirituelle Dimension sowie die Dimension der zentralen Leitmotive und schließlich die Vielfalt der speziellen Methoden der Waldorfpädagogik nicht zu sehr zu betonen. „Waldorf" – das wurden für immer mehr Mitarbeiter die „Settings" der „Big 12" (darunter vor allem der Lehrplan), das waren sodann einige traditionelle Methoden aus der zweiten Dimension und ansonsten ein Freiraum für fast jede erdenkliche Initiative. Mit einem Satz: **Die Corporate Identity wurde geändert.** Nicht offiziell, aber de facto. Sie wurde geändert als Entgegenkommen an alle diejenigen, denen der ursprüngliche Kern der Waldorf-pädagogik noch fremd war. Es war gemeint als Geste der Gemeinschaftsbildung: „Ihr gehört mit dazu. Wir sind *eine* Gemeinschaft und wir leiten die Schule gemeinsam. Wir wollen euch nicht brüskieren mit der ursprünglichen „Mission" der Waldorfpädagogik."

Das Prinzip der kollegialen Schulführung wurde als Mittel zur Integration genutzt und höher gewertet als die ursprüngliche „Corporate Identity". Diese „Corporate Identity" – so befürchtete man – hätte ein Kollegium gespalten. Die kollegiale Schulführung hingegen konnte verbinden statt zu trennen. „Waldorfpädagogik" umsetzen hieß am Ende dieser Entwicklung für immer mehr Beteiligte: „Unterricht machen mit allen Freiheiten unter den Rahmenbedingungen der Big 12".

All dies entwickelte sich nicht zentral geleitet, sondern vor Ort in verschiedensten individuellen Varianten und in jeder einzelnen Schule abhängig von der jeweiligen Zusammensetzung eines Kollegiums. Auch an den einzelnen Schulen war das Resultat nicht das Ergebnis einer einmaligen bewussten Entscheidung. Es stellte sich langsam ein. Es war eine Konsequenz, die im Laufe vieler Jahre immer deutlicher wurde, ohne dass sie je gezielt beabsichtigt gewesen wäre.[100] Die langfristigen Auswirkungen konnte man indes noch nicht absehen.

Der Gewinn der Integration war enorm. Mehrere Tausend (!) Lehrerinnen und Lehrer (wenn auch nicht alle) fanden auf diese Weise einen Zugang zur Waldorfpädagogik. Mehr noch: Viele von ihnen fanden in ihrer Schule eine pädagogische Heimat. Es wurde „ihre" Schule. Oft konnten sie die „Waldorfschule" empfehlen. Vor allem liebten sie ihre Arbeit mit den Schülerinnen und Schülern.

Bei von mir in den Jahren 2013 – 2015 durchgeführten Befragungen in verschiedenen Schulen mit insgesamt mehr als 300 Befragten gaben mehr als 90 Prozent der Lehrerinnen und Lehrer an, dass sie ihre Arbeit lieben und den großen Freiraum wertschätzen, der ihnen gewährt wird. Das sind Zahlen, bei denen andere Institutionen oder Firmen nur erblassen können.

Durch die Integration erhielten die Schulen gleichzeitig einen großen Zustrom an Kompetenzen. In nicht wenigen Fällen waren die neu hinzukommenden Lehrer pädagogisch begabter als manche Kolleginnen und Kollegen, die ganz hinter der ursprünglichen Corporate Identity standen. Und fast jede Schule hat den Fall erlebt, dass sogenannte „Staatsschullehrer" an der Waldorfschule von den Schülerinnen und Schülern aufgrund ihrer Kompetenz und ihres enormen Engagements weit höher geschätzt wurden als manch andere, die von sich in Anspruch nahmen, zu wissen was Waldorf „eigentlich" ist.[101]

Zu Sternstunden der Integration kam es immer dann, wenn unterschiedliche Gedankenwelten und Kompetenzen in einen produktiven Austausch treten konnten. Wechselseitige Anregungen, getragen von wechselseitigem Respekt, konnten dann außerordentlich fruchtbar werden. Es entstand auf diese Weise weit mehr, als ohne die Auseinandersetzung mit dem jeweils „Fremden" möglich gewesen wäre.

Zu weiteren Sternstunden oder sogar Stern-Jahren kam es, wenn auf beiden Seiten wechselseitige Anerkennung und wechselseitige Dankbarkeit die gemeinsame Arbeit prägten. Zu den dunklen Stunden der Integration kam es immer dann, wenn es trotz der gemeinsam geleiteten Schule zu internen Spaltungen kam: Hier Guelfen dort Ghibellinen, hier Fundamentalisten – dort Ahnungslose. Noch heikler wurde es, wenn sich Gräben bildeten und sich die verschiedenen Seiten unter Druck setzten. Und vollends bitter wurde es, wenn mit dem fehlenden wechselseitigen Verständnis auch der wechselseitige Respekt bröckelte, nur noch wie alter Putz an zerfallender Fassade haftete, bis er dann schließlich ganz abbrach. Kein schöner Anblick.

Aber wie schwierig oder wie produktiv auch immer die Integration an einer einzelnen Schule verlief, unter dem Strich steht in der Bilanz der deutschen und auch der weltweiten Schulbewegung ein enormer Zugewinn an Menschen, die den Impuls einer neuen Pädagogik unterstützt oder zumindest wertgeschätzt haben. Dazu gehören schließlich auch mehrere Zehntausend Eltern, die ihre Kinder auf eine Waldorfschule geben konnten und die dadurch einige Aspekte der Waldorfpädagogik kennengelernt haben. Immer wieder wurden einige von ihnen später selbst Waldorflehrer.

Es wäre deshalb fatal und eine Form nicht tolerierbarer Undankbarkeit, wollte man das Ergebnis dieser Entwicklung kleinreden, bloß weil mit ihr eine Reduktion der ursprünglichen „Corporate Identity" einherging. Auf der anderen Seite ist es eine historische Tatsache, dass man einen Preis gezahlt hat: es handelt sich – gemessen an der ursprünglichen Aufgabe – um eine gravierende Veränderung der ursprünglichen Identität.

Es ist müßig, diese Entwicklung zu beklagen oder zu begrüßen. Man kann sie weder rückgängig machen noch rückwirkend weiter beschleunigen. Es wäre ebenso müßig und geradezu absurd mit Schuldzuweisungen oder Preisverleihungen – je nach Beurteilung – zu reagieren. Aber es ist *nicht* müßig, sich die Ursachen dieser Entwicklung deutlich zu machen, in deren Verlauf sich das Verhältnis der Waldorf-*Schulen* zu den Essentials der Waldorf-*Pädagogik* gravierend weiter verändert hat. Es ist dies deshalb nicht müßig, weil der Blick auf die Ursachen einen Erkenntnisgewinn liefert, der für künftige Weichenstellungen eine wichtige Rolle spielen kann.

Das Dilemma der Ausweitung

Die Waldorfschulbewegung schien in der Phase der Expansion vor einer Alternative zu stehen: Entweder klein bleiben, nicht ausweiten, aber an der ursprünglichen Mission festhalten oder ausweiten, um der gestiegenen Nachfrage gerecht zu werden und um möglichst vielen Schülerinnen und Schülern wenigstens die Big 12 anbieten zu können und darauf vertrauen, dass genügend viel von der ursprünglichen Substanz lebenskräftig bleibt, aber andererseits unweigerlich das Risiko eingehen, dass es zur Schrumpfung oder sogar zur Kernschmelze des ursprünglichen Impulses kommt.

In Wirklichkeit handelte es sich bei dieser Gegenüberstellung um eine sogenannte „falsche Alternative", nämlich um ein Entweder-Oder statt eines Sowohl-Als-auch. Denn tatsächlich gab es − zumindest theoretisch − einen dritten Weg (wenn nicht sogar mehrere) und damit eine Lösung des scheinbaren Dilemmas. Aus welchen Gründen wurde ein dritter Lösungsweg nicht eingeschlagen?
Ein erster Grund lag darin, dass die weitaus meisten Waldorflehrerinnen und -lehrer zwar pädagogisch ausgebildet waren, nicht aber auf dem Gebiet der Schulleitung. So wurde der systematische Unterschied zwischen „Führung" und „Management" nicht genügend berücksichtigt:
„Führung" oder „Leitung" ist etwas anderes als „Management". Marvin Bower (1903 − 2003) brachte das durch zwei

Buchtitel zum Ausdruck: „The Will to Lead"[102] und „The Will to Manage".[103] Stephen Covey (1932–2012) fand für den gleichen Unterschied ein eindrückliches Bild[104]: Wenn es darum geht, sich Wege durch ein noch unerschlossenes Gebiet zu bahnen, ist es eine *Management*-Aufgabe, das zu organisieren. (Wo werden welche Wege gebaut? Welche Arbeitskräfte brauchen wir und wie gewinnen wir sie? Wie und zu welchen Kosten wird Material herangeschafft? Wie können insgesamt die Kosten gering gehalten werden bei möglichst hoher Qualität der Wege?) Die *Führung* oder *Leitung* hat – im Unterschied zum Management – eine ganz andere Aufgabe: Sie muss das Gebiet festlegen und dafür gute Gründe haben. Mit den Worten Coveys: „Sind wir überhaupt im richtigen Wald?" Oder an anderer Stelle: „Es nützt nichts, sich enorm anzustrengen und die Verfahren zu optimieren, wenn man im falschen Gebiet ist, so wie es auch nichts nützt, auf einer Leiter immer höher zu klettern, wenn die Leiter am falschen Baum steht."

„Führung" oder „Leitung" hat – Marvin Bower zufolge – überall auf der Welt und in jeder Organisation oder Firma zwei Hauptaufgaben:

- Aufgabe Nr. 1: Die Firmen-Mission von Jahr zu Jahr intensivieren.
- Aufgabe Nr. 2: Führen heißt, möglichst viele Mitarbeiter zur Führung befähigen.

In den Führungsgremien der Waldorfschulen war die Unterscheidung von „Leitung" und „Management" nicht klar genug ausgeprägt. Die Folge:
Neue Mitarbeiter, die wichtige *Managementaufgaben* übernahmen (wie die Leitung einer Klasse, die Beteiligung an Personalfragen, Finanzfragen etc.) wurden zugleich in das *Leitungsgremium* aufgenommen: in die sogenannte „Schullei-

tungskonferenz" oder „Interne Konferenz" [105, 106] – mit den geschilderten Folgen.

Wenn man jedoch zwischen dem Übernehmen von *Managementaufgaben* einerseits und der *Leitung* andererseits unterscheidet und die Verantwortungsübernahme für die „Firmenmission" zum notwendigen (wenn auch nicht hinreichenden) *Leitungskriterium* macht, dann gliedert sich das Vorgehen in vier Maßnahmen:

1) Die Firmenmission ist in der Gesamtheit ihrer fünf Dimensionen von Anfang an klar zu kommunizieren. „Diese Mission ist unsere Aufgabe. Fühlen Sie sich frei, ob Sie daran mitarbeiten wollen."

2) Jedem neuen Mitarbeiter ist genügend Zeit zu geben, sich mit der Firmenmission auseinanderzusetzen. Selbstverständlich kann man als Lehrer an einer Waldorfschule auch dann arbeiten, wenn man für die Mission *als ganze* noch keine Verantwortung übernehmen will.

3) Jeder Mitarbeiter kann darüberhinaus wichtige Management-Aufgaben übernehmen, wenn er Kompetenz und Bereitschaft dazu mitbringt. Man wird damit selbstverständlich auch Mitglied der kollegialen Management-Konferenz (der früher so genannten „Schulleitungskonferenz"). Das alles ist möglich, auch ohne Verantwortung für die „Firmenmission" und damit für die *Leitung* zu übernehmen.

4) Die Mitverantwortung für die *Leitung* der Schule kann man jedoch nur dann übernehmen, wenn man *sich selbst* frei dazu entschieden hat, dass man für die „Gesamt-Mission" der Schule auch Verantwortung übernehmen *will*: „Ja, ich fühle mich dieser Mission gegenüber verpflichtet und ich bin bereit, nach meinen besten Kräften dafür Verantwortung zu übernehmen." Ohne dieses Commitment

zur Corporate Identity gibt es keine *echte* Führungsverant-
wortung.

So einfach diese Gliederung ist, so schwer war sie innerhalb
einer Waldorfschule durchführbar. Sie hatte einen gravierenden Nachteil: mit einem derartigen Vorgehen hätte man in
ein und derselben Schule zwei verschiedene Verantwortungs-
kreise eingerichtet und damit Personen mit unterschiedlichen Aufgaben und Befugnissen ausgestattet: Erstens diejenigen, die Leitungsfunktion haben, indem sie für die „Mission"
der Schule Verantwortung tragen, und zweitens diejenigen,
die diese Verantwortung – aus welchen Gründen auch immer – noch nicht (oder grundsätzlich nicht) übernehmen
wollen. Dass es sich bei diesen beiden Gruppen nie um fest
zementierte Grenzen, sondern um in beide Richtungen
durchlässige, frei gewählte und veränderbare Zusammenstel-
lungen handelt, liegt in der Natur der Sache. Trotzdem war,
was in jeder anderen Organisation völlig normal ist, in den
Waldorfschulen nicht gewollt. Denn die Unterscheidung von
zwei unterschiedlichen Verantwortungsgruppen schien nicht
sozial-verträglich zu sein.[107] Sie hätte – so fürchtete man –
Ungleichheit geschaffen. Sie roch nach Zwei-Klassen-Gesell-
schaft: Die einen, die sich für etwas Besseres halten, einge-
weiht in die Ziele der Waldorfpädagogik, und die anderen,
die das Fußvolk sind. Häuptlinge und Indianer eben. Und
genau das wollte man nicht. Die grandiose Idee der Gleichheit aller Menschen führte dazu, dass man die Gleichheit an
einer Stelle haben wollte, wo sie schlechterdings nicht vorliegen konnte: Denn in der Sache besteht ein fundamentaler
Unterschied zwischen Menschen, die Verantwortung für eine
„Mission" übernehmen, und solchen, die das noch nicht oder
generell nicht wollen.

Die echte Herausforderung bei der Unterscheidung von verschiedenen Verantwortungsniveaus hätte darin bestanden, dass die unterschiedliche Verantwortung in der Alltagspraxis sozial völlig akzeptiert wird. Und genau das traute man sich entweder gar nicht erst zu oder man scheiterte daran. Zwar nicht in jedem einzelnen Fall, aber insgesamt. Man fürchtete die sozialen Verwerfungen. Größtmögliche soziale Verträglichkeit bei gleichzeitiger Differenzierung der Verantwortungsniveaus – vor dieser Herausforderung kapitulierte man. Es war eine Herausforderung der Brüderlichkeit, vor der man kapitulierte. Brüderlichkeit ist nicht Gleichheit, Gleichheit nicht Brüderlichkeit. Brüderlichkeit setzt Ungleichheit voraus und überwindet sie ohne sie zu nivellieren.[108]

Auf diese Weise entfiel der dritte Weg, der beides hätte erreichen können: Ausweitung der Bewegung *und* Intensivierung der ursprünglichen „Mission".

Vor die Wahl gestellt, entweder einen Verantwortungs-Unterschied einzurichten und sozialverträglich zu praktizieren oder die ursprüngliche „Mission" zu reduzieren, geriet man im Laufe von zwei bis drei Jahrzehnten in eine Entwicklung, die zur Preisgabe der ursprünglichen „Mission" führte. Man zog eine Einigung auf einem kleineren Nenner der Ungleichheit auf dem Gebiet der Verantwortung vor.

In dem Zurückschrecken vor einer Differenzierung der Verantwortungsniveaus lag ein entscheidender Grund für die geänderte Einstellung der Schulen zu den fünf Dimensionen der Waldorf-*Pädagogik*. Das große Ideal der Gleichheit aller Menschen spielte dabei eine bemerkenswerte Rolle: Dieses Ideal hatte durch die 68er Bewegung eine begeisternde Befeuerung erfahren. Es schuf einen Resonanzraum und beförderte zugleich eine Verwechslung: *Alle* hatten das gleiche *Recht*, für die „Mission" der Waldorfpädagogik Verantwortung zu übernehmen. Aber nicht jeder *wollte* sie übernehmen. Und damit war eine frei gewählte Ungleichheit geschaffen, die man zugleich nicht wahrhaben wollte. De facto begann man im Resonanzraum der 68er Gleichheitsbewegung, sich von der *spezifischen* Aufgabe der Waldorfschule, die Steiner ihr gegeben hatte, mehr und mehr zu entfernen. Nicht von heute auf Morgen, aber im Laufe von zwei Jahrzehnten.

Die Beziehung der Schulen zu den fünf Dimensionen der Waldorfpädagogik verlief damit in drei großen Etappen:

- Bis 1933 war in den Waldorfschulen die Gesamtheit ihrer fünf Dimensionen *Corporate Identity*.
- Nach 1945 fand ein Wandel statt von einer *expliziten* und *unterzeichneten* Corporate Identity zu einer *unausgesprochenen Selbstverständlichkeit*.
- Mit den 1970er und 1980er Jahren setzte ein Prozess ein, an dessen Ende die Essentials der vierten Dimension als *Privatangelegenheit* betrachtet wurden. Die Essentials der dritten Dimension – einst die Leitsterne einer Pionierbewegung – wandelten sich langsam in die weit verbreitete Vorstellung, dass „Waldorf" die Soft-Version des staatlichen Systems sei. Viele Methoden aus den Essentials der zweiten Dimension wurden kaum systematisch trainiert.

„Zur Vertiefung der Waldorfpädagogik"

Die Pädagogische Sektion der Freien Hochschule für Geisteswissenschaft in Dornach nahm diese Entwicklung wahr und versuchte gegenzusteuern. 1990 erschien die zweite Auflage der Schrift „Zur Vertiefung der Waldorfpädagogik". Diese Schrift – interne Bezeichnung „Das Lila Buch" – enthielt die wichtigsten Wortlaute Rudolf Steiners zur vierten Dimension der Waldorfpädagogik. Treibende Kraft hinter diesem

Impuls war der damalige Leiter der Pädagogischen Sektion in Dornach, der Norweger Jörgen Smit (1916–1991). Das Buch wurde von den Schulen bei der Pädagogischen Sektion bezogen und an Lehrerinnen und Lehrer, die dies wollten, ausgegeben.[109] Die Höhe der zweiten Auflage war mit ca. 7000 Exemplaren beträchtlich und so verstärkte das Buch noch einmal bei vielen Lehrerinnen und Lehrern ein Bewusstsein von der spirituellen Dimension der Waldorfpädagogik. Aufhalten konnte es den historischen Prozess nicht. Die spirituelle Dimension der Waldorfpädagogik gehörte beim Erscheinen des Buches schon lange nicht mehr zur „Corporate Identity" der Schulen. Das kommt bezeichnender Weise im Titel des Buches zum Ausdruck: „Zur *Vertiefung* der Waldorfpädagogik". Das heißt: Es gibt die Waldorfpädagogik und dann kann sie auch noch vertieft werden. Mit anderen Worten: Es gibt die Waldorfpädagogik auch *ohne* spirituelle Dimension. Und genau das entsprach der Realität in den Waldorfschulen – zwar nicht der ursprünglich angestrebten, aber der von 1990.

Langfristige Folgen

Vorbemerkung

In den vergangenen drei Jahren durfte ich fast zwei Dutzend Waldorfschulen besuchen. Ich habe bei etlichen Unterrichten hospitieren dürfen und es war herz erquickend, was ich in den Stunden gesehen habe. Man liest immer wieder Kritisches über die Waldorfschulen und in etlichen Talkshows kann man ein genauso wohlfeiles wie albernes Waldorf-Bashing beobachten. Am liebsten möchte ich dann ausrufen: Liebe Leute, jetzt lasst mal die Kirche im Dorf. Schaut euch doch einfach nur an, was in den Schulen lebt.
Selbstverständlich gibt es in den Schulen auch Schattenseiten. Selbstverständlich gibt es auch Kritisches und manchmal sogar Inakzeptables. Nur: in welchem Verhältnis steht das zum Ganzen? Als Insider und interner Kritiker wäre es ein Leichtes, die Kritik von außen noch zu überbieten. Nur würde ich dann dem,

was in den Schulen lebt, auch nicht annähernd gerecht werden. Trotzdem war es Rudolf Steiner wichtig, auch die misslichen Seiten in den Blick zu nehmen und zu besprechen. (GA 300a, 73) Einige von ihnen werden deutlich, wenn man den Maßstab der fünf Dimensionen der Waldorfpädagogik anlegt. Dadurch soll das täglich in den Schulen Geleistete in keiner Weise geschmälert werden. Aber man sollte die Folgen des historischen Wandels nicht ausblenden. Im Gegenteil: die langfristigen Folgen der skizzierten Entwicklung sind genauso ins Auge zu fassen wie all das, was in den Waldorfschulen so schätzens- und liebenswert ist:

- Die Reduktion der Corporate Identity auf die Settings und einige traditionelle Standard-Methoden führt an immer mehr Orten zu einem *Schwinden des Pionierbewusstseins*. Das aufwändige Alltagsgeschäft wird dann weniger vom Bewusstsein der ursprünglich angestrebten kopernikanischen Wende der Pädagogik getragen.
- Mit der Verringerung des Pionierbewusstseins geht zuweilen auch eine Verringerung des Engagements einher.
- Wichtige Kernaufgaben der Waldorfpädagogik werden dann in erstaunlichem Maß vernachlässigt: Das regelmäßige kollegiale Training im Verständnis des einzelnen Kindes geht zurück. Das regelmäßige Training der Entwicklung neuer Methoden ist oft nur in Ansätzen entwickelt.
- Es kommt zu Reformen und Umstrukturierungen. Aber relativ rar sind solche Erneuerungen, die derjenigen Erneuerungsquelle entstammen, die für die Waldorfpädagogik konstitutiv ist. (Essential 2, Dimension 4)
- Steiner hatte klare Angaben darüber gemacht, unter welchen Bedingungen man das enorme Wagnis einer kollegialen Schulführung eingehen könne (Vgl. Teil 5, Kapitel 5). Sind diese Voraussetzungen nicht erfüllt, wird die kollegiale Schulführung zur Falle: Sie wird als ineffektiv erlebt, mehr als Last denn als beflügelnd. Andererseits kann man sich aus ihr auch nicht befreien, denn das Gewohnheitsrecht, über alles mitentscheiden zu dürfen, ist massiv. Stattdessen kommt ein gravierender Nachteil kollegialer

Schulführung zur Geltung: Missstände (nicht eingehaltene Beschlüsse, nicht gemachte Aufgaben, Qualitätsdefizite etc.) können, wenn sie denn auftreten, nur schwer behoben werden. An einigen Schulen hat das zeitweise bedenkliche Ausmaße angenommen, andere sehen sich noch weit davon entfernt. Aber man sollte nicht vergessen: Jeder Dammbruch fängt mit einem kleinen Schaden an. Nicht jeder kleine Schaden wird zu einem Dammbruch, aber er hat dazu das Potential. Ein kleiner Riss mag bei schönem Wetter unproblematisch sein. Bei schlechtem Wetter und erst Recht unter Druck kann er katastrophale Auswirkungen haben. Rechtzeitiger Damm-Schutz ist deshalb wichtiger als naiver oder gar wegschauender Zukunftsoptimismus.

- Die interne Unzufriedenheit über die Gehälter steigt proportional zum sinkenden Enthusiasmus.
- Die Monetarisierung zahlreicher Arbeitsfelder steigt proportional zum schwindenden Pionierbewusstsein.
- Mit dem Verdämmern der vierten Dimension geht auch das Wissen um den Kulturauftrag der Waldorfschule verloren. An seine Stelle trat der Sündenfall, dass Arbeit bezahlt wurde. Eine erstaunliche Geschichte.

Exkurs: Vom Paradies in des Teufels Küche.
Anmerkungen zum Geld

Als ich 1985 als junger Lehrer an der Michael-Bauer-Schule in Stuttgart anfing, waren damals einige Ideen aus Steiners „Dreigliederung des sozialen Organismus" in der Sozialordnung der Schule umgesetzt. Dazu gehörte vor allem Steiners Gedanke, dass es extrem ungünstig und eigentlich falsch ist, Arbeit oder Arbeitsstunden zu bezahlen. Das klingt irritierend, denn die Bezahlung von Arbeit gilt heute als das Selbstverständlichste der Welt und deshalb dürften Steiners Ideen in den Augen der meisten Menschen als abstrus oder mindestens als weltfremde Schwärmerei gelten. Das Gegenteil ist der Fall: So wie im menschlichen Organismus das Blut den Sauerstoff zu den Organen trägt, weil es vom Sauerstoffbedarf der Organe *angesaugt* wird, so sollte im sozialen Organismus das Geld (zur Befriedigung der Lebensbedürfnisse) zu den Menschen kommen, weil diese einen Bedarf haben. (Vgl. die Ausführungen zu Essential 7, Dimension 3) Und wie die Organe des Körpers den Sauerstoff brauchen, um ihre Funktion erfüllen zu können, so brauchen wir Menschen Geld als Tauschmittel, um leben zu können. Ein Organ wie die Leber arbeitet aber nicht mit dem Ziel, Sauerstoff dafür zu bekommen. Und erst recht nicht arbeitet ein Organ mit dem Ziel, ein Übermaß an Sauerstoff zu erhalten und zu horten. Die Leber arbeitet in einer bestimmten Weise, weil das ihrer Natur und ihrer Funktion im Gesamtorganismus entspricht. Den Sauerstoff erhält sie, weil sie ohne ihn absterben würde. Und ähnlich sollte es mit den „Organen" des Großorganismus der menschlichen Gesellschaft sein: Die Menschen der verschiedenen Berufe arbeiten – Steiner zufolge – in einem *gesunden* Großorganismus nicht mit dem Ziel, dafür Geld zu bekommen, sondern weil sie dadurch andere Organe und das Leben des Gesamtorganismus befördern. Ihre Arbeit wird gebraucht wie der menschliche Körper die Arbeit von Leber und Niere braucht. –

An kaum einem Beruf wird dieser Sachverhalt so deutlich wie am Lehrerberuf. Es mag zwar vorkommen, dass hin und wieder ein Lehrer die Kinder mit dem Ziel unterrichtet, Geld zu verdienen. Aber das ändert nichts daran, dass diese Einstellung unangemessen ist. Angemessen ist etwas anderes: Man arbeitet mit Kindern oder Jugendlichen, weil diese es brauchen, so wie die Leber ihre Arbeit verrichtet, weil der Körper es braucht. Man befriedigt das Bedürfnis der Kinder und Jugendlichen nach geistigem Wachstum.

Auf der anderen Seite hat man selbst auch *eigene* Lebensbedürfnisse, so wie die verschiedenen Organe den Sauerstoff brauchen. Aber *meine* Lebensbedürfnisse werden – idealiter – von anderen Menschen genauso befriedigt wie ich die Bildungsbedürfnisse der Kinder befriedige.

So wäre es – Steiner zufolge – sachgemäß und gesund. Die Bezahlung von Arbeit oder gar die exorbitanten Einkünfte aus spekulativen Börsengewinnen sind demgegenüber nicht nur unsachgemäß, sondern eine Art Leukämie des sozialen Organismus. Sozialer Blutkrebs aber führt irgendwann zur Zerstörung des sozialen Organismus, wenn er nicht rechtzeitig geheilt wird.

Unsere Lebensrealität ist von dieser Auffassung meilenweit entfernt, aber meine damaligen Kolleginnen und Kollegen kannten Steiners Ideen und sie hatten versucht, sein Konzept in der Gehalts- und Deputats-Ordnung der Schule anzuwenden. *Sie wussten, dass es ursprünglich zum Kulturauftrag der Waldorfpädagogik hinzugehört: zu versuchen, nicht Arbeitsstunden zu bezahlen, sondern durch die Bezahlung die Lebensbedürfnisse zu befriedigen.* Die Folgen waren bemerkenswert und – verglichen mit vielen heutigen Zuständen – ein Paradies: Als ich anfing zu unterrichten, wurden nicht meine Arbeitsstunden bezahlt. Stattdessen wurden mir zwei Fragen gestellt: Erstens, welche Unterrichte ich gerne übernehmen würde. Zweitens, wie viel Geld ich gerne zum Leben hätte. Beide Fragen waren nicht aneinander gekoppelt. Da ich ein Anfänger war, erklärte ich, dass es für mich wichtig wäre, mich sehr gut vorzubereiten. Ich übernahm deshalb keine festgelegten Stunden, sondern *Arbeitsaufträge* und durfte selber festlegen, mit wie vielen Unterrichtsstunden ich den Auftrag erfüllen wollte. Unter dem Strich hatte ich 4 Jahre lang nur 17 – 18 Unterrichtsstunden (incl. Abiturleistungskurs und Realschulabschlussprüfung) zu geben, bei voller Bezahlung. Mehr noch: Ich selbst hatte festgelegt, wie viel Geld ich zum Leben bekomme, und das wurde akzeptiert. Die Folgen dieses Systems kamen einem Ideal sehr nahe:

- Nie mehr in meiner gesamten Lehrerzeit waren meine Unterrichte so gut vorbereitet und fachlich so intensiv wie damals.
- Etliche weitere Aufgaben konnte ich übernehmen aus Freude: Sie mussten gemacht werden und ich wollte sie gerne übernehmen. Nicht im Traum wäre es mir eingefallen, dafür bezahlt werden zu müssen. Die „Bezahlung" zur Befriedigung meiner Lebensbedürfnisse war abgekoppelt von meiner Arbeit.
- Ich habe arbeiten dürfen wie das Blut im Körper: Ich durfte geistigen Sauerstoff dorthin tragen, wo er gebraucht wurde, und umgekehrt trugen andere Menschen dazu bei, dass meine Lebensbedürfnisse, welche auch immer es waren, befriedigt wurden.
- Es entstand nicht nur ein Pionierbewusstsein auf pädagogischem Gebiet. Man fühlte sich auch als kleiner Mini-Pionier auf dem gesellschaftlichen Sektor: „Wir probieren in unserer Schule – so gut es eben geht – einige Ideen aus Steiners *Dreigliederung des sozialen Organismus* aus."
- Die gemeinschaftsbildende Kraft war enorm. Noch heute erfüllt es mich mit tiefer Genugtuung, dass dieses System nicht auf irgendwel-

235

che Abschlüsse schaute: Es galt damals in gleichem Maße für den promovierten Hochschulabsolventen wie für den Hausmeister und die Sekretärin. (Steiner hatte großen Nachdruck darauf gelegt, dass die Arbeit einer Grundschullehrerin oder einer Kindergärtnerin genauso viel Wert ist wie die Arbeit eines Oberstufenlehrers.)[110]

Im Vergleich zu der skizzierten Deputats- und Gehaltsordnung ist die Bezahlung von Arbeitsstunden ein Sündenfall. In einer guten Wirklichkeit wird Arbeit nicht bezahlt – so sehr und so lange auch die Welt darüber den Kopf schüttelt. Aber es kommt noch schlimmer: Es pflegt bei Sündenfällen der Fall zu sein, dass irgendein Paradies abhanden kommt. Im vorliegenden Fall das Paradies der „Goldenen Regel" der Waldorf-*Pädagogik*. Steiner formulierte diese goldene Regel so: Jede Arbeit mit den Schülerinnen und Schülern sollte so *ökonomisch* wie nur irgend möglich sein:

„Es handelt sich darum, dass im Sinne des Waldorfschul-Gedankens der ganze Unterricht so veranlagt werde, dass in der möglichst kürzesten Zeit möglichst viel mit den allereinfachsten Mitteln an die Kinder herangebracht werde. (…) Und man kann unter Umständen, wenn man wirklich mit einer freien Beherrschung als Lehrer diesen Stoff in die Schule hineinträgt, (…) in drei, vier Stunden dasjenige an die Kinder heranbringen, was man sonst in einem halben Jahr an die Kinder heranbringt, sondern man kann es sogar besser heranbringen, sodass die Kinder dann davon für das ganze Leben einen bleibenden Eindruck haben." (GA 303, 139)

Anders formuliert: **Mit so wenig Unterricht wie möglich einen möglichst hohen Wirkungsgrad erzielen.** Unter den Rahmenbedingungen einer Bezahlung von Arbeitsstunden wird die Beachtung der „Goldenen Regel" so gut wie unmöglich: Wer kann noch ein Interesse daran haben, mit weniger Unterrichtsstunden auszukommen, wenn von der Stundenzahl seine Bezahlung und damit seine Existenz abhängt?

Doch wenn man Pech hat – und manchmal hat man Pech – findet man sich nach dem Verlust des Paradieses auf einem schlammigen Abhang wieder. Wenn Arbeit bezahlt wird, kommt es irgendwann zum Streit darüber, welche Arbeiten denn nun bezahlt werden und welche nicht. Offensichtliche und vermutete Ungerechtigkeiten legen sich dann über eine Schule wie vergifteter Smog über eine Metropolregion. Es atmet sich schlecht. Aber am unteren Ende des Abhangs kann man – ohne böse Absicht – in einem Sumpf landen: Dort gibt es dann Deputate einiger weniger Kollegen von 36 bis 40 Stunden zu bestaunen – mit einem entsprechenden Gehaltszuwachs von 70-80 Prozent, zuzüglich der damit gestiegenen Rentenansprüche. Und vom Sumpf aus kann es – wenn man Pech hat – zuweilen noch weiter gehen in des Teufels Küche: Dort kann man sich die Mega-Deputate vertraglich dauerhaft zusichern lassen. – Es muss nicht so kommen, aber irgendwann passiert es eben doch – meist aus Not – und in einem System, in dem Arbeit bezahlt und nach Stunden gemessen wird.

Die antiken Griechen hatten dafür ein bemerkenswertes Wort: *Wenn die Götter ausziehen, ziehen die Dämonen ein.* Übersetzt: Wenn man sich von wichtigen Essentials der vierten Dimension – wie dem Kulturauftrag der Waldorfschule – verabschiedet, stehen die Chancen nicht schlecht, irgendwann im Sumpf sozialer Ungerechtigkeiten zu waten und am Ende in der Fritteuse des Geld-Teufels zu brutzeln.

Verliert man den Bezug zu dem Kulturauftrag der Dreigliederung, dann verschwindet der gesellschaftspolitische Pioniergeist und am Ende leidet man unter lauter Ungerechtigkeiten bei der Belastung und bei der Bezahlung. Nun ist Pioniergeist keine Zahnpasta. Für die gilt: Ist sie aus der Tube raus, kriegt man sie schlecht wieder rein. Für Pioniergeist ist das nicht zwangsläufig so. Ein deutsches Märchen sagt, dass man durchaus mit Gewinn aus dem Wohnzimmer des Teufels wieder herauskommen kann. Und in der Tat ist es eine der reizvollsten und anspruchsvollsten Aufgaben für die Zukunft, aus dem Geist der Dreigliederung und der anderen Essentials der vierten Dimension eine *zukunftsfähige* Sozialordnung einer Schule zu entwickeln. Das ist zumindest pionierhafter als dem weltweit genauso dominanten wie kranken Bezahlsystem hinterher zu laufen.[111] Man ahnt gar nicht, wie viele Probleme sich dadurch lösen lassen und wie enorm dadurch der geistige, seelische und materielle Wohlstand steigt.

3. Die Schaffung des Übermenschen, zum dritten

Seit der Jahrhundertwende kommt es zum dritten Mal innerhalb eines Jahrhunderts zu dem Projekt, einen „Neuen Menschen" zu schaffen.[112] 1933 waren es die Nazis mit ihrem Wahn der biologischen Züchtung des germanischen Übermenschen. *Subjektiv* waren die damaligen Protagonisten davon überzeugt, dass nur dadurch die Welt gerettet werden könnte. Es ging ihnen nicht nur um die germanische Rasse (was immer das auch sein sollte), sondern es ging ihnen in ihrer Verblendung um die Rettung der ganzen Welt. In den Hirnen waberte ein messianischer Welterlösungsglaube. Und das Gesamtprogramm verstand sich selbst als Befreiung des Menschen aus seinen Fesseln, seien das nun „die Zinsknechtschaft", „das Bankensystem der Hochfinanz", „der Intellektualismus", „das Parteiengezänk", der „Werteverlust", „der Lügen-Journalismus", „der Internationalismus" oder die „Rassenverunreinigung".

Nach 1966 ging es – in völlig veränderter Gestalt – zum zweiten Mal um eine Befreiung des Menschen und die Schaffung eines „Neuen Menschen". Er sollte befreit werden von den Fesseln seiner Geschichte und von den Fesseln einer ausschließlich diskursiven Vernunft.

In jüngster Zeit kommt eine dritte Variante der Schaffung eines messianischen Übermenschen zum Vorschein und sie scheint um ein Vielfaches mächtiger zu sein als die beiden vorangegangen: Diesmal geht es um die Schaffung eines Neuen Menschen durch die Verschmelzung von Mensch und Maschine. Es handelt sich – so das Nachrichtenmagazin der SPIEGEL (10/2015) – um eine „Hightech-Heilslehre". Und wieder geht es um die ganze Welt und deren angebliche Rettung. Die Protagonisten des dritten Anlaufs zu einem neuen Menschen haben – so Jaron Lanier – einen messianischen Anspruch: Die Menschheit soll diesmal nicht am „deutschen Wesen", aber an der Hightech-Heilslehre genesen.

Die Protagonisten glauben an eine bessere Zukunft durch Technologie: Das Altern soll gestoppt, der Krebs besiegt werden. Geschaffen werde eine „Menschheit 2.0". Mensch und Maschine nähern sich so weit an, dass es zu einem nächsten Urknall komme. Danach ist die Welt eine andere. Das menschliche Leben werde unwiderrufbar ein anderes sein.
Eine Mischung aus esoterischem Hippie-Denken, knallhartem Kapitalismus und digitalem Technizismus macht es möglich. Möglich macht es vor allem ein Zusammenwirken von Robotik, Materialwissenschaften, Medizin und Biotechnologie.
Dabei beschleunigt sich diese Entwicklung exponentiell und genau das verstärkt die Zuversicht der Macher: *„Wer 30 lineare Schritte macht, legt 30 Meter zurück. Wer 30 exponentielle Schritte macht, legt 1 Milliarde Meter zurück. (1 Million Kilometer) In 25 Jahren werden wir keine Geräte mehr mit uns herum tragen. Abgelöst durch molekulare Computer und biometrische Sensoren, die uns mit der Welt verbinden."*[113]
Diese enorme Beschleunigung wird gezielt forciert durch die Gründung einer Singularity-Universität. Deren Ziel: Sie will in Zukunft 1000 Absolventen als Nachwuchskräfte für das Projekt „Menschheit 2.0" hervorbringen. Nicht pro Jahr. Pro Tag.

Und eine weitere erstaunliche Geste tritt bei diesem Unterfangen zutage: Die Rücksichtslosigkeit.
Die Macher der neuen Entwicklung wollen nicht, dass ihnen jemand bei ihrem Projekt reinredet.
Sie verabscheuen deshalb die Politik. Politik stelle mit ihren

Gesetzen nur Hindernisse in den Weg. Wenn alte Werte ihrer Vision entgegenstehen, dann müssen andere Werte her und die alten weg. Dass man diese alten Werte (etwa den Schutz der Persönlichkeit) durch Jahrhunderte mit viel Blut erkämpft hat, spielt keine Rolle. Privatsphäre? Weg damit. Datenschutz? Weg damit.

In Deutschland sind Nazi-Vergleiche ein No-Go. Jeder Politiker weiß, dass er ein Eigentor schießt, wenn ihm ein Nazivergleich unterläuft. Tatsächlich aber ist das Vergleichs-Tabu ein verhängnisvolles Dogma und zugleich ein vernebelnder Sprachtrick: Das Wort „Vergleichen" hat zwei Bedeutungen: zum einen heißt es: Zwei Sachverhalte oder Gegenstände auf Gemeinsamkeiten und Unterschiede hin untersuchen. Zum anderen wird das Wort „vergleichen" umgangssprachlich in der Bedeutung von „gleichsetzen" gebraucht. „Vergleichen" im ersten Sinn ist fast immer erhellend und bietet die Chance zu aufschlussreichen Erkenntnissen. „Vergleichen" im Sinne von „Gleichsetzen" ist fast immer falsch. Weil das zweite falsch ist, das erste zu tabuisieren, ist fatal. Es nimmt einem eines der wichtigsten Erkenntnis-Instrumente aus der Hand: Die Untersuchung von Gemeinsamkeiten und Unterschieden. Mit anderen Worten: Man kann gar nicht genug mit der Zeit des Nationalsozialismus vergleichen, um auf seiner Kontrastfolie andere Sachverhalte besser beurteilen zu können. Folgende Vergleichspunkte böten sich an für eine Untersuchung von Gemeinsamkeiten und Unterschieden zwischen den verschiedenen Projekten, einen Neuen Menschen schaffen zu wollen:

- Die Beschaffenheit des neuen Menschen
- Der messianische Anspruch, eine bessere Welt zu schaffen
- Das enorme Selbstbewusstsein bei gleichzeitigem Bescheidenheitsduktus

- Die Schaffung von Kaderschmieden zur Erreichung des Ziels
- Die Rücksichtslosigkeit im Umgang mit Widerständen[114]
- Das jeweilige Menschenbild
- Das jeweilige Verhältnis zum Geist des Menschen.
- Das jeweilige Verständnis von „Individualität"
- Das Verhältnis zur „Freiheit des Anderen"

Durch eine vergleichende Untersuchung werden die beiden Strömungen von 1933/36 und diejenige seit der Jahrhundertwende in keiner Weise „gleichgesetzt". Im Gegenteil: Der Blick auf die fraglos vorhandenen Gemeinsamkeiten wird gerade die bedeutenden Unterschiede hervortreten lassen und auf diese Weise das Verständnis und die Beurteilung schärfen und die Naivität verringern.

Wie sich die Waldorfschulen zu der gigantischen Zeitströmung der Gegenwart und der nächsten Zukunft verhalten werden, wie auch immer man diese einschätzt, ist eine offene Frage. Zwischen begeisterter Anhängerschaft, Wegducken, innerer Emigration und Widerstand gibt es ein breites Handlungsspektrum. Worauf es letztlich ankommt, dürfte die Geradlinigkeit der eigenen inneren Haltung sein und die Bereitschaft, sich für sie einzusetzen.[115]

TEIL 5

Perspektiven

„Diese Dinge dürfen uns nicht dazu führen auch nur zu denken: Wir können nicht erreichen, was wir uns vorgenommen haben. Wir müssen immer klar vor uns haben auf der einen Seite, dass wir das, was in den Intentionen liegt (...) verfolgen. Wie viel wir davon nicht erreichen, ist eine andere Frage; die müssen wir für sich behandeln und von Zeit zu Zeit genau besprechen."

Rudolf Steiner, Lehrerkonferenz
vom 25.9.1919 (GA 300 a, 73)

1. Ortsbestimmungen. 13 Deutungsvarianten

Die Waldorf-*Pädagogik* ist eine pädagogische Zeiten-Wende. Im Vergleich dazu sind die Waldorf-*Schulen* – unvermeidlicher Weise – „nur" eine mehr oder weniger weit gehende Veränderung des jeweils üblichen Schulsystems. Anderes war kaum möglich. Steiner wollte zwar genau das vermeiden, aber es ließ sich nicht vermeiden. Die Waldorf-Schulen sind der weltweite Versuch, in einen staatlich vorgegebenen Rahmen möglichst viele Elemente der Waldorf-*Pädagogik* einfließen zu lassen. Dadurch gibt es in den verschiedensten Staaten etliche Waldorfschulen, die tatsächlich nur eine Art „Soft-Version" des landesspezifischen Systems sind, weil viel mehr nicht machbar ist. Die Waldorf-*Pädagogik* ist in vielen Fällen wie der Keim eines Baumes, der auf einem kleinen Vorsprung einer Felswand Wurzeln fasst. Unter anderen Bedingungen könnte er anders wachsen, aber unter den gegebenen Bedingungen wächst er so, wie es möglich ist. Wie jeder Lebenskeim kann er gar nicht anders, als sich zu entfalten, sobald minimale Bedingungen für sein Wachstum vorliegen. Es liegt in der Natur des Lebens, so viele Keime wie möglich zu produzieren, auch wenn etliche absterben. Steiner brachte dazu einen Vergleich:

„Ich frage Sie: Scheut der Fisch im Meer davor zurück, so und so viele Eier abzulegen, die zugrunde gehen? Fragen Sie sich, wie viele von den abgelegten Eiern Seefische werden. Wie viele gehen da zugrunde! (…) So ist es auch im geistigen Leben. (…) Nicht auf Erwägungen kommt es an, ob dies oder jenes erreicht werden kann (oder) ob dies dem oder jenem zusagt, sondern darauf kommt es an, dass wir in der Sache selber den Impuls sehen und dass wir gar nicht anders können, als diesen Impuls in die Welt hineinzutragen." (GA 178, 95)[116]

Den Waldorfschulen vorzuwerfen, sie hätten sich nicht so entwickelt, wie es wünschenswert gewesen wäre, hat daher immer auch den Geschmack eines Vorwurfs, den man einer klein gebliebenen Eiche im Schatten eines Felsens macht: „Warum bist du nicht zu einer voll entwickelten Riesen-Eiche geworden?" Auf der anderen Seite ist es bei von Menschen geschaffenen Organismen durchaus sinnvoll, deren Wachstumsverlauf und seine Ursachen in den Blick zu nehmen und zu bewerten.

Wo stehen die Waldorfschulen heute – gemessen an ihrem Verhältnis zu den fünf Dimensionen der Waldorfpädagogik?

Die Waldorfschulen? Es gibt unter den Waldorfschulen erhebliche Unterschiede und diese Unterschiede hängen von sehr verschiedenen Faktoren ab: von den Ländern und Regionen[117], von der Schulgeschichte, der Zeit der Gründung, dem Alter der Schulen, von einzelnen Persönlichkeiten, die eine Schule geprägt haben, von der wechselnden Zusammensetzung der Kollegien und von den Wechselfällen des Lebens, von glücklichen Umständen und tragischen Ereignissen, die eine Schule getroffen haben. Trotzdem gibt es – bei allen Unterschieden – einen roten Faden oder eine gemeinsame Tendenz:

• Die Beziehung zu den Big 12 der ersten Dimension trat mehr und mehr in den Vordergrund. Veränderungen und Weiterentwicklungen der Schulen betrafen vorrangig die Änderung oder Neueinrichtung von *Settings*. (Die angeführten Beispiele betreffen nicht alle Schulen, sind aber weit mehr als Einzelfälle.)

  – die Beschränkung der Klassenlehrerzeit auf 6 Jahre
  – die Einführung eines Mittelstufen-Klassenlehrers

- die Einführung des „Bewegten Klassenzimmers"
- veränderte Fächerangebote
- die Einführung eines „Waldorfabschlusses"
- Verschiebungen des Unterrichtsbeginns auf 8:30 oder 9:00 Uhr
- Änderungen der Dauer der Unterrichtsstunden
- Reduzierung des Anteils der handwerklich künstlerischen Fächer
- Reduzierung oder Outsourcing des therapeutischen Angebots
- Reduzierung der Sprachgestaltung
- Einführung neuer Praktika
- Einführung von Team-Teaching
- Outsourcing des handwerklich-praktischen Unterrichts durch Kooperationen mit Firmen im Zuge einer dualen Ausbildung etc.

- Das systematische Training der Methoden der zweiten Dimension blieb im Hintergrund und bleibt eine große Herausforderung für das 21. Jahrhundert. Das zweite Jahrhundert der Waldorfbewegung von 2019 bis 2119 bietet zumindest potentiell die Chance, nach einem Jahrhundert der Settings ein „Jahrhundert der Methoden" voranzutreiben.
- Der Prozentsatz derjenigen Lehrerinnen und Lehrer, die von den „orientierenden Leitsternen", dem **Warum,** (den Essentials der dritten Dimension) wissen, hat abgenommen. Anfangs (von 1919 bis 1925) wussten *alle* Lehrer von dieser dritten Dimension. (Sie hatten es von Rudolf Steiner gehört.) Inzwischen sind es an einzelnen Schulen bis zu 80 Prozent eines Kollegiums, die von dieser Dimension nur ein fragmentarisches Wissen haben.
- Die Beziehung zur spirituellen Dimension – in den Anfangsjahren „Corporate Identity" der Schule – wurde zur

Privatsache. Einige Waldorfschulen wurden in den 1980er und 1990er Jahren bereits mit der erklärten Zielsetzung gegründet, dass die vierte Dimension keine Rolle spielen soll.

Der Sachverhalt der veränderten Beziehung zu den verschiedenen Dimensionen ist als solcher unstrittig. Strittig sind die Beurteilungen, die ich im Zuge mehrerer hundert Interviews gehört habe. Sie bilden ein heterogenes Spektrum von tiefer Depression über unverwüstlichen Optimismus bis hin zum Stolz auf Erreichtes. Eine Achterbahnfahrt der Gefühle:

Deutungsvariante 1

Der Verlust der vierten Dimension wird wie ein Ich-Verlust eines menschlichen Organismus gedeutet. „Was bedeutet es für das Immunsystem eines Organismus", so wird gefragt, „wenn dieser sein Ich verloren hat?" „Was geschieht auf Dauer mit den Lebensprozessen (den Methoden der zweiten Dimension), die die Settings der Waldorfschule durchströmen sollen? Bleibt am Ende nur eine leere Schale übrig wie das Gehäuse einer Schnecke?" „Wird ein derart geschwächter Organismus dem zu erwartenden Druck standhalten können und überlebensfähig sein?"

Deutungsvariante 2

„Die Abkoppelung vor allem von der spirituellen Dimension ist ausdrücklich zu begrüßen und noch weiter zu forcieren. Sie befreit die überzeugenden Erfindungen der Waldorfpädagogik von ihrem ideologisch-esoterischen Überbau und macht sie so zugänglich für weitere Kreise. Wir müssen raus aus der Nische. Die Abkoppelung ist deshalb notwendig für die weitere Ausweitung und sie ist vor allem notwendig für eine Anerkennung durch den universitären Wissenschaftsbetrieb. Viele Settings der ersten Dimension können wissenschaftlich untersucht werden und zu einer größeren Anerkennung der Waldorfpädagogik durch die universitäre Wissenschaft führen. Die Essentials der spirituellen Dimension sind so beschaffen, dass sie sich wissenschaftlicher Untersuchung entziehen."

Deutungsvariante 3

„Alle fünf Dimensionen sind immer noch in den Schulen vorhanden, zwar nicht mehr als „Corporate Identity", aber aufgeteilt auf verschiedene Kolleginnen und Kollegen, die sie in die Schule hineintragen: Es gibt immer noch Kolleginnen und Kollegen, für die die vierte Dimension die entscheidende ist, und durch sie lebt – in homöopathischer Dosis – auch diese Dimension in den Schulen weiter. Über jeder Schule kann deshalb noch Segen liegen, wenn auch nur ein oder zwei Menschen die Fackel des Ursprungsimpulses dieser Pädagogik hochhalten."

Deutungsvariante 4

„Der Geist der Waldorfpädagogik hat sich von den Schulen zurückgezogen. So wie im mittelalterlichen Grals-Mythos der Gral von der Erde wieder zurückgeholt wurde, so auch der Geist der Waldorfpädagogik."

Deutungsvariante 5

„Die Mission der Waldorfpädagogik ist unzerstörbar. Ungezählte Lehrer haben in der Vergangenheit nach besten Kräften die Impulse der Waldorfpädagogik aufgenommen. Diese

Impulse leben als Keime in ihren Seelen weiter und werden in Zukunft in verwandelter Form wieder aufleben."

Deutungsvariante 7

„Die Anthroposophie ist gescheitert und mit ihr die Waldorfpädagogik. Die Anthroposophie war in der Welt, aber die Welt hat sie nicht ergriffen. Die Waldorfpädagogik war in der Welt, aber die Welt hat nur die äußere Erscheinungsform geduldet. Die Settings der ersten Dimension sind aber nicht *die* Waldorfpädagogik. Sie sind ein wichtiger Ausschnitt. Die Reduktion auf diesen Ausschnitt bedeutet ein Scheitern des ursprünglich intendierten Gesamt-Projektes. Steiner hätte kaum einer heutigen Schule den Titel der berechtigten „Nachfolgeschaft" und der „Weiterentwicklung" zugebilligt."

Deutungsvariante 8

„Mit der Waldorfpädagogik verhält es sich wie mit der Ausbreitung des Christentums: Anfangs verfolgt und versteckt in den Katakomben, wurde es im 4. Jahrhundert römische Staatsreligion und schließlich mit der katholischen Kirche die bis heute älteste, stabilste und finanziell reichste Organisation der Welt. So werden auch mehr und mehr heutige Staaten viele wichtige Settings und Methoden der Waldorfpädagogik übernehmen. Die Waldorfpädagogik wird in den staatlichen Schulen weiterleben. Die Waldorfschulen haben dann ihre Aufgabe erfüllt und werden überflüssig."

Deutungsvariante 9

„So vieles in den Waldorfschulen ist doch ganz ausgezeichnet. Das Verhältnis zu den Dimensionen 2, 3 und 4 ist demgegenüber unerheblich. Man sollte zufrieden sein, mit dem, was ist. Warum soll man all das Positive, das in den Schulen lebt, schlecht reden durch einen Vergleich mit dem, was nicht mehr oder noch nicht vorhanden ist? Der Blick auf diese Dimensionen schwächt nur. Er ist defizit-orientiert. Warum immer auf *Entwicklung* und das *Werden* schauen? Genügt nicht das Bestehende?"

Deutungsvariante 10

„Bevor wir uns mit dem Verhältnis zu den Dimensionen 2 bis 5 befassen, sollten die Waldorfschulen vorrangig andere Ziele verfolgen:

- Man sollte für höhere staatliche Zuschüsse kämpfen und wenigstens erreichen, dass die zugesicherten Zuschüsse auch tatsächlich bezahlt werden.
- Man sollte die Lehrergehälter deutlich verbessern.
- Man sollte die Arbeitsbelastung der Lehrerinnen und Lehrer verringern und zudem lernen, gut mit sich selbst umzugehen, um die Erschöpfung und Ermüdungserscheinungen zu verringern."

Deutungsvariante 11

„Die Zukunft der Waldorfpädagogik liegt darin, Anregungen anderer innovativer Schulen sowie die Ergebnisse pädagogischer Forschung aufzunehmen und zu integrieren. Man muss das Ohr ganz nah am Puls der Zeit haben um zeitgemäße Änderungen voranzutreiben."

Deutungsvariante 12

„Mit den Waldorfschulen und ihren Dimensionen verhält es sich wie mit Bio und Demeter in der Landwirtschaft. Bio boomt, Demeter wächst vergleichsweise langsam. Die Welt will zwar nicht massenhaft Demeter, aber zum Glück wenigstens Bio. Und das ist besser als gar nichts, denn für jeden Quadratmeter Erde ist es gut, wenn er weniger vergiftet wird. Und für Tausende von Schülern auf aller Welt ist es gut, wenn sie unter einem weniger krank machenden System lernen dürfen."

Deutungsvariante 13

„Gerade das Absterben ursprünglicher Dimensionen der Waldorfpädagogik in den Waldorfschulen bedeutet die Chance, sich neu aufzurichten. In Abwandlung der Worte Luthers: Selbst wenn morgen die Waldorfschulen zusammenbrechen würden, würde ich heute einen waldorfpädagogischen Apfelbaum pflanzen."

*

Alle Denkweisen und Beurteilungen kann man nachvollziehen, auch ohne sie sogleich zu teilen. Sie hängen ab vom persönlichen Blickwinkel, vom persönlichen Wertesystem, von der Temperamentslage des Beurteilenden und von seinem Charakter.[118] Alle Lagebeurteilungen haben etwas Berechtigtes und keine einzige von ihnen kann eine uneingeschränkte und alleinige Gültigkeit beanspruchen.

Die Waldorfschulen haben sich fraglos anders entwickelt als es ursprünglich gedacht und erhofft war. Sie haben sich anders entwickelt unter dem Einfluss verschiedener Faktoren. Dazu gehören die gesellschaftlichen Veränderungen und der Mentalitätswandel im Zuge verschiedener Zeitströmungen, dazu gehören die verschiedenen staatlichen Vorgaben und dazu gehören auch die beteiligten Menschen: Mit ihren Motiven und Impulsen, mit ihren Stärken und Schwächen und mit ihren individuellen Schicksalen trugen sie zur Entwicklung bei. Letztlich haben sich die Schulen so entwickelt, wie es im Kräftefeld aller verschiedenen Faktoren möglich war. Denkt man wie der Mathematiker und Philosoph Leibniz (1646 – 1716), dann wäre es angesichts aller Faktoren die beste aller möglichen Entwicklungen gewesen, ähnlich wie Leibniz argumentiert hat, dass die Welt die beste aller möglichen ist. Begründung: Jeder Lebenskeim *kann* gar nicht anders als sich unter den jeweils bestehenden Bedingungen bestmöglich zu entwickeln.

Im Rückblick zu erwägen, was unter anderen Umständen (oder mit anderen Menschen oder mit denselben Menschen, aber mit besseren Charaktereigenschaften und Fähigkeiten) anders hätte laufen können, ist deshalb müßig, denn die Umstände und die Menschen waren wie sie waren. Andererseits ist eine Analyse der Ursachen nicht völlig abwegig, wenn man für eine künftige Entwicklung den Kurs bestimmen will.
„Es ist selten zu spät, mit wünschenswerten Entwicklungen zu beginnen." Das heißt: Hundert Jahre nach dem Beginn der Waldorfschulbewegung können die beteiligten Menschen für einige Momente innehalten, die Entwicklung besinnen und analysieren, um dann diejenigen Konsequenzen zu ziehen, die sie aufgrund ihrer Möglichkeiten und Motive für wünschenswert halten. Es geht dann nicht um die Vergangenheit. Es geht dann um das Jetzt und um die Zukunft. Und genau das ist es, was Steiner wollte: Regelmäßige Analyse und Kurskorrektur:
„Diese Dinge dürfen uns nicht dazu führen auch nur zu denken: Wir können nicht erreichen, was wir uns vorgenommen haben. Wir müssen immer klar vor uns haben auf der einen Seite, dass wir das, was in den Intentionen liegt (…) verfolgen. Wie viel wir davon nicht erreichen, ist eine andere Frage; die müssen wir für sich behandeln

und von Zeit zu Zeit genau besprechen." Lehrerkonferenz vom
25.9.1919

2. Grundgesetze organischer Entwicklung

Die Entwicklung von Organismen verläuft anders als das
Erweitern eines Gebäudes durch Anbauten. Die Endgestalt
eines einzelnen Blattes entwickelt sich nicht weiter. Jede
neue Entwicklungsstufe eines Blattes kommt immer aus
dem Ursprungsmaterial. Die jeweils nächste Blattform einer
Pflanze wird neu aus dem lebendigen und noch formbaren
Material des Vegetationskegels gebildet. (Siehe Abbildungen
1 und 2)[119]

*Abb. 1: Die Blattentwicklung der Gartenkresse (Lepidium sativum) in
ihrer Stufenfolge, allerdings im Kreisbogen von links unten nach rechts
unten angeordnet. Ihr entgegenlaufend von recht nach links erfolgt die
„ontogenetische" Entwicklung jedes Einzelblatte stufenlos, während es von
einer Endgestalt eines Blattes zur Endgestalt des nächst höheren Blattes
keinen Übergang gibt. (Die Länge aller Blattspreiten wurde zum Vergleich
auf gleiche Größe gebracht.) (Nach Bockemühl)*

Auch im Zusammenwirken von Ontogenese und Phylogenese der Evolution des Menschen zeigt sich das gleiche Prinzip:

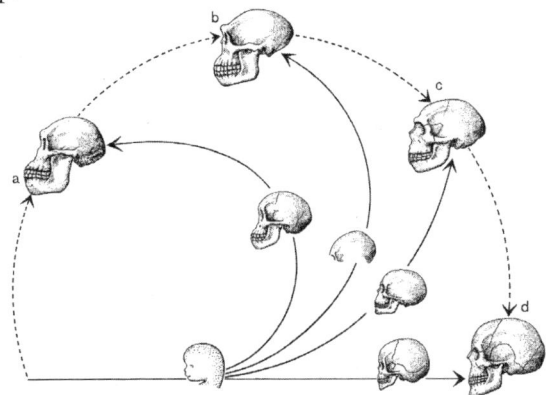

Abb. 2 : (a) Australopithecus africanus, (b) Homo erectus, (c) Homo Neanderthalensis, (d) Homo sapiens.

Zwischen den verschiedenen fossilen Menschenformen gibt es keinen kontinuierlichen Übergang. (Aus Schad)

Wenn ein *sozialer* Organismus eine *organische* Entwicklung nehmen will, gilt erstaunlicher Weise die gleiche Gesetzmäßigkeit. Neue Entwicklungsstufen einer Organisation entstehen nicht aus den bereits abgeschlossenen Formen. Wie ein nächstes Blatt oder wie eine nächste Menschenform müssen auch sie aus dem lebendigen Ur-Material gebildet werden. Mit anderen Worten: *Falls* man den Wunsch hat, eine Waldorfschule weiter zu entwickeln, kann man unterscheiden zwischen zwei verschiedenen Ansätzen:

Ansatz 1 ist *reaktiv.*
Man reagiert auf verschiedene Verhältnisse und entwickelt Antworten.

Es gibt etliches, auf das man reagieren *muss*, und es gibt noch viel mehr, auf das man reagieren könnte, wenn man denn Zeit und Kraft und weitere Ressourcen hätte. Schon auf rein pädagogischem Gebiet sind die Fragen uferlos. Wie reagieren die Waldorfschulen auf:

- die zunehmende Sexualisierung der frühen Jugendzeit
- die psychische Regression vieler Kinder und Jugendlicher, die durch das ständige Online-sein erzeugt wird
- die Fragmentierung der sozialen Beziehungen
- den allgegenwärtigen Stress in einer Hamsterrad-Gesellschaft
- die neuen spirituellen Fähigkeiten bei vielen Kindern
- die stärkere Dissoziierung der verschiedenen Seelenfähigkeiten bei vielen Kindern
- die Gleichzeitigkeit von Beschleunigung und Verlangsamung körperlicher und seelischer Entwicklungsschritte.

Auf rechtlichem und wirtschaftlichem Gebiet werden die Herausforderungen, auf die man reagieren muss, nicht weniger.

- Wie gestaltet man den Generationenwechsel?
- Wie entwickelt man eine Gehaltsordnung, die dem gesellschaftlichen Wandel gerecht wird?
- Wie entwickelt man eine Deputatsordnung, die für die „Goldene Regel" der Waldorfpädagogik Luft zum Atmen lässt?
- Was ist die geeignete Rechtsform für eine Waldorfschule?
- Wie reagiert man auf neue gesetzliche Bestimmungen?
- Wie kann man die wirtschaftliche Lage verbessern und auf *mehrere* Säulen stellen, sodass man nicht ausschließlich auf höhere staatliche Zuschüsse hoffen muss?

Ansatz 2 ist *proaktiv*:
Während des laufenden Betriebs wird der Bezug zum lebendigen Ursprungsmaterial der Waldorf-Pädagogik hergestellt, *falls* man dies will. Aus diesem Bezug kann Neues und Unerwartetes *auf organische Weise* von innen entstehen. Es geht bei organischer Entwicklung also nicht um pädagogische Anbauten, Ergänzungen und Reaktionen, so sinnvoll, begrüßenswert und notwendig sie auch sein mögen. Es geht im Falle der organischen Entwicklung darum, mit verantwortbarem Aufwand den Bezug zum lebendigen Evolutionskegel der Waldorf-Pädagogik, *wie er in der Gegenwart lebt,* herzustellen. Denn aus ihm das Neue und Unerwartete gegenwärtig werden zu lassen entspricht der geistigen DNA der Waldorf-Pädagogik. Mit Fundamentalismus hat das nichts zu tun. Es handelt sich nicht um das Anbeten einer Tradition. Es geht darum, mit der Identität der Waldorf-*Pädagogik* im Einklang zu sein, *falls* man dies für sinnvoll hält und wünscht.

Ansatz 1 betrifft in aller Regel Aufgaben, die dringend sind und meist auch wichtig.
Ansatz 2 betrifft Aufgaben, die nicht so dringend scheinen, und die doch langfristig die weitaus größere Bedeutung haben.

Im Ansatz 1 geht es um goldene Eier, die man zur Lösung vieler Fragen braucht.
Im Ansatz 2 geht es um die Henne, die allererst die goldenen Eier legt und die gewährleistet, dass aufgrund der genetischen Abstammung die Eier auch wirklich aus Gold sind.

Die beiden Ansätze schließen sich deshalb nicht aus. Im Gegenteil: Sie ergänzen und sie „brauchen" sich wechselseitig.

Wie und wohin sich eine einzelne Schule entwickeln will, ist eine Frage des *Hörens* und nicht einer Top-Down-Entscheidung. Was lebt in den Impulsen der Menschen vor Ort? „Wohin will sich unsere Organisation entwickeln?"

Im Folgenden wird nur eine *vorbereitende Maßnahme* für dieses Hören beschrieben. Es handelt sich um 5 Module, durch die man eine Art Resonanz zur Waldorf-*Pädagogik* herstellen kann, um dann abzuwarten, zu welchen Impulsen diese Resonanz in einem einzelnen Schulorganismus durch die dort wirkenden Persönlichkeiten führen wird.

Modul 1

Einmal pro Jahr wird eine Fortbildungs-Arbeitswoche eingerichtet. In dieser Woche hört man fünf bis sechs Vorträge der „Allgemeinen Menschenkunde". Man bearbeitet sie nicht, sondern man hört sie, so wie man sie auch 1919 nur hören und aufnehmen konnte. (Das notwendige Bearbeiten und Verarbeiten erfolgt zu einem späteren Zeitpunkt und wird bewusst vom bloßen „Aufnehmen" getrennt.) Man hört sie – und das ist wichtig – *zusammen* mit den anschließenden Vorträgen über Methodik und Didaktik („Methodisch-Didaktische" GA 294) und den „Seminarbesprechungen" (GA 295). (Die „Allgemeine Menschenkunde" ohne die beiden anderen Kurse ist ein Torso.)

Auf diese Weise erhält man einen *Gesamteindruck*. Es gibt dann vieles, was man dann nicht versteht, aber man erlebt durch das bloße Hören etwas von der enormen Energie, die in dem Grundlegungskurs immer noch lebt und ahnt wie stark sie durch die Anwesenheit Rudolf Steiners 1919 gewesen sein muss.

Der zeitliche Aufwand ist begrenzt: Es ist an mehreren Schulen problemlos möglich gewesen, zwei oder sogar 3 Vorträge mit genügend großen Pausen am Vormittag unterzubringen. Wie dann die Nachmittage gestaltet werden, hängt von den Gegebenheiten vor Ort ab. Einige Schulen haben die Nachmittage für gemeinsames Renovieren oder Einrichten der Klassenzimmer verwendet. Dabei entstehen dann ganz zwanglos viele anknüpfende Gespräche. Andere haben am Nachmittag künstlerische Kurse angeboten. Man kann aber auch die Nachmittage und Abende ganz frei lassen für all das, was schulisch und privat noch zu organisieren ist. An anderen Orten fanden nach freien Nachmittagen abends Vorträge oder künstlerische Veranstaltungen statt. Interessierte Eltern waren an einigen Schulen herzlich willkommen, was sich sehr bewährt hat.

Modul 2

Modul 2 besteht in der notwendigen gedanklichen Verarbeitung. Steiners anthropologische Vorträge, die in der Arbeitswoche „nur" in Gänze aufgenommen wurden, werden jetzt auf mehreren Stufen bearbeitet. Die erste Stufe ist das gedanklich-wissenschaftliche Verstehen. Hier bietet sich an, dass z. B. die Fachleute, die es in jedem Kollegium gibt, einzelne Gebiete der Menschenkunde (etwa das Thema „Nervenprozess und Atmungsrhythmus") vorbereiten und darüber informieren, was der Stand der Forschung ist. Auf einer zweiten Stufe können dann die menschenkundlichen Sachverhalte künstlerisch vertieft werden. Steiner selbst hat vorgeschlagen, insgesamt *drei* Künste zur Vertiefung heranzuziehen: Das Plastizieren (die verschiedenen Organe des Menschen wie Lunge, Herz, Leber und Niere können plastiziert werden, um ein Gefühl für die Kräfte zu bekommen, die eine Lunge oder ein Herz gestalten), die Musik (die Lunge z. B. ist mit ihrem Verhältnis von 2:3 eine „leibgewordene Quinte") und die Sprachgestaltung. Diese Angaben Steiners zur Lehrerausbildung und -fortbildung werden zuweilen etwas verkürzt

„plastisch-musikalische Menschenkunde" genannt. (Der Arzt Amin Husemann hat nach jahrelanger praktischer Erfahrung mit dieser Methode zahlreiche Anregungen veröffentlicht.[120]) Was jeweils in einer Schule durchgeführt werden kann, richtet sich nach den Gegebenheiten und Möglichkeiten vor Ort. Die skizzierte wissenschaftlich-künstlerische Vertiefung erfolgt im Idealfall 5 – 6 Mal im Jahr. Jeweils an einem ganzen Nachmittag und / oder Abend. Auf diese Weise werden im Verlaufe eines Schuljahres die fünf bis sechs Vorträge aus der Arbeitswoche verarbeitet. (Auch eine hermeneutische Arbeit an den Texten könnte – wenn danach ein Bedürfnis besteht – integriert werden.)

Modul 3

Modul 3 besteht aus einem Kerngeschäft der Waldorf-Pädagogik: Es geht um ein gemeinsames Erarbeiten eines Verständnisses der einzelnen Kinder an etwa 24 von 36 Konferenztagen eines Schuljahres. Gerade wenn es darum geht, die Erkenntniskräfte der Schülerinnen und Schüler zu entwickeln, treten zu diesem Zweck, so Steiner, die Lehrerinnen und Lehrer in Vorleistung. Sie entwickeln ihre Erkenntniskräfte lebenslang weiter auf dem Sektor des sogenannten Konstitutionsverständnisses. Wie jeder Pianist jahrelang bestimmte Basisübungen immer wieder trainiert, so erweitert und vertieft der Pädagoge wöchentlich sein Verständnis der einzelnen Kinder. Indem er auf diese Weise trainiert, lebt er den Kindern auf einem höheren Niveau etwas vor, was deren eigenes Projekt ist: Eine Steigerung der Erkenntnis kräfte.

Ohne großen zusätzlichen Aufwand kann man sechs verschiedene Formen dieser Arbeit in der Konferenzzeit einrichten, denn genau dafür waren die Konferenzen ursprünglich gedacht. (Andere Konferenzthemen können bei guter Vorbereitung erheblich reduziert werden.)

1. *Pair-Work*

   Jeweils zwei Lehrer schildern sich wechselseitig ein Kind, mit dem sie sich gerade befassen. Angemessen vorbereitet kann man der Kollegin oder dem Kollegen Schriftproben, künstlerische Arbeiten, handwerkliche Arbeiten des Kindes zeigen und schildern, was einem auffällt und mit welchen Fragen man umgeht. Der jeweils andere braucht dabei das Kind nicht einmal zu kennen. Er hört nur zu und stellt die eine oder andere Frage. Dann tauscht man die Rolle des Schildernden und Zuhörenden.

   Eine viel simplere Art und Weise, sich über ein Kind gemeinsam Gedanken zu machen, gibt es kaum. Und doch ist auch diese einfache Form wirksam. Zwei Kinder waren – unsichtbar – zwischen zwei Erwachsenen anwesend und zwei Menschen waren im Geist von zwei Kindern beisammen. Das ist in der Regel zumindest besser als gar nichts. –

   (Etwa 6 Mal pro Schuljahr kann diese Form gewählt werden.)

2. *Arbeit in Kleingruppen* bis zur Größe eines Klassenkollegiums

   (Etwa 6 Mal pro Schuljahr kann diese Form gewählt werden.)

3. 2 – 4 Mal im Jahr finden Betrachtungen einzelner Kinder im sogenannten *Fishbowl* statt: Die Klassenlehrer bilden den inneren Kreis und machen sich Gedanken über ein Kind, tauschen ihre Eindrücke aus etc. Die Oberstufenlehrer bilden einen Umkreis und hören nur zu.

4. Die Oberstufenlehrer unterhalten sich forschend und fragend über ein Kind, während die Klassenlehrer einen zuhörenden Umkreis bilden. (Es können ebenso andere

Gruppen für den inneren und äußeren Kreis gebildet werden.)

5. 1 – 2 Mal im Jahr findet die „klassische" Form in der Gesamtkonferenz statt.

6. 1 – 2 Mal im Jahr finden die verschiedenen Formen unter der Supervision einer eingeladenen „Meisterin" oder eines „Meisters" statt.

Modul 4

Zusätzlich werden 2 – 3 Kolleginnen und Kollegen pro Jahr auf eine externe Fortbildung zur „Methodik der Kinderbetrachtung" geschickt. Sie erhalten den Auftrag, anschließend wichtige Ergebnisse der Fortbildung in die kollegiale Arbeit vor Ort einfließen zu lassen. Nach 7 Jahren sind das 14 – 21 Lehrerinnen und Lehrer, die sich fortgebildet haben. Das verändert das Verständnispotential eines Kollegiums beträchtlich.

Modul 5

Das Meditieren menschenkundlicher Zusammenhänge.
Modul 1 findet *jährlich* statt. Modul 2 findet idealer Weise im *Monat*srhythmus statt, ersatzweise im „Term-Rhythmus" (jeweils ein Mal zwischen zwei Ferien.) Modul 3 ist eine *wöchentliche* Arbeit. Modul 4 hat als seinen Rhythmus den *Tagesrhythmus*. Beim täglichen Meditieren von Menschenkunde (Essential 2, Dimension 4) handelt es sich nicht etwa um eine Zugabe, sondern um den Quellcode und das innere Zentrum der Waldorfpädagogik. (Zahlreiche verschiedene Formen werden in einem separaten Band dargestellt.)

Bei allen 5 Modulen handelt es sich nur um die Herstellung einer Resonanz zur Waldorf-Pädagogik. Es ist nicht die Veränderung selbst. Es ist die Vorbereitung der Veränderung. Denn letztlich ist abzuwarten und mit großer Offenheit zu hören, wohin die vielen Menschen vor Ort, die in Resonanz zur Waldorf-Pädagogik getreten sind, ihre Schule entwickeln wollen. Nur sie können erspüren, wohin sich ihr Organismus entwickeln will.

Allerdings: Immer wieder stößt man in verschiedenen Schulen auf die Erfahrung, dass man mit einem neuen Arbeitsimpuls schwungvoll beginnt, dass aber bald die Arbeit wieder versandet. Jedes Versanden schwächt einen Organismus. Enthusiastische Anfangsbegeisterung ist eine wertvolle Qualität. Durchhaltekraft ist auf lange Sicht die wichtigere. Ein Impuls ohne Ausdauer ist oft nicht viel mehr als ein vorstellungsbasiertes Strohfeuer. Insofern ist es hilfreich, wenn man die hier skizzierten vorbereitenden Maßnahmen zur Resonanz-Herstellung vorausschauend und *langfristig* einrichtet und dann im Laufe der Zeit wieder anpasst und optimiert.

*

In ähnlicher Weise kann man eine Resonanz zu zwei weiteren Elementen der Waldorf-Pädagogik einrichten:

1.) *„Wie kann man die enormen Schätze, die von den goetheanistischen Naturwissenschaftlern der vergangenen Jahrzehnte erarbeitet wurden, in einem Kollegium als Nährboden lebendig halten?"*

Die goetheanistischen Arbeiten bieten eine unerschöpfliche Quelle für eine der wichtigsten Aufgaben der Waldorfpädagogik: Die geistige Durchdringung der Unterrichtsstoffe, damit diese für die Schülerinnen und Schüler seelisch ernährend sind. Es wäre eine Vergeudung von Wissenschaftskapital ohnegleichen, wenn die großen goetheanistischen Arbeiten aus dem Bewusstsein verschwänden. Ganz gleich, welche Fächer und auf welcher Altersstufe ein Lehrer unterrichtet, er kann durch eine Kenntnis der goetheanistischen Arbeiten seine Horizonte erheblich erweitern. Auch hier kann man ohne übermäßigen Aufwand Einrichtungen treffen, durch die im Verlaufe von 7 bis 12 Jahren einige der bedeutenden Arbeiten in einem Kollegium lebendige *Kultur* werden können. (Wenn auch nur 2 Arbeiten pro Jahr gründlich behandelt werden, hat man nach 7 Jahren ein solides Fundament geschaffen, auf dem dann weiter aufgebaut werden kann.) *Verlangen* kann man das nicht. Es ist eine Frage, ob danach ein Bedürfnis besteht und wie stark dieses ist.

2. *Welchen Stellenwert räumt man der Eurythmie und der Sprachgestaltung ein?*

Variante 1: Man betrachtet diese Künste als eine „Zugabe" zur Waldorfpädagogik. Sie führen dann in einer Schule eine Art Nischen-Dasein.
Variante 2: Schulen, in denen Eurythmie und Sprachgestaltung nicht als tradierte Nische leben, sondern als „Kollegiums-Kultur". In der Vergangenheit wurde das an einigen Schulen dadurch erreicht, dass fast alle Lehrerinnen und Lehrer Einzel- und Gruppenunterricht in den genannten Fächern erhielten.
Mit den Worten von Gerhard Föhner, dem Mitbegründer der Michael-Bauer-Schule, Stuttgart: „Das multipliziert den Wirkungsgrad der Sprachgestalter und Eurythmisten weit mehr, als wenn sie ausschließlich die Schüler unterrichten." Lehrerinnen und Lehrer, die von ihren Fachkollegen ausgebildet wurden und durch regelmäßiges Üben bis auf ein ansprechendes Laienniveau gekommen sind, erhalten nicht nur einen erweiterten Zugang zu ihren eigenen Unterrichts-

fächern, sondern erschließen sich auch einen Sinn für die sogenannten „ätherischen" Kräfte und Strömungen, der ihnen
sonst verschlossen blieben.[121] Auch hierdurch wird eine Art
Resonanz zu zur geistigen DNA der Waldorf-Pädagogik verstärkt. Und dann wird sich zeigen, welche unerwarteten und
neuen Impulse aus der Zukunft in die Gegenwart hereinge-
tragen werden.

3. Freie Entscheidungen

*„Im höchsten Maße ist der Mensch auf seine Freiheit gestellt in
der gegenwärtigen Kulturepoche. (…) An der Idee der menschlichen
Freiheit muss alles geprüft werden, was ihn trifft."* (GA 178, 205)

Die Menschen in jeder einzelnen Schule sind frei, sich zu
entscheiden, wie sie sich künftig als Schulgemeinschaft im
Verhältnis zu den fünf Dimensionen positionieren wollen.
Insgesamt eröffnet sich ein weites Spektrum an Möglichkeiten:

In Schule 1 können sich die Menschen dazu entschließen,
dass sie sich auf die Änderungen und die Weiterentwicklung
der Essentials der ersten Dimension konzentrieren und das
Trainieren der noch unentdeckten Methoden der Privatiniti-
ative ihrer Lehrerinnen und Lehrer überlassen.
In Schule 2 kann man einen Entwicklungsweg beschließen,
wie man systematisch Jahr für Jahr an der Ausbildung der
Methoden arbeiten will.
In Schule 3 wird ein Strategiepapier verabschiedet, durch
welche Maßnahmen in den nächsten 4 Jahren die Gehälter
jährlich um 7 Prozent angehoben werden, während andere
Entwicklungsziele nachrangig sind.

In Schule 4 stellen die Kolleginnen und Kollegen die Essentials der spirituellen Dimension in das Zentrum der Schulentwicklung der nächsten 7 Jahre.

In Schule 5 werden Module implementiert, die in den „Treibhäusern der Zukunft" entwickelt wurden.

In Schule 6 hat man für den gesamten Fragenkomplex nicht genügend Zeit. Wie so viele Organisationen in der modernen „Hamsterradgesellschaft" muss man sich mit anderen Themen befassen: erstens mit Baufragen und zweitens ist dringend die Kooperation mit zwei Nachbar-Schulen auf dem Feld eines gemeinsamen Fachhochschulreife-Campus zu evaluieren und neu auszurichten.

In Schule 7 wird die Führungsfrage verschlafen.

Wie auch immer die Positionierung der einzelnen Schule ausfallen mag, es handelt sich dabei um eine der zentralen Fragen der Schul-*Führung*.

1) Wie wollen wir unsere „Mission" bzw. unseren Auftrag verstehen?

2) Auf welchem Weg und bis wann wollen wir diese Frage beantworten?

3) Welche Instrumente und Organe entwickeln wir, um die Umsetzung unseres Auftrages / unserer „Mission" von Jahr zu Jahr zu verstärken und weiter zu entwickeln? [122]

Jedes Kollegium wird hier seine eigenen Antworten finden. Aber auch umgekehrt: Diejenigen Schulen, die den genannten Entscheidungen ausweichen, machen – so hart es auch klingt – eine schwache *Führungs*-Arbeit. Aber was heißt: „diejenigen Schulen"? Eine „Schule" ist kein individueller Mensch und kann deshalb nicht Verantwortung tragen und Entscheidungen fällen. Verantwortung tragen und Entscheidungen treffen können immer nur Menschen. Deshalb heißt der obige Satz: „Diejenigen Lehrerinnen und Lehrer, die den genannten Entscheidungen ausweichen, machen einen schwachen *Führungs*-Job." Der Satz klingt furchtbar, gewiss, aber das liegt daran, dass er eine unangenehme Wahrheit ausspricht: „*Ich* bin verantwortlich. Ich kann mich nicht verstecken hinter einem Begriff wie „die Schule." Und gerade deshalb, weil diese Wahrheit unangenehm ist, ist die Versuchung so groß, einer Entscheidung und der Verantwortung auszuweichen. Man vergisst allerdings, dass eine vermiedene Entscheidung trotzdem eine Entscheidung ist. Und wie jede Entscheidung hat sie Folgen. Die Folgen zeigen sich zwar nicht sofort, aber langfristig. Und dann umso deutlicher und schwerer korrigierbar: Wenn zwei Schiffe den Hafen von Lissabon verlassen und anfangs nur eine Kursabweichung von wenigen Winkelgrad haben, sind das nach 30 Minuten nur wenige Kilometer Abstand zwischen beiden Schiffen. Nach 3 – 4 Wochen landet das eine Schiff in Boston, das andere in Patagonien.

Eine Waldorfschule, die der Führungsfrage aus dem Weg geht, steht nach 7 Jahren an einem anderen Punkt als eine Schule, die eine klare Entscheidung getroffen und umgesetzt hat. Nicht ohne guten Grund hatten deshalb Indianer-Häuptlinge bei ihren Entscheidungen zu erwägen, welche Folgen eine Entscheidung – zum Beispiel die Verlegung der Hauptsiedlung – für die nächsten drei Generationen haben wird.

Drei Generationen – das ist viel verlangt. Nur die Wenigsten haben die Fähigkeiten von Indianer-Häuptlingen. Aber die nächsten 7 bis 12 Jahre ins Auge zu fassen, gehört zu den Pflichten *jeder* Organisationsführung. Vor allem angesichts der massenhaften Pensionierungen, die auf viele Waldorfschulen in Deutschland zukommen, liegt eine erhebliche Bedeutung darin, welche Antworten man auf die oben genannten Fragen in nächster Zeit geben wird.[123] Die entsprechende *Verantwortung* ist objektiv vorhanden. Man kann ihr nicht entrinnen. Man hat im Grunde nur die Wahl, ob man die Verantwortung erkennt oder nicht.

4. Weise und transparente Entscheidungen

Bei „freien" Entscheidungen gibt es grundsätzlich die Herausforderung, eine wichtige Gesetzmäßigkeit zu berücksichtigen:

Je mehr Anteile subjektiver Willkür am Anfang in eine Entscheidung einfließen, desto kleiner werden später die Handlungsfreiräume.

Als bei einem schulischen Großprojekt die Verantwortlichen aus persönlichen Interessen einer im Grunde klugen und mutigen Entscheidung auswichen und stattdessen einen Plan B in Gang setzten, schien das zunächst unproblematisch zu sein. Erst als sich Plan B anderthalb Jahre später nicht umsetzen ließ, wurden sie zu Gefangenen der vorangegangenen persönlichen Interessen. Plötzlich ließ sich das gesamte Projekt kaum noch realisieren. Es wäre fast gescheitert an dem zu hohen Anteil subjektiver Willkür, von dem man sich in der Anfangsphase bei wichtigen Entscheidungen nicht befreien konnte.[124]

Alle Beteiligten haben bei Entscheidungen von langfristiger Tragweite die Gelegenheit, eine vorausschauende Frage zu beantworten: „Welche Folgen wird es später haben, wenn wir jetzt persönliche Belange *zu sehr* berücksichtigen?" Denn dass auf der anderen Seite immer auch persönliche Faktoren mit einzubeziehen sind, macht den anderen Pol im Prozess des besonnenen Abwägens aus. Ein ausgewogenes Gleichgewicht zu finden, gilt seit alters als ein Ausdruck von Weisheit. Als Solon den Athenern ein neue und die sozialen Konflikte befriedende Verfassung gegeben hatte, wurde er gefragt: Ist es die beste Verfassung? Seine berühmte Antwort: Die beste, die sich die Athener geben ließen.

Wie auch immer eine Schule sich für die nächsten Jahre aufstellen will, sie hat die Chance, dies nach innen und nach außen transparent zu kommunizieren – sowohl künftigen Bewerberinnen und Bewerbern als auch den Eltern gegenüber. Auf diese Weise wird es möglich, Missverständnisse und unglückliche Beziehungen zu vermeiden. Arbeitsverhältnisse und Schulverträge, die unter falschen Erwartungen eingegangen werden, können das Potential von sozialem Gift bergen, das später durch die Adern einer Organisation rinnt.[125]

Auch bei einem Abschluss von Arbeitsverträgen geht es – unter der Oberfläche – darum, wie man es mit der Freiheit des Gegenübers hält. Intransparente Fakten machen unfrei. Wenn man jedoch einem Bewerber im Laufe des Bewerbungsverfahrens offen erklärt, welchen Stellenwert z. B. die fünf Dimensionen der Waldorfpädagogik in der jeweiligen Schule haben, vergrößert man durch diese Information seine Freiheit. Man beantwortet eine Art *Gretchenfrage*: „Wie hast du's mit den verschiedenen Dimensionen der Waldorfpädagogik?"
Zu welchen Katastrophen vorenthaltene Information führen kann, wird archetypisch in Goethes „Faust I" abgehandelt. Das Goethesche Gretchen will bekanntlich von Faust wissen, auf wen sie sich einlässt, bevor sie sich mit ihm einlässt. Und weil für Gretchen die religiöse Dimension wichtig ist, fragt sie Faust danach: „Wie hast du's mit der Religion?" Die Frage hat als „Gretchenfrage" Berühmtheit erlangt. Fausts Antwort

ist weitaus weniger berühmt und das aus bemerkenswertem Grund: Entscheidend ist, was Faust alles *nicht* sagt. Entscheidend ist nicht etwa das diffus-pantheistische Weltbild, mit dem Faust Gretchen abspeist. Entscheidend ist, dass Faust wichtige Sachverhalte *verschweigt.* Er sagt zum Beispiel nicht: „Eigentlich bin ich gar nicht 23 Jahre, sondern 60." Er sagt *nicht*: „Ich habe vor Kurzem ein magisches Anti-Aging-Programm in einer widerlichen Hexenküche durchlaufen. Deshalb sehe ich nur aus wie 23 und fühle mich auch so, aber tatsächlich bin ich viel älter." Er sagt *nicht*: „Zweitens habe ich vor kurzem einen Selbstmordversuch hinter mir." Und vor allem sagt er nicht: „Drittens bin ich einen Pakt mit dem Teufel eingegangen. Das ist übrigens mein Begleiter, der dir so unsympathisch ist."

Wie sollte er auch das alles sagen? Es würde seine Chancen bei Gretchen mehr oder weniger auf Null schrumpfen lassen. So wie es die Chancen bei einem sich bewerbenden Lehrer vielleicht beträchtlich schrumpfen ließe (oder erheblich steigen ließe), wenn er wüsste, wie es um die verschiedenen Dimensionen der Waldorfpädagogik in einer Schule bestellt ist – und umgekehrt.

Für Gretchen wäre es nicht unwichtig gewesen, all das zu wissen, was Faust ihr verschwiegen hat. Es hätte für ihre Entscheidung erhebliches Gewicht gehabt. Durch sein Verschweigen hat Faust eine wirklich *freie* Entscheidung Gretchens unmöglich gemacht. Und genau das führt zur Katastrophe für sie – und für ihn! Aus purem Egoismus hat Faust alles verheimlicht, was er in einer fairen Beziehung hätte sagen sollen. An der Gretchen-Frage sieht man wie unter einem Vergrößerungsglas, was sich gewöhnlich dem Blick entzieht: Beziehungen und Arbeitsverhältnisse, die auf Intransparenz beruhen, haben mit der anfänglichen Verschleierung der Wahrheit auch die Deformation der Beziehung oder des Arbeitsverhältnisses von Anfang an eingebaut. Je gravierender die Täuschung, desto fragiler wird das Verhältnis. In der Regel wächst sich die Deformation der Wahrheit im Laufe der Zeit zum wechselseitigen Unglück eines Arbeitsverhältnisses aus. Der Keim der Zerstörung aber liegt jeweils bereits im Beginn: in einer *geistigen* Zerstörung, nämlich in der Zerstörung echter Entscheidungs-*Freiheit*.

5. Notwendige Voraussetzungen *kollegialer* Schulführung

Die Aufgabe der Leitung eines Unternehmens lautet: „Führen heißt, möglichst viele zur Führung befähigen." Die Frage ist, *wie* man dieser Führungsaufgabe gerecht wird. In früheren Jahrzehnten dachte man innerhalb der Waldorfschulen, dass sich die Qualifizierung gleichsam von selbst einstellt, nämlich im Rahmen der Selbstverwaltung durch die Teilnahme an den Schulführungskonferenzen und durch das Übernehmen von sogenannten Ämtern oder Delegationen. Das wird inzwischen in Frage gestellt.

Der Begriff der „Selbstverwaltung" war in den Waldorfschulen jahrzehntelang ein Synonym für „*Kollegiale* Schulführung". Aber zunächst ist der Begriff „Selbstverwaltung" ein rein politischer Begriff. Sein Inhalt ist bemerkenswert schlicht und besagt nur: Der Staat verwaltet die Einrichtung *nicht*. Der Begriff der „Selbstverwaltung" sagt aber als solcher noch nichts darüber aus, *in welcher Form* man die „Selbstverwaltung" praktiziert.[126] Die meisten der Millionen selbstverwalteten Einrichtungen in Deutschland (Firmen, Vereine, Universitäten) werden direktorial geführt. Wenn die Waldorfschulen „Selbstverwaltung" in der Form *kollegialer* Schulführung praktizieren, so geht das auf Rudolf Steiner zurück. Aber man muss hier genauer hinschauen:

Rudolf Steiner hat tatsächlich mehrfach betont, dass die erste Waldorfschule, die 1919 in Stuttgart begründet wurde, *keinen Direktor* habe. Schaut man genauer hin, so wird man sagen müssen: keinen Direktor *im üblichen Sinne*. Denn zunächst war ja Steiner selbst durchaus der *Leiter* der Schule: Er repräsentierte die Schule nach außen und er leitete sie im Innern. Er richtete alle Strukturen ein, vom Lehrplan bis zum Stundenplan, er stellte Lehrer ein und entließ sie. Er tauschte Lehrer aus, wenn eine Klasse mit einem Lehrer nicht zu Recht kam, und vor allem stellte er sehr direkte Forderungen, was die Unterrichtsmethoden betrifft, und griff mit intensiven Worten ein, wenn er die Pädagogik der Waldorfschule verletzt sah: „Daher ist es (…) meine Forderung *als Leiter* der Waldorfschule, dass (…) alles, was (…) in Büchern fixierte Wissenschaft ist, (…) aus dem Schulunterricht herausgelassen werden sollte." (GA 310, 61)[127] Für die Gründung der weiteren Schulen in Deutschland autorisierte Steiner verantwortliche Schulleiter.[128]

Wie passt dieses Vorgehen mit der Aussage zusammen, dass die Waldorfschule nicht direktorial geführt werde?

Der scheinbare Widerspruch löst sich tatsächlich auf. So merkwürdig es auch klingt: Die anthroposophische Menschenkunde und Didaktik wurden von Steiner verstanden als *der unsichtbare Leiter der Schule*. Sie – die anthroposophische Menschenkunde und Didaktik – wurden 1919 von Steiner als der *Geist der Schule* angesprochen, der alle an der Schule Tätigen befeuern sollte.

Es handelt es sich um einen der merkwürdigsten Leiter der Welt: Weder ist er physisch sichtbar, noch arbeitet er mit *command and control*, sondern *er individualisiert sich* in jeder einzelnen Lehrerin und in jedem einzelnen Lehrer, die ihn suchen.[129]

Der *unsichtbare pädagogische Direktor oder Leiter*, nämlich der Geist der neuen Pädagogik, ermöglicht dies. Er lebt auf individuelle Weise als ein und derselbe in verschiedenen Häuptern und Herzen der Lehrerinnen und Lehrer. Er lebt in ihnen und sie leben in ihm. Nur auf diese Weise werde – so Steiner – die Einheitlichkeit der Schule hergestellt, die sonst durch ein Rektorat sichergestellt würde:

„In einer wirklichen Lehrerrepublik werden wir nicht hinter uns haben Ruhekissen, Verordnungen, die vom Rektorat kommen, sondern wir müssen hinein tragen (in uns tragen?) dasjenige, was uns die Möglichkeit gibt, was jedem von uns die volle Verantwortung gibt für das, was wir zu tun haben. Jeder muss selbst voll verantwortlich sein. **Ersatz für eine Rektoratsleistung wird geschaffen werden können dadurch, dass wir diesen Vorbereitungskurs einrichten und hier dasjenige arbeitend aufnehmen, was die Schule zur Einheit macht.** *"* [130]

Ein erstaunliches und faszinierendes Projekt: Größtmögliche Einheitlichkeit in einer Schule bei gleichzeitig höchstmöglicher Individualisierung der einzelnen Lehrer!

Umgekehrt heißt das: Wenn immer mehr Menschen einer Schule den Bezug zu diesem *unsichtbaren pädagogischen Leiter* verlieren oder gar nicht erst finden, dann – so Steiner – funktioniere eine *kollegiale* Schulführung nicht.

Wenn also Steiner als Leiter der Schule fordernd eingriff, so verstand er sich selbst in solchen Momenten nur als das befeuernde oder mahnende Sprachrohr dieses unsichtbaren Schulleiters. Lieber war es ihm, wenn dieser physisch unsichtbare Geist der Schule *im Inneren der einzelnen Lehrer* vernommen werden konnte.

Wie jeder gute Leiter einer Einrichtung hielt Steiner es für wichtig, sich als Leiter im Laufe der Zeit überflüssig zu machen. Möglich wird das immer dann, wenn es dem Leiter gelingt, die Führungsqualitäten in möglichst vielen einzelnen Mitgliedern zu entwickeln. Die Bereitschaft, sich darauf einzulassen, ließ sich Steiner am Ende des Begründungskurses von 1919 von jedem einzelnen der 12 designierten Lehrerinnen und Lehrer in die Hand versprechen.

Man muss heute mit dieser sehr ungewöhnlichen Schulführungsform nicht einverstanden sein. Aber man sollte von ihr wissen. Vor allem: *Kollegiale* Schulführung hatte im Sinne Steiners eine *notwendige Voraussetzung*, nämlich eine starke innere Beziehung jedes einzelnen Mitglieds eines Lehrerkollegiums zu den *lebendigen* geistigen Grundlagen der neuen Pädagogik. Ist diese Voraussetzung nicht oder zu schwach erfüllt, so wird die kollegiale Schulleitung hochgradig problematisch.[131] Die kollegiale Schulleitung der Waldorfschulen ist aus diesem Grund kein Dogma. Im Gegenteil. Sie ist eine Möglichkeit, die an Bedingungen geknüpft ist. 100 Jahre später bloß aus Tradition oder Gewohnheit an alten Formen festzuhalten, ohne die notwendigen Voraussetzungen zu erfüllen, ist deshalb keine gute Option. Sie *kann* – im schlimmsten Fall – zu einer Dead-Lock-Situation führen: Man hat sich selbst in einem Raum eingeschlossen, der ausschließlich von innen durch einen Schlüssel zu öffnen ist, weil er von außen kein Schloss hat, hat aber den Schlüssel draußen gelassen. Konkret: Man sitzt in der kollegialen Schulführung fest, verfügt aber nicht über die notwendigen Voraussetzungen. Das heißt, man kommt aus dieser Situation nicht mehr heraus, weil man den Schlüssel draußen gelassen hat. Die Folge: die kollegialen Entscheidungsprozesse laufen zu langsam oder sie spalten ein Kollegium in unüberbrückbare Gegensätze oder sie werden aus Angst oder Bequemlichkeit erst gar nicht erst in Gang gebracht.
Um eine solche Dead-Lock-Situation vorausschauend zu vermeiden, ist es weise, sich entweder rechtzeitig nach Alternativen zur kollegialen Form der Selbstverwaltung umzusehen oder aber man findet gute Wege, wie der Bezug zu

dem *geistigen Leiter* der Schule bei jedem einzelnen Mitglied eines Kollegiums ständig wächst. Das ist – wenn man denn die *kollegiale* Leitungsform will – *die* Schulführungsaufgabe schlechthin. Und nicht nur das. Die Lösung aller *Management*aufgaben bezieht aus dieser Dimension ihre Färbung und Kraft.

Schulführung und Nathans drei Ringe

Die kollegiale Schulleitung ist nur eine von drei möglichen Leitungsformen im Rahmen der Selbstverwaltung. Neben ihr stehen gleichberechtigt die direktoriale Leitung sowie – als Mischform – die Leitung durch eine kleines Gremium von etwa 3–7 Personen. Alle drei Leitungsformen können gut oder schlecht sein. Gut sind sie, wenn sie die beiden Hauptaufgaben der Leitung erfüllen: Erstens die Umsetzung der Firmenmission intensivieren und zweitens möglichst viele Mitarbeiter zur Leitung befähigen. Schlecht sind sie, wenn sie das nicht erreichen. Sowohl ein Direktor als auch ein kleines Leitungsgremium als auch eine kollegiale Leitung durch fast alle Mitarbeiter können diese Aufgaben erfüllen oder aber scheitern. Deshalb verhält es sich mit den drei Führungsformen wie mit den drei Ringen in Lessings „Nathan der Weise": Jeder Ring kann der richtige sein. Jede Religion kann die beste sein. Welche Religion dies ist, werde sich – so Lessings Nathan – erst erweisen, und zwar daran, welche am meisten die Werte der Menschlichkeit verwirklicht. In gleicher Weise kann jede Führungsform die beste sein. Welche es ist, wird sich daran erweisen, welche die Mission der Waldorfpädagogik am besten verwirklicht und welche am besten die Mitarbeiter zu voll verantwortlicher Leitung befähigt. In christlicher Terminologie wäre die kollegiale Leitungsform gewiss die „pfingstlichste". Sie kann aber auch zur schlechtesten und zerstörerisch werden, wenn sie dazu beiträgt, dass die

„Mission", um die es jeweils geht, verloren geht, und wenn sie dazu beiträgt, dass die Einzelnen nicht eine echte Verantwortung haben, sondern nur eine Scheinverantwortung im Gruppenkollektiv.

6. Waldorf. 100 Prozent. Für alle!

Bananen sind der Topseller in Supermärkten. Kein Produkt wird so viel verkauft. Man isst sie offensichtlich bei vielen Gelegenheiten: Zum Frühstück, zwischendurch, als Nachtisch, als Vorspeise, als Beilage, gekühlt oder gebraten, in der Faust oder geschnitten, flambiert oder zerkleinert im Baby- oder Altersbrei. Aber Bananen haben auch einen massiven Nachteil: Ihre konventionelle Produktion ist hochgiftig.

Inzwischen ist das gesellschaftliche Bewusstsein für derartige Zusammenhänge sensibilisiert. In Schweden haben im Jahr 2013 alle Supermarktketten beschlossen, nur noch Bio-Bananen anzubieten. Die Folgen bei der Umstellung waren vorherzusehen: Es kam zu Engpässen bei der Lieferung. Neu war, dass die Supermärkte sich bei den Kunden entschuldigten. „Tut uns leid, wir haben nicht genug Bio-Bananen."

Den Gipfel einer Entschuldigung lieferte allerdings ein kleiner unschuldiger Bahnhofsverkaufsstand, wo Bananen als Einzelstücke verkauft werden: Der Besitzer hatte in rührender Fürsorglichkeit ein Schild angebracht: „Liebe Kunden, leider haben wird heute nur konventionelle Bananen. Bitte vor Kindern sicher aufbewahren." Das Foto dieses Schildes ging durch die Presse und befeuerte mit seiner unbeabsichtigten Komik den Hype um Bio.

Noch vor 30 Jahren wäre diese Geschichte völlig undenkbar gewesen. Aber längst boomt der Verkauf von Bio-Lebensmitteln – als einziger Lebensmittelsektor mit zweistelligen Zuwachsraten. Der mentale Wandel ist unaufhaltsam. Und er erstreckt sich genauso unaufhaltsam auf weitere Bereiche. Immer mehr Menschen werden immer mehr Produkte schlechterdings nicht mehr wollen: Fleisch aus Massentierhaltung, T-Shirts aus Kinderarbeit, Geld-Gewinne aus Börsenspekulationen, Energie aus Atommeilern und fossilen Brennstoffen.

Der gesellschaftliche Wandel verläuft bei derartigen Entwicklungen immer in einer exponentiellen Kurve: Am Anfang sind es nur wenige Menschen, die ihn begründen. Nach etwa 10 bis 20 Jahren sind es nicht selten bereits ein Prozent der Bevölkerung. Aber die Schritte von 1 Prozent auf 5 Prozent und von 5 Prozent auf 20 Prozent sind in der Regel noch groß. Erst die Schritte von 20 Prozent auf 40 Prozent und von 40 Prozent auf 100 Prozent erfolgen immer wieder bemerkenswert schnell. Noch vor wenigen Jahren lautete eine Forderung: 20 Prozent erneuerbare Energien. Heute gibt es in etlichen Ländern einen verbindlichen Beschluss: 100 Prozent erneuerbare Energien. Ebenso unaufhaltsam wird irgendwann ein verbindlicher Gesetzesbeschluss kommen: nicht nur 20 Prozent, sondern 100 Prozent biologisch hergestellte Lebensmittel und 100 Prozent fair hergestellte und gehandelte Produkte.

Bei Ernährung, Handel und Energie ist der Wandel in vollem Gange. Parallel dazu bahnt sich ein weiterer Wandel an, der noch viel wichtiger ist: Der Wandel in der Pädagogik, also der Wandel in der Frage geistiger Ernährung und Entwicklung. Genauso wie es den Gegensatz von konventioneller und nachhaltiger Produktion von Lebensmitteln gibt, so gibt es den Gegensatz von konventioneller und gesunder pädagogischer Ernährung. Und so wie es längst klar ist, dass die konventionelle Energiepolitik oder die konventionelle

Herstellung von Lebensmitteln ein Holzweg waren, so wird es immer klarer: Auch die konventionelle Pädagogik ist auf dem Holzweg. Auch sie zerstört durch ihre Einseitigkeiten Lebensgrundlagen. Mit einem Satz: Es gibt nicht nur giftige Bananen. Mehr noch: *Alle Zerstörungen von Lebensgrundlagen sind immer auch Ergebnis der Erziehungssysteme.* Ein Sachverhalt, vor dem man oft in einem erstaunlichen Grad die Augen verschließt.

Das Ziel konventioneller Lebensmittelproduktion lautet: „Wie bekommen wir die nötigen Inhaltsstoffe in genügendem Maße in den Körper der Menschen?"
Das Ziel konventioneller Pädagogik lautet: „Wie bekommen wir die nötigen geistigen Inhaltsstoffe in die Kindergehirne, sodass es möglichst kindgerecht ist?"
Für beide Zielsetzungen gibt es Hunderte Methoden und vermutlich Tausend und eine Debatte darüber, was die besten Methoden sind. Dabei sind schon die Fragen zu einseitig gestellt. Denn Ernährung ist mehr, als Nährstoffe einzufüllen und Pädagogik ist mehr als Wissensstoffe und Lerntechniken in Kindergehirne zu bringen. Auf beiden Gebieten gibt es etwas Besseres und dieses Bessere wird immer dringender nötig. Zu 100 Prozent. Für alle!

Man sollte auf diese „100 Prozent für alle" gut vorbereitet sein. Sonst wiederholt sich die Geschichte mit den Bananen. Vor einigen Monaten wurde ein Kollege von mir in einer deutschen Großstadt gefragt, ob die „Waldorfs" in einem neuen Stadtgebiet mit einem hohen Anteil an Flüchtlingen eine Stadtteilschule aufziehen könnten.
„Wie viele Schüler?" fragte er.
„Mehr als tausend", war die Antwort.
Unwillkürlich sah ich vor meinem inneren Auge ein Schild:

Liebe Eltern, leider haben wir in diesem Stadtteil nur konventionelle Pädagogik.

„Wie viel Vorbereitungszeit haben wir für den Sprung von Null auf Tausend?" fragte er.

„Ein Jahr."

„Dann hängt die Antwort davon ab, *welche Dimensionen* von Waldorf man dort umsetzen will", sagte er dem städtischen Mitarbeiter. „Mindestens die Hälfte der „Big 12 " könnten Sie als staatliche Einrichtung selber umsetzen. Die „Big 12" unterliegen keinem Patentschutz. Dann bräuchte die Stadt nur Berater. Für mehr haben wir zur Zeit schlechterdings nicht die Leute."

„Stimmt das? Und falls es stimmt: ist das nicht zu ändern?"

Diese Fragen gebe ich zum Schluss gerne weiter.

ANHANG

1. Die Methode der Anthroposophie

*Wie ist Rudolf Steiner zu seinen „anthroposophischen"
Erkenntnissen gekommen?*

„Solange man die Seelenerlebnisse nimmt, wie sie sich dem
gewöhnlichen Bewusstsein darbieten, kommt man nicht in
die Tiefen der Seele. Man muss unter die Oberfläche der
Seele hinunterstreben. Das kann man aber nicht mit den gewöhnlichen Mitteln des Seelenlebens. (...) Mittel, tiefer in
die Seele einzudringen, bieten sich dar, wenn man den Blick
auf dasjenige richtet, was im gewöhnlichen Bewusstsein zwar
mitarbeitet, aber in seiner Arbeit gar nicht in dieses Bewusstsein eintritt. Wenn der Mensch denkt, so ist sein Bewusstsein
auf die Gedanken gerichtet. Er will durch die Gedanken etwas vorstellen; er will im gewöhnlichen Sinne richtig denken. Man kann aber auch auf anderes seine Aufmerksamkeit
richten. Man kann die Tätigkeit des Denkens als solche ins
Geistesauge fassen. Man kann zum Beispiel einen Gedanken
in den Mittelpunkt des Bewusstseins rücken, der sich auf
nichts Äußeres bezieht, der wie ein Sinnbild gedacht ist, bei
dem man ganz unberücksichtigt lässt, dass er etwas Äußeres
abbildet. Man kann nun in dem Festhalten eines solchen Gedankens verharren. Man kann sich ganz einleben nur in das
Innere der Seele, während man so verharrt. Es kommt hierbei nicht darauf an, in Gedanken zu leben, sondern darauf,
die Denktätigkeit zu erleben. Auf diese Weise reißt sich die
Seele los von dem, was sie in ihrem gewöhnlichen Denken
vollführt. Sie wird dann, wenn sie solche innere Übung genügend lange fortsetzt, nach einiger Zeit erkennen, wie sie in

Erlebnisse hineingeraten ist, welche sie abtrennen von demjenigen Denken und Vorstellen, das an die leiblichen Organe gebunden ist. Ein Gleiches kann man vollführen mit dem Fühlen und Wollen der Seele, ja, auch mit dem Empfinden, dem Wahrnehmen der Außendinge. Man wird auf diesem Wege nur etwas erreichen, wenn man nicht zurückschreckt davor, sich zu gestehen, dass die Selbsterkenntnis der Seele nicht einfach angetreten werden kann, indem man nach dem Innern schaut, das stets vorhanden ist, sondern vielmehr nach demjenigen, dass durch innere Seelenarbeit erst aufgedeckt werden muss. Durch eine Seelenarbeit, die durch Übung in einem solchen Verharren in der inneren Tätigkeit des Denkens, Fühlens und Wollens gelangt, dass diese Erlebnisse gewissermaßen sich geistig in sich „verdichten". Sie offenbaren dann in dieser Verdichtung ihr inneres Wesen, das im gewöhnlichen Bewusstsein nicht wahrgenommen werden kann." (GA 604 ff.)

Die hier geschilderte Vorgehensweise markiert die Basis-Methode, mit der Rudolf Steiner seine Erkenntnisse über die Natur der Denkkräfte, Willenskräfte etc. gewonnen hat. Alle anthropologischen Darstellungen Steiners in der „Allgemeinen Menschenkunde" sind auf dieser Grundlage freigelegt worden, insbesondere seine Erkenntnisse über den Zusammenhang der mentalen Tätigkeiten mit den körperlichen Organen. Die geschilderte Basis-Methode ist gleichsam das Nadelöhr, durch das man als Forscher hindurch gehen muss.
Alle weiteren Methoden und Ergebnisse ruhen jeweils auf dieser Basis-Methode auf.

Damit ist zugleich der Sinn des Wortes „Geisteswissenschaft" oder „Geistesforscher" bei Rudolf Steiner bezeichnet im Unterschied zur Bedeutung, die dieses Wort gewöhnlich in den Humanwissenschaften hat.
Für Rezipienten, die selbst noch nicht in der Lage sind, die von

Steiner beschriebene Konzentration und Verdichtung vorzunehmen,
sind die Ergebnisse, zu denen ein Geistes-Forscher gelangt ist, dann
nur Arbeitshypothesen. Aber er kann versuchen, sie empirisch mit
den Verfahren der etablierten Wissenschaften zu widerlegen oder zu
bestätigen.

Für die Ergebnisse der anthroposophischen Forschung gilt dann aber
zugleich das, was Steiner am Ende seines Lebens in den Leitsätzen
niedergeschrieben hat:

„Anthroposophie tritt im Menschen als Herzens- und Gefühlsbe-
dürfnis auf. Sie muss ihre Rechtfertigung dadurch finden, dass sie
diesem Bedürfnisse Befriedigung gewähren kann. Anerkennen kann
Anthroposophie nur derjenige, der in ihr findet, was er aus seinem
Gemüte heraus suchen muss. Anthroposophen können daher nur
Menschen sein, die gewisse Fragen über das Wesen des Menschen
und die Welt so als Lebensnotwendigkeiten empfinden, wie man
Hunger und Durst empfindet.“ (GA 26, 14)

2. Verzeichnis der pädagogischen Vorträge Rudolf Steiners

Gewöhnlich ist es üblich, bei einer Literaturangabe Ort und Erscheinungsdatum
des jeweiligen Buches zu benennen. Alle folgenden Bände sind im Rudolf Steiner
Verlag in Dornach / Schweiz erschienen. Das jeweilige Erscheinungsdatum be-
zieht sich auf die jeweils von mir benutzte Ausgabe. Es gibt jedoch oft zahlreiche
weitere, entweder ältere oder spätere Ausgaben. Es kann dadurch zu Abweichun-
gen zu den von mir im Quellenteil genannten Seitenzahlen kommen.

GA 293
Allgemeine Menschenkunde als Grundlage der Pädagogik.
Ein Zyklus von vierzehn Vorträgen, gehalten in Stuttgart vom 21. August bis
5. September 1919 anlässlich der Gründung der Freien Waldorfschule.
Dornach 1968.

GA 294

Erziehungskunst. Methodisch-Didaktisches.
Vierzehn Vorträgen, gehalten in Stuttgart vom 21. August bis 5. September 1919 und Schlussworte vom 6. September 1919 anlässlich der Gründung der Freien Waldorfschule.
Dornach 1990.

GA 295

Erziehungskunst. Seminarbesprechungen und Lehrplanvorträge
Gehalten in Stuttgart vom 21. August bis 6. September 1919 anlässlich der Gründung der Freien Waldorfschule.
Dornach 1984.

GA 296

Die Erziehungsfrag als soziale Frage.
Die spirituellen, kulturgeschichtlichen und sozialen Hintergründe der Waldorf-schul-Pädagogik. Sechs Vorträge, gehalten in Dornach vom 9. bis 17. August 1919.
Dornach 1979.

GA 297

Idee und Praxis der Waldorfschule.
Neun Vorträge, eine Besprechung und Fragenbeantwortungen zwischen dem 24. August 1919 und 29. Dezember 1920 in verschiedenen Orten.
Dornach 1998.

GA 297 a

Erziehung zum Leben.
Selbsterziehung und pädagogische Praxis.
Fünf Vorträge, ein Autoreferat, zwei Fragenbeantwortungen und ein Zeitungsbericht zwischen dem 24. Februar 1921 und 4. April 1924 in verschiedenen Orten.
Dornach 1998.

GA 298

Rudolf Steiner in der Waldorfschule.
Vorträge und ansprachen für die Kinder, Eltern und Lehrer in der Waldorfschule Stuttgart 1919 – 1924.
Dornach 1980.

GA 299

Geisteswissenschaftliche Sprachbetrachtungen.
Eine Anregung für Erzieher.
Sechs Vorträge, gehalten in Stuttgart vom 26. Dezember 1919 bis 3. Januar 1920 für die Lehrer der freien Waldorfschule.
Dornach 1981.

GA 300 a

Konferenzen mit den Lehrern der Freien Waldorfschule in Stuttgart 1919 bis 1924.
Erster Band. Das erste und zweite Schuljahr.
Dornach 1975.

GA 300 b

Konferenzen mit den Lehrern der Freien Waldorfschule in Stuttgart 1919 bis 1924.
Zweiter Band. Das dritte und vierte Schuljahr.
Dornach 1975.

GA 300 c

Konferenzen mit den Lehrern der Freien Waldorfschule in Stuttgart 1919 bis 1924.
Dritter Band. Das fünfte und sechste Schuljahr.
Dornach 1975.

GA 301

Die Erneuerung der pädagogisch-didaktischen Kunst durch Geisteswissenschaft.
Vierzehn Vorträge gehalten für Lehrer und Lehrerinnen Basels und Umgebung. 20. April bis 11. Mai 1920.
Dornach 1977.

GA 302

Menschenerkenntnis und Unterrichtsgestaltung.
Acht Vorträge für die Lehrer der freien Waldorfschule in Stuttgart vom 12. bis 19. Juni 1921.
Dornach 1986

GA 302 a
Erziehung und Unterricht aus Menschenerkenntnis.
Neun Vorträge, gehalten für die Lehrer der Freien Waldorfschule in Stuttgart.

Dieser Band enthält die folgenden 3 Vortragsreihen:

Meditativ erarbeitete Menschenkunde.
Vier Vorträge vom 15. bis 22. September 1920.

Erziehungsfragen im Reifealter. Zur Künstlerischen Gestaltung des Unterrichts.
Zwei Vorträge am 21. und 22. Juni 1922

Anregungen zur innerlichen Durchdringung des Lehr- und Erzieherberufes.
Drei Vorträge am 15. und 16. Oktober 1923.
Dornach 1983.

GA 303
Die gesunde Entwicklung des Menschenwesens.
Eine Einführung in die anthroposophische Pädagogik und Didaktik.
Weihnachtskurs für Lehrer, gehalten in Dornach vom 23. Dezember 1921 bis 7. Januar 1922.
Dornach 1987.

GA 304
Erziehungs- und Unterrichtsmethoden auf anthroposophischer Grundlage
Neun öffentliche Vorträge, gehalten zwischen dem 23. Februar 1921 und 16. September 1922 in verschiedenen Städten.
Dornach 1979.

GA 304 a
Anthroposophische Menschenkunde und Pädagogik
Neun öffentliche Vorträge, gehalten zwischen dem 25. März 1923 und dem 30. August 1924 in verschiedenen Städten.
Dornach 1979

GA 305
Die geistig-seelischen Grundkräfte der Erziehungskunst.
Spirituelle Werte in Erziehung und sozialem Leben.
Zwölf Vorträge, gehalten in Oxford vom 16. Bis 29. August 1922, zwei Ansprachen zu Eurythmieaufführungen und einem Schlusswort.
Dornach 1991.

GA 306
Die pädagogische Praxis vom Gesichtspunkte geisteswissenschaftlicher Menschenerkenntnis.
Die Erziehung des Kindes und des jüngeren Menschen.
Acht Vorträge, gehalten in Dornach vom 15. bis 22. April 1923. Mit drei Fragenbeantwortungen und einleitenden Worten zu einer Eurythmie-Aufführung.
Dornach 1989.

GA 307
Gegenwärtiges Geistesleben und Erziehung.
Ein Vortragszyklus, gehalten in Ilkley (Yorkshire) vom 5. bis 17. August 1923.
Dornach 1986

GA 308
Die Methodik des Lehrens und die Lebensbedingungen des Erziehers.
Fünf Vorträge, gehalten in Stuttgart vom 8. bis 11. April 1924 und ein Bericht über die Stuttgarter Erziehungstagung.
Dornach 1986.

GA 309
Anthroposophische Pädagogik und ihre Voraussetzungen.
Fünf Vorträge, gehalten in Bern vom 13. Bis 17. April 1924. Mit drei Fragenbeantwortungen und einer Ansprache vor einer Vorführung pädagogischer Eurythmie.
Dornach 1981.

GA 310
Der pädagogische Wert der Menschenerkenntnis und der Kulturwert der Pädagogik.
Zehn Vorträge, gehalten in Oosterbeek-Arnheim / Holland vom 17. bis 24. Juli 1924.
Dornach 1924.

GA 311

Die Kunst des Erziehens aus dem Erfassen der Menschenwesenheit.
Sieben Vorträge, gehalten in Torquay / England vom 12. bis 19. August 1924.
Mit einer Fragenbeantwortung vom 20. August 1924.
Dornach 1989.

Nachwort

Rudolf Steiner wollte kein „System" der Waldorfpädagogik. Über den Versuch, fünf Dimensionen der Waldorfpädagogik zu beschreiben, hätte er bestenfalls gütig-streng gelächelt: „Sie dürfen nicht glauben, dass Sie damit die Waldorfpädagogik jetzt erfasst haben." In der Tat: Auch wenn diese Arbeit versucht, fünf Dimensionen der Waldorfpädagogik zu beschreiben und Reduktionen zu vermeiden, erfasst sie dadurch nicht das Ganze. Sie betrachtet das Ganze aus *einer* Perspektive. Was auf diese Weise entsteht, ist ein Bild, nicht ein „Sein". Viel mehr als eine hinweisende Hand kann diese Arbeit deshalb nicht bieten. Wer auf einem Hügel steht und das Panorama einer Landschaft bestaunt und sich daran erfreut, möchte das, was er sieht, gerne zeigen: Dort jenen Gipfel in der Ferne und hier die Obstbäume in der Nähe. Aber von einem Nachbar-Hügel und von höheren Gipfeln aus werden sich andere Perspektiven eröffnen.

Auf den Hügel zu gelangen war nur möglich durch die Hilfe vieler Menschen.
Danken möchte ich meinen Kolleginnen und Kollegen: Vielen Dank für Ihre / Eure liebevolle Toleranz und Unterstützung.
Danken möchte ich sodann meinen Schülerinnen und Schülern: Mit euch arbeiten zu dürfen, war ein Geschenk des Lebens.
Danken möchte ich auch den vielen Eltern, mit denen ich im Laufe von drei Jahrzehnten zusammenarbeiten durfte.

Während des Schuljahres 2014/2015, in das die Endarbeit am vorliegenden Buch fiel, war ich als Klassenlehrer einer 8. Klasse tätig. Was ich in dieser Zeit an Unterstützung und Hilfe durch die Eltern bei der pädagogischen Arbeit und insbesondere beim sogenannten „Klassenspiel" erfahren durfte, war beseelt vom „Enthusiasmus des Herzens" und gehörte für mich zu „Waldorf at it's best."

Danken möchte ich schließlich meiner Familie und den vielen Freunden: Euer Zuspruch und eure Kritik waren eine unschätzbare Hilfe.

Vor allem aber geht mein Dank an Rudolf Steiner. Wenn man sich mit seinem Werk beschäftigt, wird immer mehr erlebbar, wie das, was er geschaffen hat, aus einer unvorstellbar großen Liebe zu den Menschen kam. Ob man dieser Liebe würdig war, ist eine andere Frage. Auf diese Liebe hinzuweisen mit den Mitteln, die einem zur Verfügung stehen, war ein Motiv für dieses Buch.

Die Waldorf-*Schulen* haben sich anders entwickelt als es 1919 erhofft war. Jörgen Smit, der ehemalige Leiter der Pädagogischen Sektion der Anthroposophischen Gesellschaft, sagte mir einmal sinngemäß: „Die Waldorfschulen sind noch lange nicht fertig und wir dürfen nicht vergessen: *Wir* sind es auch nicht. Ein mächtiger geistiger Impuls ist mit der Waldorf-Pädagogik vorhanden, aber er kann sich in unseren Schulen und in uns erst anfänglich entfalten. Das ist wie bei einem Kind. Wir werden daran arbeiten müssen, diesen Geist immer mehr zu *erwecken* und den sozialen Organismus der Schulen so zu gestalten, dass dieser Geist stärker wirksam werden kann. Und wir dürfen nie vergessen: Ein Kind kann man nur *lieben*."

In diesem Sinne liegt die Wahrheit der Waldorfpädagogik in ihrem *Tun* und – wie Jörgen Smit gesagt hätte – in ihrem

Üben. Alle Tätigen und alle künftig Tätigen benötigen dazu Kraft, Mut und Licht. Ich wünsche es Ihnen von Herzen.

Anmerkungen

1 So der Titel des Bestsellers von Christoph Lindenberg. Reinbek, 1975.

2 Dazu gehörten u. a. die Einführung des Rechnens über die Mengenlehre in den frühen 1970er Jahren; die Einführung der Sprachlabore oder in jüngerer Zeit die Einführung von Tablet-Computern für Grundschulkinder. Vgl. dazu auch: Jürgen Kraube (2015), Im Reformhaus. Zur Krise des Bildungssystems. Springe, 2015.

3 Es handelt sich um ca. 200 Vorträge sowie Konferenz-Protokolle, die in insgesamt 24 Bänden der Rudolf-Steiner-Gesamtausgabe veröffentlicht sind. (Siehe Literaturverzeichnis der ausgewerteten Bände im Anhang.)

4 Bei weltweit mehr als 1000 Schulen ist die Gesamtzahl so groß, dass die Integrität der Motive der Gründungsinitiativen selbstverständlich einer Gaußschen Verteilungskurve unterliegt. Das heißt: An den Rändern der Verteilungskurve gibt es neben exzellenten Gründungsmotiven auch hoch problematische Gründungen, bei denen persönlicher Ehrgeiz, interne Konflikte, Ahnungslosigkeit und dergleichen unschöne Sachverhalte eine große Rolle spielten. Eine ähnliche Verteilungskurve gibt es naturgemäß auch für die Qualität des Gründungs-*Managements*: Auch hier gibt es am linken Rand der Kurve bewundernswerte Management-Meisterleistungen unter schwierigsten Bedingungen genauso wie am rechten Rand der Kurve verantwortungslose Fehlleistungen. Diese Selbstverständlichkeiten ändern aber nichts an dem Sachverhalt, dass für das Umsetzen der Waldorf-*Pädagogik* in den Gründungen und in dem ausdauernden Betreiben von Waldorf-*Schulen* insgesamt ein erheblicher Enthusiasmus der Herzen essentiell ist und de facto vorhanden war und ist.

5 Bruno Le Maire, Zeichen der Macht. 2014.

6   Aus diesem Sachverhalt lässt sich *nicht* ableiten, dass man die Waldorfpädagogik ohne eine Erfahrung dieser 5. Dimension nicht beurteilen oder angemessen kritisieren könnte. Man kann die Waldorfpädagogik fundiert kritisieren, auch ohne sie ausgeübt zu haben. Aber das ändert nichts an dem Sachverhalt, dass eine bestimmte Schicht ihres Seins nur erfahrbar wird, wenn man den Schritt aus der sicheren, kritischen Distanz wagt und sich in sie hineinbegibt. So wie nur derjenige die „Macht" – wie Le Maire schreibt – in ihrer vollen Wahrheit kennt, der sich entschieden hat, sich in sie hinein zu begeben.

7   Erstaunlicher Weise gab und gibt es bis heute eine solche Sammlung nicht. Dabei hielt einer der ersten Waldorflehrer, Karl Stockmeyer, bereits 1955 eine solche Sammlung für angemessen und wichtig. Im Januar 2014 erschien mit „Willenserziehung" ein erster Band. Für die nächsten Jahre sind weitere Bände geplant.

8   Das Buch kommt diesen Bitten nach, ist aber nicht, wie es das Thema verdiente, ein ausgereiftes „Opus magnum", sondern eine Skizze.

9   Die „Essentials" der ersten und zweiten Dimension (die „Settings" und die Methoden) werden in ihrer jeweiligen Intention besser verständlich, wenn man die Essentials der 3. Dimension bereits kennt. Aus diesem Grund erhielt das Buch seinen speziellen Aufbau: die Essentials der beiden ersten Dimensionen werden in einem ersten Durchgang nur benannt. *Nach* der Darstellung der Essentials der dritten Dimension (der übergeordneten Gesichtspunkte und Motive) werden die Essentials der ersten Dimension knapp erläutert.

10 Siehe: http://www.sirkenrobinson.com, TED Talk – Ken Robinson says schools kill creativity; TED Talk – Ken Robinson: Bring on the learning revolution! TED Talk – Ken Robinson: Changing education paradigms; TED Talk – Ken Robinson: How to escape educations's Death Valley.

11 Statt der musikalisch weniger begabten Kinder kann man genauso auch sportlich oder religiös weniger begabte Kinder in ein entsprechend variiertes Szenario einsetzen.

12 Ken Robinson (2009), The Element: How Finding Your Passion Changes Everything. Penguin Books, London 2009.

13 Bereits 1919 wies Steiner die Lehrer der ersten Waldorfschule an, das Denken der Kinder (Steiner sprach vom „Kopfgeist") durch gezielte Gliedmaßenbewegungen und vor allem durch Kunst zu erwecken. „Den Kopfgeist durch den Gliedmaßenmenschen" erwecken und dadurch zu einem kraftvolleren und kreativeren Denken zu erziehen – das gehört zu den immer noch revolutionären Methoden der Pädagogik Steiners.

14 Ken Robinson, Out of Our Minds: Learning to Be Creative. 2. Aufl., Capstone, Chichester 2011.

15 Wenn man es zugespitzt und übertrieben formuliert, heißt das: Die Kinder wurden betrachtet als menschliche Rohstoffe, als *Human Resources,* die einen ersten Verarbeitungs- und Wertschöpfungsprozess zu durchlaufen haben. Der Input (die Kinder) wurde vornehmlich durch die genannten Fächer bearbeitet, damit am Ende genügend viele Wissenschaftler, Techniker und Ingenieure als Output erreicht wurden. Kurz: Die Schulen sollten liefern und sie haben tatsächlich geliefert. Dem verdanken wir unseren heutigen Lebensstandard, der noch nie in der neueren Geschichte so hoch war. – Was ist mit den anderen Schülerinnen und Schülern? All den Künstlern und Handwerkern? Nur brauchbare Nebenprodukte? Das Produktionsverfahren ist schließlich für alle gleich. Wer Künstler oder Handwerker wurde, wurde das oft nicht *aufgrund*, sondern *trotz* des Schulsystems. So hart es auch klingt: Entscheidend ist, wie viele Wissenschaftler und Techniker am Ende herauskommen. Ist das nicht der Fall und leiden die Betriebe unter einem Ingenieursmangel, so fordern sie von den Schulen (und der Politik) entsprechende Kurskorrekturen. Kein geringerer als Ken Robinson nennt deshalb die Schulzeit „eine auf 12 Jahre ausgedehnte Zugangsprüfung zur Universität." Die Folgen sind in Ländern wie China, Japan und Südkorea besonders deutlich zu erkennen. Dort ist der Druck des Selektionsprozesses zusammen mit dem Druck der Tradition der Familienehre so groß, dass diese Länder weltweit an der Spitze der Jugend-Selbstmordraten stehen. –

Aus der Zeit der Industrialisierung stammt auch die *Form* der Schulen: Sie ist in etlichen Punkten den Fabriken nachgebildet. Viele Schulen sind mehr oder weniger Bildungsfabriken, die den genannten Output zu produzieren haben. Und wie in heutigen Fabriken Roboter die Arbeit machen und dem Menschen abnehmen, so ziehen die entsprechenden Geräte immer mehr auch in die Bildungsfabriken ein: verschicdenste Computer, deren Programme dem Lehrer die Arbeit abnehmen sollen.

16 In den vergangenen zwei Jahrhunderten kamen zu dem geschilderten Hauptzweck der Schulen immer auch weitere Vorgaben hinzu und zwar aus der Politik. Extrem-Beispiele: Im kommunistischen Russland sollte das Schulsystem nicht nur hervorragende Techniker hervorbringen, um den Westen ein- und überholen zu können, sondern die Schulen sollten darüber hinaus auch gute Kommunisten produzieren. Man nannte das „den neuen Menschen". Die entsprechende Pädagogik galt als „modern".

In Deutschland war es zwischen 1933 und 1945 vom Prinzip her ähnlich: Auch hier sollten die Schulen nicht nur den Nachwuchs für Wissenschaft, Technik und Industrie liefern, sondern den „germanischen Übermenschen". Auch hier galt genau das als „modern". Diese finsteren Zeiten sind in Europa vorbei, aber sie zeigen doch – wie unter einem Vergrößerungsglas – ein Denkmuster, das fest in den Köpfen verankert ist: Das jeweilige gesellschaftliche System legt fest, was die Schule fördern soll. Die Inhalte wechseln, das Denkmuster ist konstant. Eine Konstante ist auch, dass die Vertreter der jeweiligen Zielsetzung von ihren jeweiligen „Modernisierungen" tief überzeugt sind. Aber wenn man aus der Geschichte der Pädagogik wirklich etwas lernen kann, dann dies: „modern" ist nicht zwangsläufig ein Qualitätssiegel. „Modern" kann auch sein, was sich als Desaster herausstellt.

17 Für einige Menschen ist die Rede vom „Höchstmaß" an Klarheit des Denkens im Kontext der Waldorfpädagogik irritierend. Vermutlich hat sich – aus welchem Grund auch immer – das Vorurteil gebildet, dass Waldorfpädagogik dem Leistungsgedanken fernstehe oder ihn gar ablehne. Das Zitat belegt, dass Steiner tatsächlich von „Höchstmaß" spricht. Allerdings ist das Zitat in einem Punkt verändert: Im Original heißt es statt „nach seinen Voraussetzungen" jeweils: „nach seinem Schicksal". Ich habe den Ausdruck „nach seinem Schicksal" ersetzt durch „nach seinen Voraussetzungen", weil die Frage, woher die jeweiligen

Voraussetzungen stammen und inwiefern es sich hierbei um „Schicksal" handelt oder um „genetischen Zufall" eine komplizierte Frage ist. Diese Frage ist wichtig, aber nicht im vorliegenden Argumentationszusammenhang.

18 Der SPIEGEL, Plattgepaukt. 22. 4. 2013. S. 33.

19 Erst in den Oberstufenklassen kommt es in einigen Ländern vornehmlich bei den kognitiven Fächern zu unterschiedlichen Differenzierungen der Schüler. Im Idealfall bleiben die Schüler jedoch in einer Klasse zusammen.

20 Es gibt heute weltweit etliche Schulen, in denen es nicht möglich ist, das Fach „Eurythmie" zu unterrichten, und es gibt viele Schulen, die keinen Schularzt haben, aber das ändert nichts an der Tatsache, dass neu an die Schule kommende Lehrer, Schüler und Eltern wissen, auf welche der Big 12 sie sich verlassen können und welche anderen – aus welchen Gründen auch immer – nicht eingerichtet werden konnten.

21 Platon stellte fest, dass das Schreibenlernen immer mit einer Schädigung der Erinnerungskraft einher geht. Im 20. Jahrhundert konnte dieser Effekt mustergültig bei der Alphabetisierung Ägyptens beobachtet werden: Vor der Alphabetisierung konnten die Kinder mühelos die mythischen Erzählungen Ägyptens auswendig erzählen. Mit der Alphabetisierung ging diese Fähigkeit drastisch zurück. – Daraus ableiten zu wollen, die Alphabetisierung zu vermeiden, wäre fatal. Sie ist eine wesentliche Voraussetzung zur Demokratisierung. Die Herausforderung besteht in den Augen der Waldorf-Pädagogik darin, das Schreiben so zu erlernen, dass die Schädigungen, die damit verknüpft sind, möglichst minimiert werden. – Der Text Platons findet sich im Dialog Phaidros, 274 e1 – 275 b2. „*Als er aber an die Buchstaben gekommen, habe Theuth gesagt: „Diese Kunst, o König, wird die Ägypter weiser machen und gedächtnisreicher, denn als ein Mittel für Erinnerung und Weisheit ist sie erfunden." Jener aber habe erwidert: „O kunstreicher Theuth, einer weiß, was zu den Künsten gehört, ans Licht zu bringen; ein anderer zu beurteilen, wieviel Schaden und Vorteil sie denen bringen, die sie gebrauchen werden. So hast auch du jetzt, als Vater der Buchstaben, aus Liebe das Gegenteil dessen gesagt, was sie bewirken. Denn diese Erfindung wird den Seelen der Lernenden vielmehr Vergessenheit einflößen aus Vernachlässigung der*

Erinnerung, weil sie im Vertrauen auf die Schrift sich nur von außen vermittels fremder Zeichen, nicht aber innerlich sich selbst und unmittelbar erinnern werden. Nicht also für die Erinnerung, sondern nur für die Gedächtnisstützung hast du ein Mittel erfunden, und von der Weisheit bringst du deinen Lehrlingen nur den Schein bei, nicht die Sache selbst. Denn indem sie nun vieles gehört haben ohne Unterricht, werden sie sich auch vielwissend zu sein dünken, obwohl sie größtenteils unwissend sind, und schwer zu behandeln, nachdem sie dünkelweise geworden statt weise.“

22 Vgl. die *Titel* der Steinerschen Vortragsreihen zur Pädagogik: 8 Titel enthalten den Ausdruck „Menschenerkenntnis“ oder „Menschenkunde“ in verschiedenen Varianten. Ein Titel wie „Erziehung aus Menschenerkenntnis“ hat immer auch den Subtext: „Erziehung aus Menschenerkenntnis *und nicht nach politischen oder wirtschaftlichen Maßgaben.“*

23 Es ist deshalb verständlich, dass, oberflächlich betrachtet, die Waldorfpädagogik als eine ideologisch geprägte Pädagogik gilt, während das westliche Schulsystem ideologisch neutral sei. Tatsächlich verhält es sich umgekehrt: Alle politisch und gesellschaftlich vorgegebenen Ziele sind immer in einem bestimmten Ausmaß ideologisch geprägt, in totalitären Diktaturen einseitig, in Demokratien pluralistischer. Im Gegensatz dazu ist eine Zielbestimmung aus sachlicher Menschenerkenntnis – vom Ansatz her – unabhängig von den schwankenden Wertsetzungen und Ideologien einer Gesellschaft.

24 Siehe u. a. die vierteilige Artikelserie der Zeitschrift GEO zum Thema „Besser Lernen“ aus dem Jahr 2004. Oder: „Mein Gehirn – Wie das Wissen in den Kopf kommt.“ In: Dein SPIEGEL 2/2012.

25 Siehe dazu: Pietro Archiati, Christentum oder Christus. Dornach 1995.

26 *Wissenschaftlich* war die Theorie von Kopernikus bereits 1543, wenn auch nicht empirisch bestätigt. Erstens genügte sie dem sogenannten „Konsistenzkriterium“. Zweitens genügte sie dem Kriterium der „Falsifizierbarkeit“: Kopernikus hätte angeben können, bei welchen Beobachtungen er seine Theorie als *falsifiziert* betrachtet hätte. Die prinzipielle Falsifizierbarkeit und *nicht* die experimentelle Bestätigung ist nämlich ein entscheidendes

Kriterium für die *Wissenschaftlichkeit* einer naturwissenschaftlichen Hypothese. Noch so viele empirische Belege können eine naturwissenschaftliche Hypothese nicht *beweisen*. (Es gibt in den Naturwissenschaften keine vollständige Induktion mit dem Schluss von n-1 auf n.) Empirische Untersuchungen können eine Theorie immer nur *stützen*. Man kann dann unterscheiden zwischen solchen Hypothesen, die eine breite Datenbasis haben und solchen, bei denen die Datenbasis dünn ist. Aber das entscheidet in keiner Weise über „richtig" oder „falsch" und auch nicht über „wissenschaftlich" oder „unwissenschaftlich". Vgl. Karl Raimund Popper, Die beiden Grundprobleme der Erkenntnistheorie. Aufgrund von Manuskripten aus den Jahren 1930 – 1933. Hg. von Troels Eggers Hansen. Tübingen: Mohr 1979. Sowie: Karl Raimund Popper (1934), Die Logik der Forschung. Tübingen: Mohr, 1971.

27 Ich danke Dr. med. Friedwart Husemann für die Hinweise in seinem Rundbrief vom 14. 7. 2014.

28 Branko Furst, The Heart an Circulation – an Integrative Model. Springer Verlag, New York, 2014.

29 Giacomo Rizzolatti, Corrado Sinigaglia: *Mirrors in the Brain. How Our Minds Share Actions and Emotions.* Übersetzt von Frances Anderson, Oxford University Press 2007.
Giacomo Rizzolatti, Corrado Sinigaglia: *Empathie und Spiegelneurone: Die biologische Basis des Mitgefühls.* Übersetzt von Friedrich Griese, Frankfurt a. M.: Suhrkamp 2008.
Christian Keysers: *The Empathic Brain. How the Discovery of Mirror Neurons Changes Our Understanding of Human Nature*, Lexington, Ky. Social Brain Press, 2011.
Christian Keysers: *Unser empathisches Gehirn: Warum wir verstehen, was andere fühlen.* Übersetzt von Hainer Kober, Bertelsmann München, 2013.
G. Rizzolatti, L. Fogassi, V. Gallese: *Motor and cognitive functions of the ventral premotor cortex.* In: *Current opinion in neurobiology.* Band 12, Nummer 2, April 2002.

30 Es gibt Passagen, in denen Rudolf Steiner davon spricht, dass es die Aufgabe der neuen Pädagogik sei, die Kinder und Jugendlichen aus den Fängen des Materialismus zu befreien. Das steht in scheinbarem Widerspruch zu der Behauptung, dass eine

Pädagogik keinerlei Ziel an ein Kind von außen herantragen sollte. Der Widerspruch löst sich auf: Für Steiner besteht der pädagogischer Materialismus darin, dass ein Schulsystem die Kinder als Humankapital betrachtet und einem Produktionsprozess unterzieht, der am Ende genügend Wissenschaftler als Output zu liefern hat. Aus diesen Fängen will die Waldorf-Pädagogik die Kinder befreien. Das klingt in der Formulierung nach einem von außen vorgegebenen Ziel, ist aber das Gegenteil.

31 Nicht wenige leben mit diesem Widerspruch entweder resignativ oder indem sie ihn verdrängen oder gezielt ausblenden. Mit ihrem pädagogischen Ethos und ihrem Talent machen sie das Beste aus der Situation. Trotzdem: die Geschichte der Folgen des Lehrer-System-Bias ist noch nicht geschrieben.

32 Ein ausführliche Darstellung dazu bei: Ernst-Michael Kranich, Anthropologische Grundlagen der Waldorfpädagogik. Stuttgart 1999. S. 160 ff.

33 Ernst-Michael Kranich, Der innere Mensch und sein Leib. Eine Anthropologie. Stuttgart 2003.

34 GA 103 (Das Johannesevangelium, 12 Vorträge, Hamburg 1908); GA 104 (Die Apokalypse des Johannes, 12 Vorträge, Nürnberg 1908); GA 112 (Das Johannes-Evangelium im Verhältnis zu den drei anderen Evangelien, Kassel 1909); GA 114 (Das Lukas-Evangelium, Basel 1909); GA 118 (Das Ereignis der Christus-Erscheinung in der ätherischen Welt, 16 Vorträge in verschiedenen Städten, 1910); GA 123 (Das Matthäus-Evangelium, 12 Vorträge, Bern 1910); GA 124 (Exkurse in das Gebiet des Markus-Evangeliums, 13 Vorträge in verschiedenen Städten, 1910 – 1911); GA 130 (Das esoterische Christentum und die geistige Führung der Menschheit. 23 Vorträge in verschiedenen Städten, 1911 – 1912); GA 131 (Von Jesus zu Christus, 10 Vorträge, Karlsruhe 1911); GA 139 (Das Markus-Evangelium, 10 Vorträge, Basel 1912).

35 Curic, Männer, Meissner und Morawetz (2008) Untersuchungen zur Herzratenvariabilität unter Stress- und Entspannungsbedingung. Universität Regensburg. Institut für experimentelle Psychologie. S. 3 f.

36 Ebenda.

37 Die Gleichberechtigung schlägt sich auch in der wöchentlichen

Stundenzahl nieder: Im Durchschnitt fallen auf die Bewegungsfächer ca. 10 Wochenstunden.

38 Siehe hierzu die exzellente Arbeit von Christoph Wiechert,
„Du sollst sein Rätsel lösen ...“ Gedanken zur Kunst der Kin-
der- und Schülerbesprechung. Dornach 2012.

39 Auch hier macht es der Sport vor: 100-Meter-Läufer werden
individuell und genau daraufhin untersucht, wie bei ihnen der
Muskelstoffwechsel funktioniert. Das Untersuchungsergebnis
macht den Sprinter „durchsichtiger“, sodass man sein Trainings-
programm besser auf ihn abstimmen kann. Langstreckenläufer
werden unter anderem daraufhin untersucht, wie gut sie Fett
in Zucker umwandeln können. Sind sie keine guten „Fettum-
wandler“, wird man ihnen abraten Marathon zu laufen, sondern
sich zum Beispiel auf die 5000 Meter-Distanz zu beschränken.
Entsprechendes gilt aber im Prinzip in viel stärkerem Maße für
die Pädagogik. Und dies ist kein Luxus, sondern eine Frage
der pädagogischen Qualität: Es geht um eine Steigerung der
Verständnistiefe. Und diese dient dazu, den Schülerinnen und
Schülern *individuell* besser gerecht zu werden.

40 Name geändert.

41 Natasha Campbell (2004), Gut and Psychology Syndrome: Na-
tural Treatment for Autism, ADD/ADHD, Dyslexia, Dyspraxia,
Depression, Schizophrenia. Cambridge 2010.

42 P. Busche, R. Rawer, N. Rakhimi, I. Lang, D.D. Martin (2013):
Mechanography in childhood: references for force and power in
counter movement jumps and chair rising tests. In: J Musculos-
kelet Neuronal Interact 2013; 13(2). University Children's Hos-
pital Tübingen, Germany; Novotec Medical GmbH, Pforzheim,
Germany.

43 Der Film „Woolf of Wallstreet“ mit seinem Drehbuch nach einem historischen Vorbild gibt davon eine anschauliche Vorstellung.

44 Unverständlich erscheint es zuweilen, wenn man in den Waldorfschulen anderer Kulturen hin und wieder erstaunlich viele
Elemente der mitteleuropäischen Lehrpläne findet. Woran auch
immer das liegen mag, die Waldorfpädagogik hat von ihrem
Ansatz her nichts mit Kulturimperialismus zu tun. Im Gegenteil: Sie ist in der Lage, in jedem Land und in jeder Kultur das

regionale Material zu finden für einen Lehrplan, der im Kern an den Entwicklungserfordernissen der Kinder ausgerichtet ist.

45 2014 wurde von Philipp Gehlitz und Almuth Strehlow eine umfassende Studie zum Thema vorgelegt: Die sieben Lebensprozesse. Grundlagen, pädagogische Bedeutung in Elternhaus, Kindergarten und Schule. Stuttgart 2014.

46 Ähnlich wie in der Musik gehört zum „Atmen" eines Unterrichts unter anderem ein Wechselspiel von Komprimierung und Ausdehnung, von Spannung und Lösung; zum Beispiel auf dem Gebiet der Unterrichtsstimmung ein Wechsel von besinnlicher, ernster Stimmung und seelisch heiterer Stimmung. Gegenteil eines atmenden Unterrichts ist ein atemloser Unterricht. Dazu gehört u. a. ein pausenloses Aufnehmen müssen, ein Fehlen von Stimmungswechseln etc.

47 Der hier vorliegende generelle biologische Zusammenhang wird in der Landwirtschaft genutzt: *Wenn* das Gras zur Blüte gekommen ist, wächst es anschließend nicht mehr, sondern wird dürr. Verhindert man durch einen rechtzeitigen Schnitt das Blühen, bleibt das Gras vital und wächst kraftvoll weiter. Indem man den Blühimpuls unterbindet, kann man bis zu 6 Schnitte pro Saison ernten.

48 Ein Missverständnis wäre: „So früh wie möglich die Kinder *frei* wählen und machen lassen, was sie wollen?" Ebenso: „Die Jugendlichen sollen nicht alles glauben, was sie lesen. Sie sollen den Mut haben, sich ihres kritischen Verstandes frei zu bedienen." Seit Kants Aufklärungsschrift ist das ein vernünftiges pädagogisches Ziel. Innerhalb des pädagogischen Vortragswerks von Steiner hat die „Erziehung zur Freiheit" einen anderen Sinn.

49 http://journals.plos.org/plosone/article?id=10.1371/journal.pone.0073135

50 Zu fragen ist, wie sich der erhebliche Unterschied erklären lässt. Die Lehrer an staatlichen Schulen dürften schließlich genauso nette Lehrer sein, wie die Lehrer an Waldorfschulen. Drei systemische Faktoren könnten eine Rolle spielen: Der spezielle Stundenplan an Waldorfschulen ist so eingerichtet, dass viele Lehrer für eine längere Zeit viele Stunden pro Woche in ein und derselben Klasse unterrichten (sogenannter „Epochenun-

terricht"). Das erleichtert es, dass der Lehrer seine Schülerinnen und Schüler besser kennenlernen kann als in einem System mit einer strikten 45-Minuten-Taktung. Im einen Fall hat ein Schüler 5 bis 6 verschiedene Lehrer pro Woche, im anderen bis zu 15. *Zweitens* nehmen sich die Waldorflehrer in wöchentlichen Konferenzen systematisch Zeit, um gemeinsam auf die Entwicklung der Kinder zu schauen und um sie besser zu verstehen, was sich erheblich von Noten- oder Zeugniskonferenzen unterscheidet. Drittens ist jeder einzelne Lehrer an einer Waldorfschule angehalten, sich im Sinne der dargestellten Essentials mit jedem einzelnen Schüler gründlich zu befassen. Das ist aufwändig, aber es zahlt sich in offensichtlich erheblich verbesserten Schüler-Lehrer-Beziehungen aus.

51 Steiner unterscheidet mehrere verschiedene Formen des Gedächtnisses, die sich phylogenetisch entwickelt haben (u. a. Raum-Gedächtnis, rhythmisches Gedächtnis, Bewegungsgedächtnis, Begriffsgedächtnis, „wesenhaftes" Gedächtnis etc.). Sie sind in der Erziehung zu berücksichtigen. Band 2 der Methodenreihe wird ausführlich darauf eingehen. „Denkerziehung. Denken, Fantasie, Gedächtnis. 100 pädagogische Angaben Rudolf Steiners. Herausgegeben, eingeleitet und kommentiert von V. Wember." Geplant für 2016.

52 Vgl. Joachim Bauer, Warum ich fühle, was du fühlst: intuitive Kommunikation und das Geheimnis der Spiegelneurone. Hamburg, 2005.

53 Willem Heuves: Pubertät. Entwicklungen und Probleme. Hilfen für Erwachsene. Frankfurt a.M., 2010. Jesper Juul: Pubertät. Wenn Erziehen nicht mehr geht. Gelassen durch stürmische Zeiten. München, 2010. Angela Kling und Eckhard Spethmann: Pubertät. Der Ratgeber für Eltern. Mit 10 goldenen Regeln durch alle Phasen der Pubertät. Hannover, 2010.

54 *Poetik*, Kap. 6, 1449 b26

55 Leon Manteuffel-Szoege, Über die Bewegung des Blutes. Stuttgart, 1977.

56 Siehe auch: Thomas Zdrazil, Klassenlehrer über acht Jahre. Gesichtspunkte Rudolf Steiners zur Länge der Klassenlehrertätigkeit. In: Lehrerrundbrief Nr. 102. März 2015. Hg. vom Bund der Freien Waldorfschulen. (S. 114 – 129)

57 Martin Wagenschein, Ursprüngliches Verstehen und exaktes Denken. Stuttgart 1965. S. 263–265.

58 In Thüringen erzielten 38 Prozent aller Abiturienten ein Einser-Abitur, in Niedersachsen waren es 16 Prozent. Auch die Durchfallerquoten unterscheiden sich stark: In Rheinland-Pfalz scheiterten nur 1,3 Prozent der Kandidaten, in Mecklenburg-Vorpommern fünfmal so viele. – Insgesamt haben sich fast überall in Deutschland die Noten in den vergangenen Jahren verbessert. In Berlin lag der Anteil der Einserabiture 2013 sogar fast doppelt so hoch wie sieben Jahre zuvor.
Die Abiturnote sei deshalb „nur begrenzt geeignet", den Studienerfolg vorherzusagen, so der Vorsitzende des Wissenschaftsrats, Manfred Prenzel. Prenzel fordert die Hochschulen deshalb auf, ihre Studienplätze nicht nur nach Abiturnote zu vergeben. Sie sollten vielmehr auch den Lebenslauf, ein Motivationsschreiben oder ein persönliches Gespräch berücksichtigen. (Zit. nach SPON, 6. Juni 2015)

59 Aus der Pressemitteilung der Bertelsmann Stiftung vom 3.9.2009: „Sitzenbleiben ist laut einer Studie der Bertelsmann Stiftung teuer und unwirksam. Knapp eine Milliarde Euro geben die deutschen Bundesländer insgesamt jährlich für Klassenwiederholungen aus. Das hat der Bildungsforscher Klaus Klemm im Auftrag der Stiftung berechnet. Dieses Geld ist offenkundig schlecht angelegt: Die Untersuchung macht deutlich, dass Sitzenbleiben pädagogisch wirkungslos ist. Der Studie des renommierten Bildungsforschers zufolge betragen die jährlichen Gesamtausgaben für Klassenwiederholungen in Deutschland 931 Millionen Euro. Diese Berechnung umfasst die zusätzlichen Personalausgaben für die Schulen und die Schulverwaltung, den laufenden Sachaufwand sowie die Investitionsausgaben differenziert nach jedem einzelnen Bundesland. Die Studie berücksichtigt dabei auch die unterschiedlichen Verfahren der Zuweisung von Lehrerstellen (Klassenbezug oder Schülerzahlenbezug) in den Bundesländern. Klemm belegt zudem anhand jüngerer Forschung, dass Sitzenbleiben keine Verbesserung der schulischen Leistungen bei den Klassenwiederholern bewirkt. Doch auch die im Klassenverbund verbliebenen Schüler haben offenkundig nichts davon, dass die Schwächeren nicht versetzt

und die Leistungsfähigkeit in der Klasse dadurch homogener wird.

„Die Studie macht deutlich, dass wir auf unnötige Klassenwiederholungen verzichten sollten. Klassenwiederholungen sind keine Lösung. Statt einer frühen schülerorientierten Förderung verschieben wir den Zeitpunkt wirksamer Unterstützung und verpassen ihn dabei", unterstreicht Dr. Jörg Dräger, Vorstandsmitglied der Bertelsmann Stiftung. „Klassenwiederholungen sollten eine Ausnahme beispielsweise für den Fall langwieriger Erkrankungen sein." Die Milliarde, die das Sitzenbleiben jährlich koste, könne erheblich besser investiert werden, so Dräger, der für die Bildungsprojekte der Stiftung verantwortlich ist. Viel sinnvoller sei es, mit dem Geld die individuelle Förderung an den Schulen voran zu bringen: „Jeder Schüler lernt anders. Dieser Tatsache müssen wir stärker in unseren Schulen Rechnung tragen und Konzepte zur individuellen Förderung entwickeln. Andere Länder sind auf diese Weise bei der Bildung erfolgreicher als wir."

Klassenwiederholungen sind nach wie vor eine beliebte pädagogische Maßnahme in deutschen Schulen. Laut der Studie der Bertelsmann Stiftung mussten im Schuljahr 2007/08 etwa eine Viertelmillion der Schüler allgemein bildender Schulen eine Klasse wiederholen. Dabei gibt es zwischen den Bundesländern große Unterschiede. Während sich die Wiederholerquote beispielsweise in Baden-Württemberg auf 1,7 Prozent belief, waren es in Bayern 3,6 Prozent.

Auch zwischen den Schularten gab es eine erhebliche Spannweite im Bereich der Klassenwiederholungen: In den Grundschulen lag die Wiederholerquote bei 1,3 Prozent, in den Realschulen hingegen bei 5,0 Prozent. Insgesamt wird laut PISA-Studie (2003) in keinem anderen Land vom Sitzenbleiben so häufig Gebrauch gemacht wie in Deutschland: 23,1 Prozent der Fünfzehnjährigen haben im Laufe ihrer Schulzeit schon mindestens einmal eine Klasse wiederholt.

Sitzenbleiben ist zudem in den Köpfen vieler Eltern und Lehrkräfte nach wie vor ein fester Bestandteil des deutschen Schulsystems. Nach einer FORSA-Umfrage aus dem Jahr 2006 schätzen 66 Prozent der Deutschen das Sitzenbleiben als sinnvoll ein und wollen es als pädagogische Maßnahme beibehalten. Eine Abkehr von dem Instrument der Klassenwiederholung ist also noch nicht in Sicht, auch wenn in einzelnen Bundesländern und Schulen durchaus ein Umdenken eingesetzt hat. Dass Sitzenbleiben wirkungslos ist, ist aber offenkundig noch nicht angekommen. „Das muss sich ändern, denn wir gehen weder mit der Lebenszeit und dem Entwicklungspotenzial der Kinder noch mit den öffentlichen Mitteln verantwortungsvoll um", so Dräger.

60   Siehe Hans Kühn. Dreigliederungszeit. Rudolf Steiners Kampf für die Gesellschaftsordnung der Zukunft. Dornach 1978.

61   Der amerikanische Präsident Woodrow Wilson hatte eine Demokratisierung Deutschlands zur Bedingung für Waffenstillstandverhandlungen gemacht. Die oberste Heeresleitung unter Ludendorff (faktisch die Militärdiktatur) ordnete deshalb die Parlamentarisierung Deutschlands an, die Anfang Oktober 1918 ohne breite Öffentlichkeit durchgeführt wurde. Prinz Max von Baden wurde der Kanzler dieser von oben unter Druck von außen vollzogenen Demokratisierung, zog sich aber bald ins Privatleben zurück.

62   Hans Kühn, a. a. O.

63   Dass es auch anders geht, zeigt das folgende Beispiel: eine Schule im Schanzenviertel in Hamburg in der Nähe des Schlachthofes hatte vor Jahren auch etliche Roma-Kinder zu unterrichten. Die Kinder aber blieben meist zu Hause. Der Schulbesuch funktionierte erst, als die energische Schulleiterin half, einen Roma-Lehrer aus dem damaligen Jugoslawien heraus zu schmuggeln und in der Schule einzusetzen. Dieser Lehrer (ohne staatliche Genehmigung) zog morgens von Tür zur Tür und holte die Kinder ab. Manchmal ging er in die Wohnungen und half den Kindern beim Anziehen. In der Schule wurden dann die verschieden Kindergruppen als erstes in ihrer eigenen Sprache unterrichtet (und erst anschließend auf Deutsch). Man sang gemeinsame Lieder, man spielte in der Muttersprache, man klärte und besprach, wo welcher seelische Schuh drückte. Und erst dadurch – und durch noch vieles mehr – konnte eine solche *Beziehung* entstehen, dass die Kinder anfingen ihre Lehrer und die Schule zu lieben. Schließlich wollten sie nachmittags gar nicht mehr nach Hause. – (Mündlicher Bericht von

Ruth Bronsema, Hamburg, damals Kollegin an der benannten Schule.) Fazit: Es geht doch. Aber: An die erste Stelle rücken nicht die Lernziele eines Systems, sondern die echte Beziehung von Mensch zu Mensch. Wenn man bewiesen hat, dass es in einem Extrembeispiel geht, wo die Eltern die Kinder anfangs zu Hause behielten, weil sie zur Beschaffung des Lebensunterhaltes notwendig waren, dann geht es – im Prinzip – *immer*. Aber es müssten – so Steiner – in einem gesunden Bildungswesen die Lehrerausbildung und Lehrerauswahl umgestellt werden. Dass diese Umstellung für das gesamte System unter den gegebenen Bedingungen völlig unrealistisch erscheinen muss, versteht sich von selbst. Nur spricht das nicht gegen die sachliche Richtigkeit der Umstellung.

64 Am 18. Februar 1969 hatte das norwegische Parlament beschlossen, freie Schulen zu hundert Prozent staatlich zu finanzieren. Ein Einfluss des Staates auf die Unterrichtsgestaltung, den Lehrplan oder die Berufung von Lehrern sollte nicht stattfinden. In den Niederlanden bestanden schon vorher ähnliche Bedingungen. Ein halbes Jahrhundert später sind diese Zusagen längst aufgehoben und die staatlichen Vorgaben sind beträchtlich und bestätigen im Nachhinein Steiners Skepsis.

65 In der ersten Stuttgarter Schule wurde von den Eltern ein Schulgeld erhoben. Die Kosten pro Schüler wurden 1926 mit monatlich 35 RM beziffert. (Das entspricht einer heutigen Kaufkraft von etwa 150 Euro.) 1926 hatte die Stuttgarter Schule bereits über 1000 Schüler. Durchschnittlich die Hälfte der Kosten konnte von den Eltern erbracht werden. 20000 RM (ca. 85000 Euro) mussten monatlich durch Spenden aufgebracht werden. Zu diesem Zweck wurde ein Schulverein gegründet. In Deutschland traten – außer den Eltern – etwa 4000 Fördermitglieder ein, weltweit waren es 5500. (Nach: E.A. Karl Stockmeyer, Die finanzielle Grundlage der Waldorfschule. In: Bilder von der Freien Waldorfschule. Hg. von Eugen Kolisko. Heft 1926/27.) Nach 1945 änderte sich das. Die deutschen Schulen wurden staatlich gefördert. Anfangs bescheiden mit ca. 14 %. Heute liegen die Zuschüsse bei über 70 %.

66 Verschiedene Waldorflehrer haben immer wieder auf Parallelen hingewiesen. Zum einen auf Schillers Briefe „Über die äs-

thetische Erziehung des Menschen." Dort formulierte Schiller: *„Jeder individuelle Mensch, kann man sagen, trägt der Anlage und Bestimmung nach, einen reinen idealischen Menschen in sich, mit dessen unveränderlicher Einheit in allen seinen Abwechselungen übereinzustimmen die große Aufgabe seines Daseins ist."* Friedrich Schiller, Über die ästhetische Erziehung des Menschen in einer Reihe von Briefen. In: Friedrich Schiller, Sämtliche Werke. Fünfter Band. Herausgegeben von Gerhard Fricke und Herbert G. Göpfert. München: Carl Hanser Verlag. S. 577. – Zum anderen ist die Parallele zu einer Unterscheidung des Apostels Paulus unverkennbar. Paulus sprach von einem „Alten Adam" und einem „Neuen Adam" in jedem Menschen. 1. Korinther, 15, 45-47.

67 Über das, was „Anthroposophie" ist, kursieren zahllose Missverständnisse. In mehreren öffentlichen Vorträgen zur Waldorfpädagogik hat Steiner dargestellt, auf welche Weise die anthroposophischen Erkenntnisse insbesondere zur Pädagogik zustande kommen. Am ausführlichsten geschah dies auf einem internationalen Pädagogik-Kongress 1922 in Oxford. GA 305, 26-55.

68 Selbst bei einem scheinbar so unverfänglich gelagerten Fall wie der Methodik des Geschichtsunterrichts kommt man in ein Dilemma: Die sogenannte 3-schrittige Methode für den Geschichtsunterricht der Mittelstufe (erst die Ereignisse schildern, dann ein lebendiges Bild der handelnden Persönlichkeiten entstehen lassen und als drittes am Folgetag eine Beurteilung vornehmen), ist tief begründet in anthroposophischen Forschungen zum Wechselverhältnis von gesellschaftlichen Ursachenketten einerseits und dem Eingreifen der Individualitäten in die Geschichte andererseits.

69 Siehe Teil 3 des vorliegenden Buches, Abschnitt A: Die Leitsterne eines Langzeitprojektes. *Erläuterungen zu den Essentials der dritten Dimension.* Kapitel 1, Der Ausgangspunkt: Menschenkunde. *Die Wissenschaft und Steiners Menschenkunde.*

70 Martin Wagenschein, Zum Begriff des Exemplarischen Lehrens (1956); Die Pädagogische Dimension der Physik (1962); Ursprüngliches Verstehen und exaktes Denken (2 Bände, 1965/67); Verstehen lehren. Genetisch – Sokratisch – Exemplarisch (1968); Rettet die Phänomene (Zusammen mit Hugo Kükelhaus) (1975); Erinnerungen für morgen (1983); Kinder

auf dem Wege zur Physik (1990); Naturphänomene sehen und verstehen (1995).

71 Siehe: Herbert Hahn, Rudolf Steiner, wie ich ihn sah und erlebte. Stuttgart, 1961.

Herbert Hahn, Der Weg, der mich führte. Lebenserinnerungen. Stuttgart, 1969.

Caroline von Heydebrandt, Kindheit und Schicksal. Aus den Anfangsjahren der Freien Waldorfschule, Stuttgart, 1958.

Gisbert Husemann, Johannes Tautz (Hg.): Der Lehrerkreis um Rudolf Steiner in der ersten Waldorfschule 1919–1925. Stuttgart, 1977.

Eugen Kolisko: Auf der Suche nach neuen Wahrheiten. Goetheanistische Studien, mit Erinnerungen aus dem Freundeskreis, hg. v. Gisbert Husemann. Verlag am Goetheanum (= Pioniere der Anthroposophie, Bd. 7), Dornach, 1989.

Eugen Kolisko, Vom therapeutischen Charakter der Waldorfschule. Aufsätze und Vorträge, hg. v. Peter Selg. Dornach, 2002.

Ernst Lehrs, Gelebte Erwartung. Stuttgart, 1979.

Emil Molt. Entwurf meiner Lebensbeschreibung. Stuttgart, 1972.

Maria Röschl, Rudolf Steiner als Führer und Weiser zu neuen Gemeinschaftskräften. In: Maria Röschl, „Es erklingt ein Ton …" Hg. von Elisabeth Wirsching. Dornach, 2005. S. 54–66.

Walter Johannes Stein, Rudolf Steiner als Philosoph und Theosoph. Stuttgart, 1920.

Alexander Strakosch, Lebenswege mit Rudolf Steiner. Bd. I./II. Straßburg / Dornach, 1947/1952.

72 Auch heute noch gibt es vereinzelt Waldorfpädagogen, für die es eine wichtige Rolle spielt, Fragen an Rudolf Steiner zu stellen. Sie verdanken diesen inneren Dialogen viel und sie berichten, dass ihnen manchmal klar wird, wie Steiner geantwortet hätte oder heute antworten würde. Einige Kolleginnen und Kollegen berichten auch, dass sie hin und wieder erleben, dass Steiner ihnen auf diese Weise Zuspruch gibt, sie tröstet oder auch kritisiert.

73 Keltner, D., & Haidt, J. (1999). Social functions of emotions at multiple levels of analysis. Cognition and Emotion, 13 (5), 505-522.

74 Nach den Missbrauchsskandalen in verschiedenen Schulen ist es nicht mehr möglich, solche Sätze unbefangen schreiben zu können. Das Grauen und das seelische Leid, das durch ein verbrecherisches Verhalten gegenüber Schutzbefohlenen in unvorstellbarem Ausmaß angerichtet wurde, wirft – weit über die unmittelbar Betroffenen hinaus – seinen langen Schatten auch auf Pädagogen, die nichts damit zu tun haben. Insofern wäre es besser, von einer „guten seelischen Chemie" zu sprechen, statt das altmodische und missbrauchte Wort „Liebe" zu verwenden. Wenn ich trotzdem das Wort „Liebe" verwende, so deshalb, um es den Händen derjenigen zu entreißen, die es missbraucht haben, und um diesem Wort im pädagogischen Kontext ein Stückweit seine ursprüngliche und reine Bedeutung zurückzugeben. Die Pervertierung von Liebe in sexuellen Missbrauch ist u. a. auch deshalb möglich geworden, weil eine reine, nämlich so weit wie möglich *selbstlose* Liebe nicht vorhanden war. Auflösen lässt sich die Problematik durch solche Hinweise freilich nicht.

75 Vgl. Marga Bayerwaltes, Große Pause. Nachdenken über Schule. München, 2005.

76 Restlos vergessen ist es allerdings nicht. Die hier angeführten Zitate finden sich auch in dem Buch „Zur Vertiefung der Waldorfpädagogik".

77 Diese Ausgabe ist vorerst auf 8 Bände angelegt. Bisher sind 3 Bände im Verlag Fromann-Holzboog in Stuttgart erschienen.

78 Siehe Anhang.

79 Vgl. dazu in Steiners zweitem Mysteriendrama „Die Prüfung der Seele" die Worte der Maria im zweiten Bild: „*Nicht vorschnell will ich ferner deuten / Das Wissen aus dem Geisterland. / Ich will als Kraft es schätzen, / Die meine Seele bilden soll –, / Und nicht als Weisung, / Die mir ersparen kann die Mühe / Im Leben selbst des Handelns Ziele zu erkennen.*" (GA 14, 168)

80 Vgl. Maria Röschl, Über den Kampf und Sieg Michaels. Rundbrief der Sektion für das Geistesstreben der Jugend. Dornach, 28. 9. 1925. In: Maria Röschl, „Es erklingt ein Ton …". Dornach 2005. S. 134 – 141.

81 Steiner hat dazu keine näheren Angaben gemacht. Es spricht einiges dafür, dass es sich nicht um eine Art Schlussfolgerung

gehandelt hat, sondern – so vermute ich – um eine Art Paulus-Erlebnis auf den von Steiner beschriebenen meditativen Wegen.

82 Pietro Archiati, Christentum oder Christus. Dornach 1995.

83 Diese Treffen waren immer freilassend (niemand musste dazu kommen), wurden aber mit unerschütterlicher Ausdauer und Konstanz von einigen Lehrern über Jahre und Jahrzehnte hinweg gepflegt.

84 Pietro Archiati, Christentum oder Christus. Dornach 1995. Wolfgang Weihrauch, Der Auferstehungsleib. Die Christustat und die Aufgabe des Menschen. In: Auferstehung. Von der Gegenwart Christi. Flensburg 1996. = Flensburger Hefte 52. S.56–113. Sowie Beiträge von Hans-Werner Schröder, Gérad Klockenbring und Thomas Höfer im selben Heft. Hans-Werner Schröder, Der kosmische Christus. Stuttgart 1995.

85 Gisbert Husemann, Johannes Tautz (Hg.): Der Lehrerkreis um Rudolf Steiner in der ersten Waldorfschule 1919–1925. Stuttgart 1977.

86 De caelo I 3, 270b.

87 Das Stillschweigen, mit dem das in den Kollegien augenscheinlich geschah, gehört zu den beschämenden Kapiteln der Waldorfschulbewegung.

88 Zur Überwindung des Rassismus durch die Anthroposophie und Waldorfpädagogik siehe die außerordentlich umfassende Zusammenstellung von Zitaten aus Steiners Gesamtwerk, die Lorenzo Ravagli zusammengestellt hat. In: Die Überwindung des Rassismus durch Anthroposophie. http://www.anthroweb. info/geschichte/ueberwindung-des-rassismus.html.

89 Bierl, Peter Wurzelrassen, Erzengel und Volksgeister. Die Anthroposophie Rudolf Steiners und die Waldorfpädagogik. Aktualisierte und erweiterte Neuausgabe, Hamburg 2005. Norbert Deuchert, Norbert, Zur Geschichte der Waldorfschule im Nationalsozialismus/Der Kampf um die Waldorfschule im Nationalsozialismus, in: Flensburger Hefte, Sonderheft 8 (1991), 95-108/109-130. – Dietrich Esterl, Emil Molt 1876–1936. Tun, was gefordert ist. Stuttgart 2012. – Wenzel Götte, Erfahrungen mit Schulautonomie. Das Beispiel der Freien Waldorfschulen, Diss., Universität Bielefeld 2002. – Detlef Hardorp, Die erste Rudolf Steiner Schule Berlin 1928–1938 (oder auch

1924 bis 1941). In: 70 Jahre Waldorfpädagogik in Berlin 1998. S. 61 – 63.
Detlef Hardorp, Die deutsche Waldorfschulbewegung in der Zeit des Nationalsozialismus. Rassebegriffe im Denken Rudolf Steiners, in: Inge Hansen-Scharenberg (Hg.): Waldorfpädagogik. Reformpädagogische Schulkonzepte, Band 6, Baltmannsweiler 2012. S. 138 – 180. – Elisabeht Klein, Begegnungen. Mitteilenswertes aus meinem Leben, Freiburg 1978. – Helga Lauten, Waldorfpädagogik in Essen. Die erste Waldorfschule 1922 – 1936, Essen 2008. – Achim Leschinsky, Waldorfschulen im Nationalsozialismus, in: Neue Sammlung. Zeitschrift für Erziehung und Gesellschaft, 23/1983, S. 255 – 278. – Emil Molt, Entwurf meiner Lebensbeschreibung, Stuttgart 1972. – Christin Noack-Delius, Erinnerungen an den „Umschulungskurs" 1938 – 1941, in: 70 Jahre Waldorfpädagogik in Berlin. 1998. S. 57. – Priestman, Karen (2009): Illusion of Coexistence. The Waldorf Schools in the Third Reich 1933 – 1941, Diss. Wilfried Lauer University. (Online einsehbar) – Arfst Wagner, Dokumente und Briefe zur Geschichte der Anthroposophischen Bewegung und Gesellschaft in der Zeit des Nationalsozialismus. Band 2: Waldorfschulen, Rendsburg 1992. – Uwe Werner, Anthroposophen in der Zeit des Nationalsozialismus (1933 – 1945), München 1999.

90   Sobald es darum ging, dass die Lehrerinnen und Lehrer einen Eid auf den „Führer" zu leisten hatte, war das Ende der Kooperationsversuche erreicht. So weit bekannt, verweigerten an allen Schulen die Lehrerinnen und Lehrer diesen Eid, zogen die Selbstschließung vor und besannen sich auf die Treue zu Rudolf Steiner und zur Anthroposophie.

91   Siehe Teil 2, Kapitel 7.

92   Donald Spoto, Marilyn Monroe. Die Biographie. München 1993. S. 61.

93   Friedrich Schiller, Maria Stuart. 4. Akt, 10. Szene.

94   Rainer Hoffmann: Maos Rebellen. Sozialgeschichte der chinesischen Kulturrevolution. Hamburg 1977. Ken Ling, Miriam London, Li Ta-ling: Maos kleiner General. Die Geschichte des Rotgardisten Ken Ling. München 1974. Jung Chang: Wilde Schwäne. Die Geschichte einer Familie – Drei Frauen in China

von der Kaiserzeit bis heute. München 1991. Xiao-Mei Zhu: Von Mao zu Bach: Wie ich die Kulturrevolution überlebte. Übersetzt von Anna Kamp. Kunstmann, München 2013.

95 Fortschritt als integrativer Prozess, in dem die Vergangenheit im Hegelschen Sinne „aufgehoben" ist (zugleich „bewahrt", „überwunden" und „hochgehalten") – das galt nicht mehr für das kommunistische China.

96 Timothy Leary, Politik der Ekstase. Wegener, Hamburg 1970. (Das Buch war in Deutschland viele Jahre verboten.) Timothy Leary, Psychedelische Erfahrungen. Ein Handbuch nach Weisungen des Tibetanischen Totenbuches. Weilheim 1971. Aldous Huxley, Die Pforten der Wahrnehmung. Himmel und Hölle. Piper, München 2001. Hanscarl Leuner, Halluzinogene. Psychische Grenzzustände in Forschung und Psychotherapie, Bern, Stuttgart, Wien 1981. Wolfgang Schmidbauer, Jürgen vom Scheidt: Handbuch der Rauschdrogen. Fischer, Frankfurt/M. 2004.

97 Die heute zuweilen aufgeworfene Frage, welche Varianten das Label „Waldorfschule" erhalten und welche nicht, wird im vorliegenden Zusammenhang nicht behandelt.

98 Bereits 1952 war vom Bund der Freien Waldorfschulen in Deutschland aufgrund des Lehrermangels ein Gründungsstopp verhängt worden. 1962 wurde dieser Beschluss von Ernst Weissert (1905 – 1981) angesichts der intensiven Nachfrage von Eltern wieder aufgehoben worden war. Im Zuge der 50-Jahrfeiern wurde die Frage erneut debattiert. Unter Georg Hartmann (1909 – 1988), dem damalige Leiter des pädagogischen Seminars am Goetheanum, führte das Lehrerseminar am Goetheanum erstmals einen zweijährigen Ausbildungskurs für Waldorflehrer durch, der die anthroposophischen *Grundlagen* vermitteln sollte.

99 Joseph Huber, Astral-Marx. Über Anthroposophie, einen gewissen Marxismus und andere Alternativen. In: Kursbuch 55 (März 1979). S. 139 – 162.

100 Andere in diesem Prozess wirksame Faktoren waren: der Druck von außen und persönliche Konstellationen in einem Kollegium. Zum Druck von außen gehörten u. a. Genehmigungsverfahren, das Bemühen um gesellschaftliche Anerkennung, die Erwartungshaltung von Eltern, die nur eine alternative Schule

wollten oder der Druck, der von staatlichen Prüfungsordnungen ausging. Die Wirksamkeit dieser Faktoren historisch sauber zu analysieren ist ein aufwändiges Unterfangen und nicht Aufgabe dieser Skizze. Physikalisch hängen die Auswirkungen von Druck immer vom Material ab, auf das der Druck trifft. Ähnlich verhält es sich bei historischen Vorgängen: Was tatsächlich Druck war und was nur als Druck empfunden, aber dadurch zu realem Druck wurde, ist von Fall zu Fall eine komplizierte Angelegenheit und ein weites Feld, das von vorauseilendem Gehorsam, über die Sehnsucht nach äußerer Anerkennung bis hin zum „Reiten eigener Steckenpferde" reicht. – Ein unstrittiger historischer Sachverhalt bleibt die Tatsache, dass das, was Steiner am Anfang als „Konzilianz nach außen und die Kompromisslosigkeit (!) nach innen" einforderte, im Laufe von Jahrzehnten abhanden kam. – Auf der anderen Seite steht dann noch der Faktor der persönlichen Konstellationen, die in jeder einzelnen Schule zu einer Änderung der ursprünglichen Identität beigetragen haben. Auch hier gibt es ein breites Spektrum wirksamer Faktoren: Es reicht von der persönlichen Unglaubwürdigkeit von Menschen, die zwar für die ursprüngliche Mission der Waldorf-Pädagogik eintraten, aber durch ihr Verhalten vieles diskreditierten, bis hin zum tragischen Ausfall von Persönlichkeiten, die aus Gründen ihres persönlichen Schicksals nicht mehr zur Verfügung standen, obwohl man sie gebraucht hätte. Wer gegen den Wind segeln will, braucht alle Mann an Bord. Das war immer wieder nicht der Fall.

101 Das Umgekehrte gab es freilich auch: Menschen, die nur einen anderen Beruf suchen mussten, in Wirklichkeit nicht Lehrer waren und schnell an Grenzen stießen.

102 Marvin Bower, The Will to Lead. Running a Business with a network of Leaders. Harvard Business School Press. Boston 1997.

103 Marvin Bower, The Will to Manage: Corporate success through programmed Management. Mcgraw-Hill, 1966.

104 Stephen Covey (1989), The Seven Habits of Highly Effective People. Deutsch: Die sieben Wege zur Effektivität. (Verschiedene Ausgaben.)

105 Das Leitungsorgan, in dem Jahrzehnte lang alle Entscheidungen getroffen wurden, war de facto und in der Hauptsache ein kol-

legiales *Management*-Organ. Nur vereinzelt war man sich dessen bewusst, dass es auch ein solches Führungsorgan geben müsste, dessen vorrangige Aufgabe darin bestanden hätte, die Umsetzung der Firmenmission zu intensivieren, statt vorrangig Managementaufgaben zu bearbeiten.

106 Schon während eines Bewerbungsverfahrens wurde in der Regel nicht genügend klar kommuniziert, worin die Mission der Waldorf-*Pädagogik insgesamt* bestand. Aus Rücksichtnahme auf viele Interessenten, die noch weit weg von aller Anthroposophie waren, stellte man die ursprüngliche „Mission" eher als freilassende Zugabe dar denn als inneres Zentrum.
Die Folge: auch bei der Aufnahme in das *Leitungs*gremium wurde neuen Mitgliedern kaum je mitgeteilt, worin ursprünglich die Zentralaufgabe der Leitung bestand. Man wurde deshalb auch nur in den seltensten Fällen gefragt, ob man bereit ist, für die Gesamtmission der Waldorfpädagogik *Verantwortung* zu übernehmen.
Eine weitere Folge: Da sowohl die „Firmenmission" als auch der Unterschied zwischen Leitung und Management nur in wenigen Fällen *vor* der Einstellung klar kommuniziert wurden, kam es immer wieder zu internen Konflikten: Wenn einige ältere Mitglieder an die ursprüngliche Gesamt-Mission erinnerten und auf deren Umsetzung hinwiesen, wurde das mehr und mehr abgelehnt. Vor allem die spirituelle Dimension der Waldorfpädagogik wurde von immer mehr Mitgliedern als Ideologie angesehen und in die Privatsphäre verwiesen. Dies hatte einen durchaus berechtigten Aspekt: man hätte *vorher* erklären müssen, was die Geschäftsgrundlage für die Teilnahme an der Schul-*Leitung* ist. Dann und nur dann hätte sich jeder frei entscheiden können, ob und wofür er Verantwortung übernimmt. Im *Nachhinein* einfließen zu lassen, worum es tatsächlich geht, war eine kontraproduktive Strategie.

107 Steiner hatte dargestellt, dass ein Organismus sich *organisiert*, indem er sich *differenziert*. (GA 128, 156)

108 Unterschiedliche Verantwortungsniveaus hätten in einer Waldorfschule in verstärktem Maße der Brüderlichkeit bedurft: Wechselseitige Einsicht in den Sinn der Verantwortungsniveau-Unterscheidung; Wechselseitiges Verständnis, Wechselseitigen

Respekt; Wechselseitige Anerkennung; Wechselseitige Wertschätzung; Wechselseitige herzliche Unterstützung und Hilfe; Wechselseitige Offenheit für künftige Entwicklungen. – Niemand wird bestreiten können, dass alle Punkte immer wieder bis zu einem hohen Grad an Waldorfschulen in einem Kollegium umgesetzt wurden. Es gab und gibt viele Sternstunden echter Brüderlichkeit. Umgekehrt wird man zugeben, dass es von Zeit zu Zeit nicht gelang, dem Anspruch der Brüderlichkeit gerecht zu werden.

109 Das Buch blieb allerdings Eigentum der pädagogischen Sektion. Schied ein Lehrer aus der aktiven Arbeit in einer waldorfpädagogischen Einrichtung aus, hatte er das Buch zurückzugeben.

110 Dieses System ging im Laufe der Zeit verloren, weil immer mehr Kolleginnen und Kollegen auf der Bezahlung von Stunden bestanden und auch mit einer offenen Gehaltsordnung nicht leben wollten.

111 Wo das nicht möglich ist, gibt es immerhin ein gut entwickeltes und erprobtes Modell, bei der Bezahlung von Arbeit die verschiedenen Arbeiten wenigstens genau zu messen und nicht pauschal nur die Unterrichtsstunden zu zählen. Nachfragen per Email an die Adresse des Verlages.

112 Literatur: Brynjolfsson, Erik: The Second Machine Age: Wie die nächste digitale Revolution unser aller Leben verändern wird. 2014. Bunz, Mercedes: Die stille Revolution: Wie Algorithmen Wissen, Arbeit, Öffentlichkeit und Politik verändern, ohne dabei viel Lärm zu machen. Frankfurt 2012. Carr, Nicholas, Abgehängt: Wo bleibt der Mensch, wenn Computer entscheiden? 2014
Eggers, Dave: Der Circle: Roman. 2014. Geiselberger, Heinrich (Hg.): Big Data: Das neue Versprechen der Allwissenheit. Frankfurt 2013. Hofstetter, Yvonne, Sie wissen alles: Wie intelligente Maschinen in unser Leben eindringen und warum wir für unsere Freiheit kämpfen müssen. 2014. Keese, Christoph: Silicon Valley: Was aus dem mächtigsten Tal der Welt auf uns zukommt. 2014. Klausnitzer, Rudi: Das Ende des Zufalls: Wie Big Data uns und unser Leben vorhersagbar macht. 2013.
Kurzweil, Ray, Das Geheimnis des menschlichen Denkens: Einblicke in das Reverse Engineering des Gehirns. 2014.

Kurzweil, Ray: Homo Sapiens: Leben im 21. Jahrhundert – Was bleibt vom Menschen? 2000. Kurzweil, Ray: Menschheit 2.0: Die Singularität naht. 2014. Lampe, Julian: Silicon Valley – Entstehung und aktuelle Entwicklungen der weltweit bedeutendsten Hightech-Agglomeration. 2013. Lanier, Jaron: Gadget: Warum die Zukunft uns noch braucht. Frankfurt 2012. Lanier, Jaron: Wem gehört die Zukunft?: „Du bist nicht der Kunde der Internetkonzerne. Du bist ihr Produkt." 2014. Mainzer, Klaus: Die Berechnung der Welt: Von der Weltformel zu Big Data. 2014. Morozov, Evgeny: Smarte neue Welt: Digitale Technik und die Freiheit des Menschen. 2013. Morozov, Evgeny: The Net Delusion: The Dark Side of Internet Freedom. 2012. Schmidt, Eric: Die Vernetzung der Welt: Ein Blick in unsere Zukunft. Schmidt, Eric: Wie Google tickt. 2015. Thiel, Peter: Zero to One: Wie Innovation unsere Gesellschaft rettet. 2014.

113 Ray Kurzweil, Das Geheimnis des menschlichen Denkens: Einblicke in das Reverse Engineering des Gehirns. 2014

114 Bei den vorangegangenen Versuchen einen „Neuen Menschen" zu schaffen haben sich die wenigsten Menschen am Anfang eine Vorstellungen davon machen können, wie grausam und brutal die Protagonisten reagierten, als sie ihre Ziele davonschwimmen sahen und unter Druck gerieten.

115 Während der Zeit nach 1933 waren etliche anthroposophischen Einrichtungen in einer fatalen ethischen Klemme zwischen Verantwortungs- und Gesinnungsethik. (Wobei die Grenzen von verblendeter Sympathie, Mitläufertum und Bereitschaft zu lavierender Kooperation fließend waren.) Es gab beides: Wer sich für 200 Menschen seiner Einrichtung verantwortlich fühlte, und versucht hat, mit den Nazis zu lavieren, um das Überleben der Einrichtung zu ermöglichen, hat genauso nachvollziehbar gehandelt wie derjenige, für den jede Form von Duldung durch die Nazis ausgeschlossen war. Ob sich solche oder ähnliche Entscheidungssituationen in der Zukunft in völlig anderen Zusammenhängen wiederholen könnten, ist eine unangenehme Frage.

116 Rudolf Steiner, Hinter den Kulissen des äußeren Geschehens. Vortrag, gehalten in Zürich am 6.11.1917 vor Mitgliedern der anthroposophischen Gesellschaft. (GA 178, 95)

117 So haben vor dem zweiten Weltkrieg gegründete Schulen in der

Schweiz ein anderes Verhältnis gegenüber den verschiedenen Dimensionen, weil sie nie geschlossen wurden.

118 Ein melancholisch gestimmtes Gemüt wird anders urteilen als ein sanguinisches oder phlegmatisches Temperament. In der Bildsprache der Weihnachtsspiele aus Oberufer: eine Königsnatur wird anders urteilen als ein Hirten- oder Wirte-Typus.

119 Abb. 1 aus: Jochen Bockemühl (1965), Der Pflanzentypus als Bewegungsgestalt. In: Goetheanistische Naturwissenschaft. Hg. von Wolfgang Schad. Band 1. Stuttgart 1982.
Abb. 2 aus: Wolfgang Schad (1985), Gestaltmotive der fossilen Menschenformen. In: Goetheanistische Naturwissenschaft. Hg. von Wolfgang Schad. Band 4. Stuttgart 1985.

120 Armin J. Husemann (1989), Der musikalische Bau des Menschen. Entwurf einer plastisch-musikalischen Menschenkunde. Stuttgart, 2003.

121 Danken möchte ich an dieser Stelle meinen Kolleginnen und Kollegen, die mit strengem Anspruch meine Lehrer waren: Irene Glatz und Iduna Pfeiffer-Nuzzo auf dem Gebiet der Sprachgestaltung; Janet Maintier auf dem Gebiet der Eurythmie; Wladislaw Iwonin auf dem Gebiet der Malerei.

122 Damit sind die Grundlagen zur Beantwortung einer Frage gegeben, die sich in einer Waldorfschule geradezu „klassisch" stellt: Freiwillig oder verbindlich. Gemeint ist: Sind solche Module, wie sie in Kapitel 2 beschrieben sind, freiwillige Zusatzveranstaltungen oder soll man sie verbindlich einrichten? Die Antwort hängt von einer anderen Entscheidung ab: Was betrachtet man als „Corporate Identity" oder „Mission" der Schule? Wenn die Arbeit an der Menschenkunde Privatsache ist, dann ist es unangemessen, sie verbindlich einzufordern. Anders ist das, wenn ein Kollegium entschieden hat, dass die Arbeit an der Menschenkunde zur „Mission" der Schule gehört. Bei der Weiterentwicklung der jeweiligen „Mission" handelt es sich grundsätzlich um die Leitungsaufgabe schlechthin. Die zentrale Schulführungsaufgabe als unverbindlich anzusehen wäre ein Selbstwiderspruch. Kein Organisationsleiter der Welt kann es sich erlauben, seine Hauptaufgabe als unverbindlich anzusehen. Es ist nur eine Art optische Täuschung, wenn man glaubt, das sei anders, sobald der Schulleiter ein Kollektiv ist. Wenn hinge-

gen in einer Schule die Arbeit an der Menschenkunde *nicht* zur Schulmission gehört, dann ist es auch keine Aufgabe der Schulführung, dafür zu sorgen, dass diese Arbeit intensiviert wird.

123 Je nachdem, wohin eine Schule will und welche Instrumente sie zu ihrer Weiterentwicklung benutzt, zieht sie auch neue Mitarbeiter an oder stößt sie ab.

124 Vgl. die bereits angeführte Unterscheidung Steiners zwischen „Freiheitsinstinkt" und dem „Willen zu Freiheit".

„Das chaotische soziale Leben (ist) vor allen Dingen dadurch chaotisch, dass die Menschen den Freiheitsinstinkt an die Stelle des Freiheitswillens und Freiheitsgemütes setzen." (GA 303, 174) Gemeint ist: Es gibt den Drang, frei zu entscheiden. Aber die solcherart frei getroffenen Entscheidungen sind oft ein Ausdruck persönlicher Interessen und persönlicher Willkür. Im Unterschied dazu liegt die Größe des Freiheitsgrades einer Entscheidung nicht allein darin, dass man sie selbst getroffen hat. Er liegt auch in ihrem Anteil objektiver Richtigkeit. (Ein Ingenieur kann frei die Entscheidung treffen, dass eine Diesel-Pumpe auch bei geringerem Luftdruck auf 4000 Meter Höhe in den Anden noch ihre Leistung bringt. Wenn seine Einschätzung einen Denkfehler enthält, kann er sein Vorhaben letztlich nicht umsetzen. Die scheinbar freie Entscheidung beruhte auf willkürlicher Einschätzung statt auf sachlicher Einsicht.)

125 Vgl. den unter Essential 4, Dimension 3 dargestellten Sachverhalt, dass organische Schädigungen in der Kindheit erst im Erwachsenenalter als Krankheit zum Ausbruch kommen.

126 Universitäten sind in Deutschland selbstverwaltete Einrichtungen, genauso wie Wirtschaftsunternehmen, Arztpraxen und Anwaltskanzleien es sind. Anders ist das bei den staatlichen Schulen, bei denen der Staat auch die Verwaltung übernimmt. Aber auch bei selbstverwalteten Schulen kann der Staat die Verwaltung übernehmen, nämlich dann, wenn die Selbstverwaltung in so hohem Maße versagt, dass eine Schule handlungsunfähig wird. In einem derartigen Fall greift der Staat (per Amtsgericht) ein, entzieht einer Schule die Selbstverwaltung und stellt sie unter „Zwangsverwaltung". Der vom Amtsgericht eingesetzte Zwangsverwalter ist dann als Schulleiter mit sämtlichen Macht- und Entscheidungsbefugnissen ausgestattet. Etliche Missstände

einer *schwachen* kollegialen Selbstverwaltung (wie das Unterlaufen von Entscheidungen etc.) werden dann qua Amts-Autorität abgestellt. (Der Zwangsverwalter erklärt seine Anweisungen zu „Dienstanweisungen" und ahndet Zuwiderhandlungen mit Abmahnungen.) Ein unschönes, aber lehrreiches Szenario.

127 Diese Äußerung darf nicht missverstanden werden. Wenn man sie im Zusammenhang liest, wird klar, dass es Steiner *nicht* darum ging, Wissenschaft aus dem Unterricht herauszuhalten. Aber es ging ihm darum, dass der Lehrer sich Wissenschaft *lebendig aneignet* und erst diese persönlich verlebendigte Wissenschaft in den Unterricht einfließen lässt, nicht aber mit fixierter Wissenschaft arbeitet.

128 Zu Lebzeiten Steiners handelte es sich Deutschland um die „Freie Goethe-Schule" in Hamburg-Wandsbek (gegründet 1922) und die Rudolf-Steiner Schule in Essen (gegründet 1922). Für die Schule in Hamburg autorisierte Steiner Dr. Kandler als Schulleiter, in Essen Dr. Margarete Blass. Die Namen der verantwortlichen Leiter für die in Den Haag (1923), London (1925, von Steiner 1924 vorbereitet) und Kings Langley, Herts, England (1922, Umwandlung einer bereits bestehenden Schule) konnten noch nicht ermittelt werden. Hinweise bitte an die Adresse des Verlages.

129 Steiner war deshalb immer froh, wenn er sah, wie die Lehrerin einer Klasse 5 a völlig anders unterrichtete als der Lehrer der Klasse 5 b, aber in beiden derselbe *neue* pädagogische Geist lebte.

130 Aus der Ansprache Rudolf Steiners am 20. August 1919, nach einer Rekonstruktion von Ernst Gabert. Zit. nach: Zur Vertiefung der Waldorfpädagogik. Dornach 1990. S. 69. Der Zusatz in Klammern ist eine von den Herausgebern eingefügte Lesart-Variante. Die Hervorhebung des letzten Satzes von V. Wember.

131 Kollegiale Selbstverwaltung – ohne starken Bezug zur Mission bei den Verantwortlichen – führt im ungünstigen Fall zu einer Schwächung der Mission und zu Missständen im Management. In solchen Fällen kommt es zu einer Abwärts-Spirale mit vereinzelten Zwischen-Aufschwüngen (die aus der Initiativkraft Einzelner hervorgehen). Siehe dazu: Valentin Wember, „Wille zur Verantwortung". Stuttgart 2012. Und: Frederic Lalou, Reinventing Organizations. 2014.